RENCONTRES
546

Cioran,
archives paradoxales

Tome VI

Cioran, archives paradoxales

Nouvelles approches critiques

Tome VI

Sous la direction d'Aurélien Demars
et Mihaela-Gențiana Stănișor

PARIS
CLASSIQUES GARNIER
2022

Aurélien Demars est docteur en philosophie avec une thèse sur « Le pessimisme jubilatoire de Cioran » (2007). Il a coédité les *Œuvres* de Cioran en « Bibliothèque de la Pléiade » (Paris, 2011). Ses recherches portent sur Cioran, sur les œuvres existentielles et sur la philosophie du mal. Il enseigne en lycée et à l'université Savoie – Mont-Blanc.

Mihaela-Genţiana Stănişor, directrice de la revue *Alkemie*, est maître-assistante à l'université « Lucian Blaga » (Sibiu). Docteur ès lettres de l'université de Craïova avec une thèse sur Cioran, elle a notamment publié *La Moïeutique de Cioran* (Paris, 2018) et traduit en roumain *La Tentation nihiliste* de Roland Jaccard (Timişoara, 2008) et les *Maximes* de Nicolas de Chamfort (Cluj-Napoca, 2015).

© 2022. Classiques Garnier, Paris.

ISBN 978-2-406-13030-7 (livre broché)
ISBN 978-2-406-13031-4 (livre relié)
ISSN 2103-5636

INTRODUCTION

Le raté exemplaire
et l'apothéose de l'échec selon Cioran

Aucune question ne semble plus grave que celle de l'échec, non pas le manque de réussite ordinaire, ou l'insuccès, ou la frustration d'un désir, mais l'échec pour autant qu'il remet en cause toute une vie, en détruit le sens, en démolit les valeurs fondamentales – quand l'échec engendre à la fois un effondrement intérieur et une scission avec le reste de la société, quand l'échec est ultime et sans espoir, quand à jamais il met en miettes toute une conception du monde, quand tout est définitivement perdu et qu'il décompose les forces vitales, quand l'échec ronge, brûle et tue. Par contraste, pour Cioran, « Toute victoire est plus ou moins un mensonge. Elle ne nous touche qu'en surface, alors qu'une défaite, si minime soit-elle, nous atteint dans ce qu'il y a de plus profond en nous, où elle veillera à ne pas se laisser oublier, de sorte que nous pouvons, quoi qu'il arrive, compter sur sa compagnie[1]. » Or, si les abouliques, les déchus amers et les stériles peuplent la littérature[2] à l'instar entre autres de Bartleby, de l'homme du souterrain ou de l'écrivain raté de Roberto Arlt, rares sont les penseurs à avoir mis explicitement en évidence l'échec en tant que tel dans sa profondeur existentielle[3]. La singularité de Cioran

---

1   Cioran, *Aveux et anathèmes*, « Cette néfaste clairvoyance », dans *Œuvres*, Paris, Gallimard, coll. « Bibliothèque de la Pléiade », 2011, p. 1125.

2   Pour une analyse comparée de Cioran rapporté à une tradition littéraire de l'échec, *cf.* Sara Danièle Bélanger-Michaud, *Cioran ou Les Vestiges du sacré dans l'écriture*, Montréal, XYZ Éditeurs, 2013, « Le ratage et l'écriture », p. 188-200.

3   Plus explicite que Kierkegaard, songeons en particulier à Karl Jaspers, *Métaphysique*, quatrième partie « L'évanescence de la réalité empirique et de l'existence est le chiffre décisif de la transcendance (l'être dans l'échec) », dans *Philosophie*, trad. J. Hersch, Berlin, Spring-Verlag, 1989, p. 782-796 ; Jean Lacroix, *L'Échec*, Paris, PUF, 1964 ; Mikel Dufrenne et Paul Ricœur, *Karl Jaspers et la philosophie de l'existence* [1947], « Le chiffre de l'échec », Paris, Seuil, 2000, p. 317-323. Sur la distinction entre Cioran et Jaspers par rapport à l'échec, nous nous permettons de renvoyer à : *Le Pessimisme jubilatoire de Cioran. Enquête sur un paradigme métaphysique négatif*, thèse de doctorat, Lyon, Université Jean Moulin

ne tient pas seulement à sa méditation de l'échec à travers le fond de
son œuvre. Au-delà du poids existentiel de l'échec, dans son écriture
et ses revers personnels, Cioran cultive une véritable et déconcertante
passion de l'échec. Comment comprendre l'étrange exaltation qu'il en
éprouve ? D'où vient son immodérée passion pour les ratés, les vaincus,
les déchus ? « Une vie sans échecs majeurs, mystérieux ou suspects ne
nous séduit guère[4] », affirme-t-il. Existe-t-il attrait plus énigmatique
chez Cioran ? On peut s'interroger sur un masochisme de l'auteur, qui se
délecte de l'échec de telle ou telle illusion, ainsi que des échecs des uns
et des autres, et qui semble surtout se ruer délibérément lui-même au-
devant de ses propres échecs. À quoi bon une telle compulsion au fiasco,
une telle fascination pour « l'irréalisé », « l'incurable », « l'irréparable »
pour reprendre des termes cioraniens ? L'explication psychologique de
la conduite d'échec comme *acte manqué* est limitée et contredite par la
lucidité cioranienne qui en émane[5]. De plus, il s'agit bien, paradoxalement, de faire *œuvre d'échec*. De fait, outre son aversion pour le succès,
l'obsession de Cioran pour les ratés, sa frénésie pour la décadence,
sa complaisance dans l'inachèvement... côtoient une méditation de
l'effacement, une perfection dans l'écriture fragmentaire, une ironie à
l'égard de toute vanité et gloriole. Ainsi, chez Cioran, l'échec *prospère*
sur ses ambiguïtés, sa décréation, son *désœuvrement*. Pourtant, si cette
passion pour l'échec ne laisse de rappeler Kafka ou Walser, elle n'en
prolonge pas exactement le sillage. Les Joseph K. ou Jakob von Gunten
dégringolent de l'échelle sociale où étouffe leur individualité, alors que
Cioran éprouve en connaissance de cause une volupté de l'échec et érige
les ratés en êtres exemplaires : non pas tant des contre-exemples ou des
exemplifications d'une aliénation humaine à dénoncer, mais l'incarnation

---

Lyon 3, 2007, p. 474. Sur Cioran et la « métaphysique de l'échec », *cf.* Nicole Parfait,
Cioran ou le défi de l'être, Paris, Desjonquères, 2001, p. 176-188.

4   Cioran, *Cahiers. 1957-1972*, Paris, Gallimard, 1995, [octobre-novembre 1962], p. 123.

5   Cioran n'est évidemment pas exempt de mouvements inconscients : « Toute ma vie, j'ai
     embrassé des causes perdues, sans préméditation bien entendu, mais par besoin secret de
     souffrir, par goût inconscient de l'échec ; autrement comment expliquer que j'aie toujours
     été aux côtés des épaves *futures* ? J'ai flairé en chaque entreprise, même les plus brillantes,
     le naufrage, et m'y suis donné corps et âme, alors que *naturellement* je suis impropre aux
     convictions et que toute forme de fanatisme me répugne. » Cioran, *Cahiers*, [février 1968],
     op. cit., p. 553. Cependant, la méditation de l'échec s'avère source de clairvoyance sur
     soi : « Que je suis au-dessus de ce que j'aurais voulu être ! D'un autre côté, si j'ai compris
     certaines choses, c'est en vertu de cet échec. » *Ibid.*, [juillet 1967], p. 518.

pleine et entière de situations-limites existentielles source d'une certaine délectation. L'amertume de la capitulation totale se conjugue avec une aubaine, une *Chance de l'échec*[6] selon la formule éponyme de l'un des derniers livres de Cioran. Si la dramatisation de l'échec n'est pas qu'un ressort littéraire ou qu'un jeu de l'esprit, qu'est-elle ? Dans la mesure où il est question d'échec existentiel, c'est-à-dire vécu et vital, il n'est peut-être pas inutile de *vagabonder* dans l'œuvre de Cioran, afin d'élucider en profondeur *de qui* mais aussi *de quoi* procède cet énigmatique échec.

TRAITS, PORTRAITS, ATTRAITS DES RATÉS

Dans le panthéon cioranien des ratés, à côté des égarés interlopes, des exilés, des déchus, des maudits, des fous, des âmes perdues… siègent en bonne place les clochards et vagabonds. Relégués au ban de la société, ce sont des ratés sur un plan social, et qui se retrouvent peu ou prou exclus ou marginalisés. Ce ratés cioraniens ne sont pas des personnages de théâtre. L'image du clochard-philosophe est un poncif de la littérature et des arts des XIXᵉ et XXᵉ siècles[7], que l'on songe par exemple à *L'Opéra de quat'sous* de Brecht. Pourtant, les portraits que dresse Cioran en diffèrent, quand bien même ils en véhiculeraient plusieurs scories. Cioran n'y exhale pas le mythe bohème et romantique. Il se réfère à des figures concrètes, sans rien omettre de ce que leur échec possède de sordide, d'ironique et de poétique. En outre, si Cioran aime musarder comme les flâneurs et vagabonds, s'il a vécu en homme de peu, possesseur de rien, et a nourri une passion pour les indigents, il n'est pas sans compassion pour la rugosité de leurs conditions de vie[8]. Toutefois, il ne verse nullement dans un pathétisme ou dans un misérabilisme. Cioran ne se prive pas de rappeler, avec force détails, la réalité crue dans laquelle vit le nécessiteux, mais de surcroît il renvoie dos à dos le mendiant et le riche, dans lesquels il voit « les parasites du

---

6 Cioran, *Chance de l'échec*, Bucureşti, Atelier de Wanda Mihuleac, 1988 et *cf.* Simona Modreanu, *Cioran ou la Chance de l'échec*, Paris, Unicité, 2021.

7 *Cf.* André Gueslin, *D'ailleurs et de nulle part, mendiants, vagabonds, clochards et SDF en France*, Paris, Fayard, 2013.

8 Cioran, « Entretien avec Helga Perz » [1978], dans *Entretiens*, Paris, Gallimard, coll. « Arcades », 1995, p. 36 : « Je suis compatissant. La souffrance des autres a sur moi un effet direct. »

Pauvre[9] », sollicité par l'un et exploité par l'autre. Cioran semble rejoindre ici Georg Simmel, dont l'étude *Les Pauvres*[10] passe pour la fondation de la sociologie de la pauvreté. D'ailleurs, impécunieux durant l'essentiel de son existence jusqu'à son succès en librairie au milieu des années 1980, Cioran voisinait la misère pendant l'Occupation et dans l'après-guerre, au point de jalouser tel clochard pour les sommes « considérables » que ce dernier gagnait dans la rue avec sa flûte[11].

Cioran mesure bien la réalité sociale du clochard, il en connaît les tourments et les affres, il n'ignore pas sa déconsidération dans le monde. Cioran tient le raté pour un modèle parce que, bien plus que le stoïcien armé de ses préceptes ascétiques, le clochard fait figure exemplaire de philosophe en acte :

> Mais si chacun faisait sa petite expérience de clochard ! Endosser des loques, se poster à un carrefour, tendre la main aux passants, essuyer leur mépris ou les remercier de leur obole, – quelle discipline ! Ou sortir dans la rue, insulter des inconnus, s'en faire gifler… Longtemps j'ai fréquenté les tribunaux à seule fin d'y contempler les récidivistes, leur supériorité sur les lois, leur empressement à la déchéance. Et pourtant ils sont piteux comparés aux grues, à l'aisance qu'elles montrent en correctionnelle. Tant de détachement déconcerte ; point d'amour-propre ; les injures ne les font pas saigner ; aucun adjectif ne les blesse. Leur cynisme est la forme de leur honnêteté[12].

Fort d'une connaissance concrète des déclassés, des naufragés de la société, Cioran mobilise un sens aigu de l'observation et va jusqu'à arpenter les palais de justice, où il a notamment tiré les remarques de la citation précédente. Les différents portraits de ratés qu'égrène Cioran à travers son œuvre ne participent ainsi ni d'une physionomie caricaturale ni d'une taxinomie de clichés, mais d'une herméneutique des traits essentiels.

Cioran aime noter telle ou telle scène cocasse de clochards, et certains de leurs bons mots émaillent son œuvre, par exemple : « "Je suis libre au dernier degré", – ce mot éleva ce jour-là le clochard qui le prononçait, au-dessus des philosophes, des conquérants et des saints, puisqu'aucun d'eux, au sommet de sa carrière, n'osa invoquer pareille réussite[13]. » Loin d'être

---

9   Cioran, *Précis de décomposition*, « Position du pauvre », dans *Œuvres*, *op. cit.*, p. 104.
10 Georg Simmel, *Les Pauvres*, dans *Sociologie*, trad. L. Deroche-Gurcel et S. Muller, Paris, PUF, 1999, p. 453-470.
11 Cioran, *Cahiers*, *op. cit.*, [juillet 1966], p. 383.
12 Cioran, *Syllogismes de l'amertume*, « Le Cirque de la Solitude », dans *Œuvres*, *op. cit.*, p. 223-224.
13 Cioran, *Le Mauvais Démiurge*, « Pensées étranglées », III, dans *Œuvres*, *op. cit.*, p. 717.

une figure fictive idéalisée, Cioran parle d'un clochard réel, dont il aime reprendre sporadiquement une formule dans ses *Cahiers*. En effet, cette citation est recueillie par Cioran dix ans avant la parution de son livre : « Un clochard, que j'estime pour ses tares et son déséquilibre, qui couche depuis des années à la belle étoile, me disait l'autre jour : "Je suis libre au dernier degré[14]." » Et la page manuscrite précise le nom du clochard : il s'agit de Jean Magny, avec lequel Cioran va se lier durablement et qu'il appelle tendrement « mon clochard[15] ». Cioran n'hésite donc pas à citer un clochard au même titre qu'un Marc-Aurèle, qu'un Pascal ou qu'un Baudelaire. Seul le vécu fait la force d'une pensée. En outre, cette citation nous montre l'importance de la liberté : c'est en vertu de la liberté totale et vécue que le raté, émancipé des conventions sociales, n'est pas sans attrait pour Cioran. Le parasite social moderne prend des airs de cynique. Comme Diogène[16], ce clochard est clairvoyant quant aux préjugés et aux valeurs communes, au statut social et à son uniformisme, aux faux biens et à la morale bien-pensante. De plus, contrairement à l'image de souffreteux qu'il véhicule, le clochard est une force de la nature, puisqu'il survit aussi bien aux conditions difficiles de la rue (alors que Cioran, quant à lui, est sans cesse malade[17]) qu'à l'inhumanité de ses concitoyens, à leur mépris, à leurs humiliations, à leur dégoût mêlé d'effroi. Le raté social n'est pas seulement indifférent à l'ordre social où il occupe la place qui lui est échue, comme dans le stoïcisme, mais il fait face à la société qui l'exclut et contredit son ordre social par son existence elle-même. Comme un cynique, le clochard est, à lui tout seul, un « état d'exception[18] » de la société, parce qu'il en transgresse les lois, les codes, les frontières. Qui plus est, le dépouillement du clochard l'apparente à une sorte de vagabond génial et d'ascète errant[19],

---

14 Cioran, *Cahiers*, [mai-septembre 1959], *op. cit.*, p. 35.

15 Cioran, « Cahiers », mai-septembre 1959, ms. 799, f° 52, Fonds Cioran, Bibliothèque Littéraire Jacques Doucet. Nous remercions la BLJD.

16 On sait toute l'admiration que Cioran porte au « Chien céleste », reprenant la formule de Cercidas, *cf. Précis de décomposition*, « Précis de décomposition », *op. cit.*, p. 62-64.

17 « Tout à l'heure, j'ai vu un clochard qui dormait sur le trottoir, enveloppé dans quelques journaux. Et j'ai pensé avec désespoir que, moi, il suffit de m'endormir, ne fût-ce que cinq minutes sur mon lit ou dans un train, sans être protégé par plusieurs couvertures, pour que j'attrape sinusites, maux de gorge, de tête, et de tout, pendant des semaines. Que j'envie le clochard ! » Cioran, « Cahiers », avril 1971, ms. 828, f° 32 (BLJD).

18 *Cf.* Étienne Helmer, *Le Dernier des hommes. Figures du mendiant en Grèce ancienne*, Paris, Le Félin, 2015, p. 13.

19 Sur cette tradition spirituelle (que connaît bien Cioran et qui nourrit Dostoïevski, Tolstoï, Leskov…), *cf.* Michel Evdokimov, *Pèlerins russes et vagabonds mystiques*, Paris, Cerf, 1987.

débarrassé du superflu, détaché du monde et de ses illusions. C'est bien l'être
libre par excellence : « Pour penser librement, il faut être clochard ou rentier,
n'exercer aucune profession, même pas celle de penseur[20]... » Le raté social
est non seulement en position de juger toute la société et ses conventions
auxquelles il échappe, mais l'échec en général consiste justement à sortir du
conformisme, à ne pas se cantonner à ses limites : « Se réaliser, c'est savoir
se borner. L'échec est la conséquence d'une trop grande disponibilité[21]. »
Au-delà du renoncement aux conventions sociales et du détachement des
illusions, l'irréalisation est une *outrance*. On mesure la force existentielle du
raté dont Cioran tire l'effigie : « Il extrait sa liberté de l'immensité de ses
inaccomplissements ; c'est un dieu infini et pitoyable qu'aucune création ne
limite, qu'aucune créature n'adore, et que personne n'épargne. Le mépris
qu'il a déversé sur les autres, les autres le lui rendent[22]. » Mais de quoi
procède un tel désabusement superbe du raté ?

TRANSFIGURATION DE L'ÉCHEC

À la manière des cyniques, le raté est donc un modèle de conduite
devant l'adversité, un exemple de réussite en matière de solitude et d'« exercices spirituels ». Le raté prend alors une signification existentielle forte,
lorsque, viscéralement, il incarne, sous la plume de Cioran, la mise en échec
d'illusions humaines. Il n'est plus synonyme d'échec mais de mise en échec.
L'échec du raté n'est pas propre à celui qui a échoué totalement à réussir
en société, ou qui a déjoué les attentes et l'ordre de la vie commune. Le
raté renvoie en miroir, par son existence même, le vrai visage que policent
l'instinct grégaire et la vie mondaine, la face abjecte d'une société veule,
vaine et vile, pour ne pas dire corrompue et abominable. La vie du raté
est la dénonciation vivante de l'erreur de vivre dans ce monde. Le raté
apparaît comme le comble de l'échec : en tant que révélateur d'un échec
grandiose. Cioran aime en ce sens à convoquer les échecs à l'échelle du

---

20   Cioran, « Cahiers », février 1971, ms. 827, f° 53 (BLJD).
21   Cioran, *Cahiers*, [décembre 1962], *op. cit.*, p. 134.
22   Cioran, *Précis de décomposition*, « Précis de décomposition », « Effigie du raté », dans *Œuvres*,
     op. cit., p. 81.

monde, de l'histoire et de l'être. Mentionnons par exemple le vaincu, qui s'avère moins un déshérité de l'histoire qu'un rebut de son champ de bataille intérieur, en proie à l'« *orgueil de la défaite*[23] ». L'expression «Orgueil de la Défaite» revient dans le *Précis de décomposition* pour signifier comment, « quand on ne peut se délivrer de soi, on se délecte à se dévorer[24] » : c'est retourner son échec contre soi (et renverser l'instinct de conquête qui a échoué contre soi-même), c'est se vaincre soi-même, c'est «penser contre soi». Mais il évoque encore ultérieurement «l'orgueil de la défaite» puis «l'orgueil de l'échec» : « notre génération aura connu toutes les formes de défaite : comment n'en être pas fier? D'ailleurs, soit dit entre nous, sans l'orgueil de l'échec, la vie serait à peine tolérable[25]. » Comment comprendre ce leitmotiv cioranien? Il ne s'agit pas de l'orgueil ordinaire, mais de l'orgueil des ratés qui ont transfiguré leur génie inaccompli et, nous l'avons compris, illimité, mais aussi immarcescible et non corrompu par l'erreur du monde. Un tel raté possède une dimension spirituelle qui fait sa force d'âme. Et comment faire pour *réussir* son échec essentiel? Parce que tout échec suppose un dessein, une entreprise, un désir préalables, l'éloge de l'inutilité n'intervient qu'au terme d'un échec gros d'un projet avorté. Il n'y a donc pas un pur néant, l'échec se nourrit d'un quelque chose à détruire, il suppose une promesse de réussite intégrale voire immanquable, une intention première dont l'envergure est proportionnelle au désastre final.

Nous pouvons relever dans l'œuvre cioranienne pléthore de passages sur ce qui a manqué fondamentalement. Prenons *La Tentation d'exister* : l'ouvrage contient une myriade de références à ce qui est à demi fait, sans jamais être accompli. Entre autres, Cioran parle d'un «demi amoureux», du «demi converti», des «demi-vivants», de la «demi-science», du «demi-mort», de l'être à «demi-réel[26] »... L'échec tient d'abord à une «demi-réussite», quand on promet tout, quand on a tout pour réussir et qu'on rate fonda-mentalement le résultat, quand est *manquée de peu* la perfection, mais qu'elle s'en voit par la même *manquée infiniment*, par exemple en matière d'œuvre :

---

23 Cioran, « Tragi-comédie d'un vaincu », dans *Œuvres, op. cit.*, p. 1291-1292.
24 Cioran, *Précis de décomposition*, « Sur la mélancolie », dans *Œuvres, op. cit.*, p. 102.
25 Cioran, *Cahiers*, [mars 1964], *op. cit.*, p. 213 ; *ibid.*, [juin 1969], p. 740 ; lettre à Arşavir Acterian, 11 juin 1969, dans *Opere*, vol. III, Bucureşti, F. N. Ş. A., 2017, p. 587-588.
26 Cioran, *La Tentation d'exister*, « La Tentation d'exister », dans *Œuvres, op. cit.*, p. 419 ; « Sur une civilisation essoufflée », *ibid.*, p. 286 ; « Un peuple de solitaires », *ibid.*, p. 322 ; « Lettre sur quelques impasses », *ibid.*, p. 331 ; « Lettre sur quelques impasses », *ibid.*, p. 342 ; « Rages et résignations », « Se haïr », *ibid.*, p. 403.

L'univers classique n'étant plus viable, il nous faut le secouer, y introduire une suggestion d'inachèvement. La « perfection » ne nous trouble plus : le rythme de notre vie nous y rend insensibles. Pour produire une œuvre "parfaite", il faut savoir *attendre*, vivre à l'intérieur de cette œuvre jusqu'à ce qu'elle supplante l'univers. Loin d'être le produit d'une tension, elle est le fruit de la passivité, le résultat d'énergies accumulées pendant longtemps. Mais nous nous dépensons, nous sommes des hommes sans réserves ; avec cela, incapables d'être stériles, entrés dans l'automatisme de la création, mûrs pour toute œuvre quelconque, pour toutes les demi-réussites[27].

Lui qui promettait tant à l'issue de l'accueil critique du *Précis de décomposition*, c'est peu après le manque de succès des *Syllogismes de l'amertume* que Cioran a écrit et publié une première version de ce texte, avec quelques variantes et notamment un paragraphe supplémentaire (par rapport à la version finale de *La Tentation d'exister* en 1956), où notre auteur affirme : « L'esprit, dans la mesure où il est vivant et veut rester tel, doit subir la tentation de l'anarchie et conclure toujours contre quelque chose[28] ». En d'autres termes, le marginal et le non-conformiste se repaissent des réussites à détruire. Le monstre littéraire est détenteur d'une clef par-delà les catégories sclérosées, en transgressant un genre établi et inerte, en le décomposant, en achevant son agonie. Or, dans les manuscrits, qui préparent *La Tentation d'exister* et ses prépublications, nous trouvons un texte autonome consacré aux « demi-réussites » :

Les plus grandes réussites, dans l'ordre de l'esprit, sont dues à des demi-réussites, dans l'ordre pratique. [...] L'insuccès est encore plus fécond s'il résulte d'un échec religieux. On frémit à l'idée de ce qu'eût été Pascal si sa foi avait été *sûre*, et qu'il l'eût possédée comme un bien naturel. [...] Il y a dans Pascal quelque chose d'un rival vaincu, d'un velléitaire, d'un débutant, au seuil du salut [...]. Aussi devait-il rester à mi-chemin entre la sainteté et les scrupules de l'intellect, et ne pas aboutir dans l'*action* de la piété. Toute la vitalité de son esprit vient de ce qu'il ne fut pas un croyant parfait, ainsi qu'il le désirait, de ce qu'il fut contraint de rester *en deçà* de sa dernière ambition[29].

L'échec est une *demi-réussite* dans le monde, une réussite à jamais gâchée, bâclée et sabotée, mais elle s'avère aussi une *anti*-réussite, non pas pure absence de réussite, mais *une réussite échouée et demi spirituellement*, dans

---

27 Cioran, *La Tentation d'exister*, « Le Style comme aventure », *ibid.*, p. 351.
28 Cioran, « Le Style comme aventure », *La Revue de la culture européenne*, n° 8, 4e trimestre 1953, p. 226.
29 Cioran, « Les demi-réussites », ms. 118, f°s 1-3 (BLJD).

la posture critique contre le monde, dans la position existentielle en surplomb, hors de ce monde, exempte de toute consécration mondaine et de toute reconnaissance trop humaine. Désabusement de la délivrance, l'échec libère le raté des faux espoirs et lui ouvre les yeux sur une autre dimension. Indélivré lui-même, Cioran affirme d'ailleurs que Dieu est « le Grand raté[30] », tant et si bien que nous pouvons lire une sorte de négative mystique de l'échec. D'un côté, le moralisateur pur, l'écrivain parfait et Dieu, dans lequel Cioran ne croit pas, ne sont que des succédanés de pâles réussites esthétiques et morales d'un monde médiocre ; mais d'un autre côté, le raté peut « transfigurer » son existence par l'échec. C'est encore à une figure concrète que songe Cioran en parlant d'« Une existence constamment transfigurée par l'échec[31] » : le destin tragique de Kleist qui se suicide de désespoir avec Henriette Vogel. Cioran prolonge laconiquement sa méditation dans les *Cahiers* : « L'homme qui se retire. Génie de l'abandon. Transfiguration par la défaite[32]. » Parce qu'il est allé jusqu'au bout de son échec, de sa passion qui le transcendait et le consumait tout à la fois, Kleist appartient aux « héros » cioraniens qui « osèrent s'élever par la mort au-dessus d'eux-mêmes[33] ». Cette passion existentielle de l'échec agit comme une métamorphose intérieure, où l'esprit s'éveille à une dimension plus grande et autrement plus terrible que le monde. Chef-d'œuvre de son désastre, l'esthétique des ruines et la clairvoyance apocalyptique qui l'animent incitent le raté sublime à voir dans l'être au monde, depuis les décombres de sa vie et la défragmentation de sa contre-œuvre, ce qui justement le terrasse, le détruit infiniment : sa participation au manque d'être, au mal, au temps. Ainsi Cioran déclare-t-il : « Chaque instant qui passe est un échec. Je crois que l'essence du temps est échec, et c'est pourquoi le temps est si prenant, si entraînant aussi. On ne sait quelle forme prendra cet échec, on en ignore le visage. Et cette ignorance fait le "charme" de la vie[34]. »

Depuis les portraits des ratés jusqu'à la transfiguration de l'échec, l'insaisissable visage du désastre nous crevasse en miroir et trace peu à peu notre propre disparition. Tout rate et tout meurt toujours. Mais dans

30 Cioran, *Le Crépuscule des pensées*, VII, trad. M. Patureau-Nedelco, rev. C. Frémont, dans *Œuvres*, Paris, Gallimard, coll. « Quarto », 1995, p. 422.
31 Cioran, *De l'inconvénient d'être né*, III, *op. cit.*, p. 769 ; *Cahiers*, [novembre 1962], *op. cit.*, p. 125.
32 Cioran, *Cahiers*, [novembre 1962], *op. cit.*, p. 131.
33 Cioran, *Précis de décomposition*, « Abdications », « Mes héros », *op. cit.*, p. 152.
34 Cioran, *Cahiers*, [janvier 1969], *op. cit.*, p. 667.

la contemplation de ses ruines, il y a une certaine noblesse de l'échec pour qui sait non pas seulement renoncer, mais abandonner et se donner au tragique. Laisser tout tomber est une manière de tomber du temps. Cioran se proposait d' « Écrire une "Métaphysique de l'adieu[35]" » et aimait à dire que ce mot, « adieu », avait pour lui un « poids d'univers, et une insoutenable fascination[36] ». L'adieu est la parole ultime qui porte le sens du définitif et du fatidique, de la *dernière fois*. C'est l'instant crucial où l'on tire la dernière conclusion, à l'extrémité de soi-même quand on sent que tout est fini et que cette fin nous dépasse infiniment là même où elle nous *achève*.

Dès lors, deux perspectives principales peuvent être retracées à partir du sublime cioranien de l'échec. Tout d'abord, la métaphysique négative et l'expérience existentielle de l'échec (sur un plan humain, sentimental, etc.) sont à la fois ce qui met au jour chez Cioran l'infortune cosmologique autant qu'individuelle et, en même temps, l'intensité d'une vie et d'une œuvre qui se révèlent à elles-mêmes dans l'inaccomplissement : l'échec *fait* le sens, le non-sens et le secret de l'existence. D'autre part, il y a un véritable *art* de l'échec. Si Cioran n'est pas à l'abri d'erreurs et d'errances, l'usage aussi lucide que possible de l'échec illustre comment il pratique l'impraticable, écartelé entre plusieurs contradictions, comme si toute œuvre n'était qu'un résultat contingent au crible des ratures, des ratages, des détournements ou retournements de lectures, du dévoiement de ses influences pour mieux devenir singulièrement soi-même, en pensant originalement à l'encontre de tout et de soi, comme si toute pensée et toute vie ne résidaient que dans l'essai, dans la *tentative* d'exister, dans le combat intérieur avec soi, dans un échec continué. C'est à ces directions que les textes réunis dans ce volume ont tenté d'apporter, au risque de quelques réussites, un éclairage essentiel sur l'une des pensées majeures de l'échec.

Aurélien DEMARS
IRPHIL –
Université Jean-Moulin – Lyon 3

---

35   Cioran, *Cahiers*, [septembre 1961-janvier 1962], *ibid.*, p. 78.
36   Cioran, « Cahiers », mars 1960, ms. 800, f° 48 (BLJD).

PREMIÈRE PARTIE

DOSSIER THÉMATIQUE

L'ÉCHEC

VARIATIONS SUR L'ÉCHEC
ET SES DOUBLES

> La grandeur de Rimbaud est d'avoir
> mené la poésie à l'échec de la poésie.
> Georges BATAILLE, *Haine de la poésie*
> (1947).

S'il y a un thème qui « sonne » d'entrée cioranien, c'est bien celui de l'échec. Cioran n'en a pourtant traité nommément, avec ses synonymes de « défaite », de « naufrage », de « capitulation », de « déchéance », de « débâcle », de « faillite » et autre « fiasco », etc., et ses antonymes, en un nombre significativement plus restreint, de réussite, de succès, de victoire ou triomphe, que dans fort peu d'aphorismes ; et il ne lui a consacré qu'un seul développement dans le *Précis de décomposition*... ni vraiment développé ni très précis. La notion court, en revanche, tout au long de son œuvre, à la manière d'une trame ou d'une « basse continue » à partir de laquelle Cioran échafaude des variations harmoniques et mélodiques libres car ouvertes à l'improvisation, mais s'exerçant à l'intérieur d'un même horizon donné, indépassable. Et ces variations s'entremêlent à celles engendrées par les autres *ostinatos* de sa réflexion – en particulier, bien sûr, celui du non-sens général du monde et de toute existence humaine qui s'y inscrit.

Dans la conversation courante, Cioran usait aussi beaucoup des mots plus populaires de raté et de ratage, voire de bousillage. Et il ne pouvait s'empêcher d'en accuser la prononciation, en en détachant les syllabes, et de les accompagner d'un petit rire sardonique étouffé – façon pour lui de souligner le plaisir un peu pervers que lui procurait le fait de remettre à sa place notre orgueil bouffon d'être humain, mais aussi d'adresser un clin d'œil à ses interlocuteurs pour faire passer, en en appelant à leur complicité, une évidence qui, nous concernant tous et lui aussi en premier, tenait du cliché le plus éhonté. Car, pour lui, le ratage n'a jamais été l'apanage exclusif de certains au détriment d'autres. Il ne résulte en aucune manière d'un manque de ceux-ci par rapport à notre dite « condition humaine » universelle. C'est tout l'inverse. On peut, dans le détail, être plus ou moins raté ; mais nous le sommes tous forcément du fait que nous existons. Notre ratage n'est certes pas une qualité, mais ce n'est pas non plus un défaut. Il tient du constat. Partie intrinsèque de notre situation d'homme, il en constitue l'une des dimensions majeures, sa base la plus solide même, au point qu'on peut parler chez Cioran d'une véritable « ontologie du ratage ». La question, dès lors, n'est pas de savoir comment l'éviter, puisqu'en dépit de tous nos efforts en ce sens nous ne saurions échapper à son emprise, ni nous en accommoder, car ce serait là un autre ratage, redoublant et aggravant si possible encore l'originaire, mais dans quelle mesure nous pouvons maintenir quelque dignité au sein de ce fiasco généralisé que sont nos existences.

Il n'est pas sûr que les réponses que Cioran apporte à ce dernier enjeu soient les seules ou les plus satisfaisantes, ni que la façon dont il l'aborde en dresse toujours pertinemment les termes. L'adversaire de toute idée de système pêche peut-être ici par une approche trop systématique, engoncée dans un réseau de généralités justes et éclairantes mais justement trop générales et, en cela, parfois aussi un peu obscures et contradictoires... Mais il reste que sa construction du thème constitue une des meilleures bases à partir de laquelle explorer la question, finalement peu traitée par la pensée et qui se pose quasi obsessionnellement à nous, surtout, comme on dit, à « l'heure des comptes », quand la mort approche, de notre échec.

ONTOLOGIE DU RATAGE

Que toutes les vies humaines sans exception soient placées sous le signe d'une défaite annoncée tient bien sûr d'abord à leur caractère temporellement fini. C'en est en effet la première, et radicale, raison – à moins, bien sûr, de croire en une survivance de l'âme après la mort. Or, malgré sa religiosité incontestable, le fils du protopope Cioran, en athée profond qu'il était, en est resté incapable. Et son attrait pour les mystiques de toutes les religions, en particulier chrétienne, n'y change rien. Au contraire. Comme il l'a lui-même beaucoup commenté, la mystique entretient des rapports extrêmement ambigus avec la foi, puisqu'elle s'en veut un débordement par excès, la volonté d'expérimenter le monde en se mettant à la place de Dieu, en se substituant à lui, frisant de ce fait le sacrilège. Que pratiquement tous les grands mystiques chrétiens aient été soupçonnés par l'Église d'hérésie, voire soumis à des procès en panthéisme ou en athéisme, en apporte la confirmation. Et il est certain que Cioran s'est toujours tenu résolument du côté de ces aventuriers de la foi, de *leur propre foi*, contre l'attitude orthodoxe conservatrice, et témoignant à ses yeux d'un déclin spirituel, de l'Institution-Église. Le sentiment religieux authentique qui l'habitait n'empêche donc pas qu'à rebours du dogme chrétien, la mort se confonde pour lui, et sans reste, avec l'extinction définitive de notre être : il n'y a, pour cette raison, pas de possibilité pour nous de surseoir de ce côté-ci à l'échec.

Mais l'originalité de Cioran tient à ce qu'il n'en perçoit pas non plus du côté de la naissance, laquelle n'est pas cette ouverture grandiose vers tous les possibles, autorisant les plus grandes espérances, qu'ont célébrée presque toutes les civilisations, mais précisément l'inverse : elle est un « fléau[1] », une « calamité[2] », car une chute de l'indistinction bienheureuse du non-être dans le temps tragique de l'être, qui est aussi celui de l'absence de sens, de l'ennui, de la douleur, de la maladie, de la vieillesse et de la mort — une affirmation qui, loin de se cantonner aux assertions contenues dans *De l'inconvénient d'être né*, traverse elle aussi de part en part toute son œuvre. Comme on le sait, il y a même vu l'« héritage » d'une hypothétique ascendance thrace — ce peuple, qui a supposément occupé jadis une partie de la Roumanie actuelle, ayant eu parmi ses singularités culturelles celle, entre autres, de pleurer sur ses nouveau-nés et de rugir de plaisir aux enterrements !

Si la naissance est donc déjà une « capitulation[3] » et la mort l'anéantissement de l'être, il n'y a rien non plus à attendre, selon Cioran,

---

1   Cioran, *De l'inconvénient d'être né*, dans *Œuvres*, éd. N. Cavaillès avec la collab. de A. Demars, Paris, Gallimard, coll. « Bibliothèque de la Pléiade », 2011, p. 732.
2   *Ibid.*, p. 742.
3   *Ibid.*, p. 875.

de l'espace entre eux, soit de ce que nous appelons usuellement, au sens propre du terme, « l'existence ». Ici, le thème de l'échec se fond intégralement dans celui du non-sens irrémédiable de tout et de tous. Et, contrairement à ce que certains de ses lecteurs pressés ont cru pouvoir en déduire, le suicide ne fournit en aucune manière une échappatoire. Jamais Cioran ne l'a conçu comme une solution, mais, à la limite, comme un simple moyen pratique, et des plus économiques, de s'extraire de situations rendues intenables par les circonstances, la pauvreté, la maladie ou la sénilité. Il est en revanche impropre à affronter notre naufrage existentiel. Le suicide, en résumé, ne résout rien, hormis quelques problèmes superficiels, quoique bien tangibles, d'« intendance ».

Tout autres sont ceux que soulève le fait que nous sommes non seulement par destination des ratés, mais que nous évoluons dans un univers qui l'est aussi. Ici, apparaît une nouvelle harmonique, non plus individuelle mais collective, qui entre en résonance avec cette autre particularité de Cioran, son attachement à la fois à la pensée hindoue et au courant, assez improprement qualifié par lui d'« hérétique », puisqu'il n'était pas tant un mouvement en contre du christianisme qu'un autre christianisme possible qui a avorté, du manichéisme et de la gnose. Ce n'est pas le lieu ici d'examiner si le traitement que fait Cioran de ces références est approprié. Il suffit de rappeler qu'il les a abordées toutes deux avec le plus grand scepticisme, quant à la délivrance qu'a pu lui apporter la pensée indienne – ne se définit-il pas, dans les *Syllogismes de l'amertume*, comme « un Bouddha de pacotille[4] », qui, dans un autre recueil d'aphorismes, confie ironiquement qu'il s'endort dès qu'il sort du « Je » ? – et quant au possible recours à la notion manichéenne d'un « mauvais démiurge », lui n'étant, encore à ses dires, qu'un « Scythe flemmard et fourvoyé[5] ». Toujours est-il que, même inabouties, ces deux idées renforcent ce que nous avons appelé son « ontologie du ratage », le coupant ainsi de toutes parts d'une position de repli face à l'idée d'un échec auquel, en tant qu'êtres humains, nous sommes inéluctablement voués.

À la vérité, on se demande ce qu'on peut bien encore ajouter dans ces conditions à ce constat. L'étau est parfait. La messe semble avoir été définitivement dite… Dans les aphorismes où il continue néanmoins de réfléchir sur l'échec et sur la réussite, Cioran le fait dans deux directions

---

4   Cioran, *Syllogismes de l'amertume*, dans *Œuvres, op. cit.*, p. 223.
5   *Ibid.*

opposées mais qui, dans sa logique, se complètent : il y examine, d'une part, comment la réussite ou le succès tentent, maladroitement, de masquer notre défaite, et ainsi y contribuent, la renforcent, sinon la produisent ; et comment, d'autre part, sachant que nous sommes condamnés à l'échec, nous pouvons malgré tout « sauver » notre être ou le peu qu'il en reste.

On pourrait synthétiser ces deux enjeux par deux formules symétriques dans leur construction mais qui ouvrent sur des réflexions divergentes, soit : « comment on perd en gagnant » (et ce qu'on y perd) et « comment on peut gagner en perdant » (à la limite, en tant que « revanche » sur l'échec, et là aussi ce qu'on y gagne). La question restant de savoir – ce dont Cioran ne paraît pas vraiment se soucier – ce que recouvrent, dans ces deux cas, les termes de « gain » et de « perte » et par rapport à qui et à quoi on doit les évaluer, ce qui oblige à approfondir les termes du débat tels qu'il les a institués, voire, au final, les congédier.

PERDRE EN GAGNANT

Comme nous l'avons suggéré, malgré des apparences d'équilibre, cette première configuration est totalement asymétrique de la seconde. Elle intervient en effet non comme une proposition face au constat dressé par Cioran dans son ontologie du ratage, mais comme son explicitation et illustration. Et elle est fondamentalement critique. Cioran met ici en question la réalité de ce que chacun accorde à ce qu'il croit être ou avoir été sa « réussite », tout en en devinant parfois intérieurement l'illusion. On peut dire aussi qu'il s'agit là du cas le plus fréquent : celui de l'être médiocre au sens statistique du terme qui « bâtit » sa vie par le travail, l'amour, la famille, la propriété, l'aisance matérielle, la reconnaissance sociale, etc. – tous moyens, sinon toujours de dominer consciemment autrui, de « s'accomplir » par rapport à soi, ce qui, dans nos sociétés concurrentielles, signifie forcément par rapport aux autres, et donc aussi le plus souvent contre eux...

Or – et c'est là une dimension bizarrement sous-estimée dans la plupart des commentaires actuels de son œuvre –, Cioran est à cet égard sans doute un des dénonciateurs les plus véhéments de ce genre de soi-disant « vies réussies » assermenté par nos sociétés. Il serait même difficile de trouver dans toute l'abondante littérature contestataire une attaque aussi violente que celle qu'il prononce, par exemple, dans *Histoire et utopie*, à l'encontre de l'idée de propriété privée. Reproduisons-la pour le plaisir : « Toute forme de possession [...] dégrade, avilit, flatte le monstre assoupi au fond de chacun de nous. Disposer, ne fût-ce que d'un balai, compter n'importe quoi comme *son* bien, c'est participer à l'indignité générale[6] ». Mais Cioran n'est pas plus tendre à l'égard de l'amour, qu'en des formules qu'aurait pu forger Céline il ramène aux fonctions physiologiques les plus basses, quasiment en-dessous de l'animal, ni de la famille – dans *Écartèlement*, il assure ainsi qu'il lui aurait été plus facile de fonder un empire que d'en bâtir une ! –, ni encore de la procréation – toutes bases, nous l'avons dit, de ce que nous considérons socialement comme définissant la « réussite ».

Sans doute les options politiques de Cioran, par ailleurs incontestablement conservatrices sinon réactionnaires, ont-elles contribué à brouiller ce message de révolte, jusqu'à en faire pour certains un improbable « anarchiste de droite ». Là non plus, ce n'est pas le lieu de réexaminer son attitude à cet égard. Dans un ouvrage ancien, nous l'avions qualifiée de « politique de l'hérésie permanente[7] », et l'avions rapprochée de celle de cet autre grand marginal que fut Genet, dont les prises de position volontiers contradictoires, agrémentées d'un goût de la provocation, on dirait aujourd'hui « anti-politiquement correcte », et d'une fascination pour la violence, furent en butte aux mêmes incompréhensions. Nous n'y ajouterons rien ici – sinon que les exemples que nous avons brièvement passés en revue fournissent la clé de l'opposition de Cioran à l'idée de réussite : la réussite, telle du moins que nos sociétés nous amènent à la définir, compte, pour lui, au rang des plus grands naufrages que l'on puisse concevoir, car ce qu'on y perd est le seul mouvement en nous qui ne soit pas entaché d'illusion : notre faculté de désillusion. Elle agit en cela comme une neutralisation de notre personnalité, une perte de notre intériorité, un rétrécissement de notre âme et un amollissement spirituel : « Toute réussite, dans n'importe quel ordre, statue ainsi Cioran dans *De l'inconvénient d'être né*, entraîne un appauvrissement intérieur. Elle nous fait oublier ce que nous sommes, elle nous prive du supplice

6   Cioran, *Histoire et utopie*, dans *Œuvres, op. cit.*, p. 502.
7   Patrice Bollon, *Cioran, l'Hérétique*, Paris, Gallimard, 1997, p. 167-188.

de nos limites[8] ». En nous donnant le repos de l'artisan qui a accompli la tâche pour laquelle il avait été « programmé », la réussite sociale désarme notre inquiétude existentielle, nous enlise dans le confort de la bonne conscience, dressant ainsi une digue à notre développement intérieur. Elle raye les questions fondamentales dont il va de notre dignité de nous saisir. Elle abolit en nous, nous dérobe ce qui constitue notre seul bien réel : notre insatisfaction congénitale, radicale, irrémissible. Et elle fait de nous au final des créatures « contentes », à défaut d'être vraiment heureuses, mais mutilées, contentes parce que mutilées, amoindries, *domestiquées* : des fantômes d'êtres évoluant dans un décor en trompe l'œil.

Mais le plus consternant dans tout cela — et dont Cioran ne fait que furtivement état dans quelques phrases éparses — est que ceux qui, pour une raison ou pour une autre, échouent à accéder à cette réussite tronquée, inauthentique, ne s'en trouvent pas le moins libérés, mais, au contraire, profondément mortifiés, et ce souvent doublement, non seulement sur le plan matériel mais aussi spirituel ! À partir de ce qu'ils vivent légitimement comme une injustice, ces ratés du ratage, ces ratés en quelque sorte « au carré », deviennent en effet régulièrement les proies consentantes d'entreprises politiques mensongères qui leur font miroiter, en sachant bien sûr qu'elles ne tiendront pas leur promesse, une participation à cette fausse réussite, une part en elle. C'est le drame par exemple aujourd'hui de ces *white trash* américains qui ont soutenu, envers et contre tout, une politique trumpienne qui, sous couvert de les associer à une prétendue « prospérité générale » tout en façade, non seulement n'ont pas amélioré leurs positions matérielles mais ont permis que se poursuive à plus grande échelle le transfert de leurs maigres avoirs vers la même caste économico-politique qui les avait spoliés et dont ils ne furent au fond que les « supplétifs ». Le tableau, de ce fait, est bien pire encore que celui que trace Cioran, puisqu'à l'échec matériel de ces exclus se surajoute une déroute spirituelle redoublée, du fait que cet échec est de leur part consenti, désiré, *voulu*, et que leur révolte apparaît en fin de course comme ayant été le moyen même de leur asservissement. La servitude volontaire de La Boétie a l'éternité devant elle…

Dans son assaut contre l'idée de réussite, Cioran fait aussi deux exceptions et commet un oubli, du moins en partie, lesquels méritent un commentaire. Si, à la réserve près que nous venons d'évoquer, Cioran

---

8   Cioran, *De l'inconvénient d'être né, op. cit.*, p. 870.

est impitoyablement – et justement – cruel à l'encontre de la réussite
« moyenne », il s'avère en effet beaucoup plus accommodant à l'égard
de certaines pseudo-« réussites » historiques qui se sont conclues par
les plus vastes désastres qu'on ait jamais vus, ainsi que de celles qui se
manifestent dans les arts – ce que traduit son recours alors plus au terme
de « succès » que de « réussite ». Et, malgré l'afflux de ses remarques
sur l'idée de « style », il n'examine pas vraiment ce qu'il en va en ce
domaine de la réussite suprême, la perfection.

La première des différences que fait Cioran, qui s'exprime dans son
traitement des hautes figures historiques du Mal à la Néron ou Hitler, dont
il souligne le caractère destructeur pour leur peuple tout en le minorant
par le soutien qu'ils ont réussi à susciter en lui, ressort de cette même
fascination pour le pire que nous avons évoquée dans le cas de Genet.
C'est un reste, chez Cioran, de ce culte nihiliste de la Force pour la Force,
qui l'avait conduit dans sa jeunesse aux errements que l'on sait et que
l'adoption du français, avec le travail d'anti-utopie que ce changement de
langue lui a permis d'opérer, n'a pas totalement éliminé. En cela, il n'y
a pas grand-chose à en dire, puisqu'il s'agit d'un paramètre personnel.
Si ce n'est que, comme nous le verrons plus tard, ce surenchérissement
dans l'échec peut, dans d'autres circonstances et sur d'autres enjeux, en
inverser la signification et lui donner valeur de réussite.

La seconde différence que fait Cioran apparaît, en un sens, parfaitement normale, si tant est que le champ artistique, comme on dit en
sociologie, est aussi celui, du moins en apparence, de la contestation. Sauf
que Cioran semble à ce sujet souvent en-dessous de ce qu'on serait en
droit d'attendre de lui. On ne compte pas dans son œuvre les invectives
salutaires à l'encontre d'une philosophie raisonnant plus sur les mots et
les concepts qu'elle invente, que sur les réalités qu'ils sont censés recou-
vrir. Plus rares chez lui les dénonciations du faux et du charlatanisme
dans les arts. Et c'est bien dommage, car, aujourd'hui, ce sont tous les
secteurs de la vie intellectuelle qui se voient envahis – et radicalement
pervertis – par l'idée d'un succès ramené à la « célébrité », soit à une
réussite vide n'existant que par rapport à elle-même, parce qu'elle est
arrivée à se donner et à s'imposer comme telle aux yeux d'autrui. C'est
le sens de ce fameux « quart d'heure de célébrité », qui, selon Andy
Warhol, nous serait désormais accordé à tous, à la manière d'un nouveau
« droit de l'Homme ».

Certes, on pourrait rétorquer que Cioran n'a vu de cet « Âge de la célébrité » que les prémisses. Mais, pour reprendre un de ses arguments du *Précis*, il n'y a là en réalité aucune nouveauté. Ce phénomène de la réussite illusoire est vieux comme le monde ; seul le *décor* où il s'exerce peut être qualifié de contemporain. Et l'on est un peu déçu que le grand lucide n'ait pas eu l'idée d'aiguiser ses griffes sur cette risible boursoufflure. Tout juste fait-il semblant de s'étonner que, parcourant une grande ville, on débouche par instants sur de vastes avenues monumentales dénommées d'après des personnages qui furent en leur temps gigantesques, mais dont il ne restait, au lendemain de leur disparition, pas même un gramme de poussière…

Pour ce qui concerne l'«oubli[9]» que commet Cioran, il vient du fait que ses raisonnements s'appuient sur des termes généraux qu'il n'approfondit pas toujours ou dont il ne met pas assez en question la signification acceptée. Ses réflexions sur la spécificité de la langue française sont remarquables, mais elles manquent, sur un point, de profondeur. Dans ce domaine comme en d'autres, il est convenu de qualifier la réussite la plus aboutie de «perfection». Et l'on sait assez précisément la définir, l'écriture de Cioran, en un sens, même l'incarne : le français appelle un style régulier, à la limite de cette manière «coulante» qu'abhorrait Baudelaire, sans aspérités ou avec quelques aspérités calculées, introduites au «bon moment», et où le besoin de variété, dans une langue naturellement peu expressive, exige que les répétitions soient impitoyablement traquées, tant dans les mots utilisés que dans la construction des phrases. On peut aussi décliner, dans le domaine de la beauté physique, les caractéristiques – quoiqu'il faille le faire ici plus en fonction des époques – de ce qu'est un visage «parfait». Le problème, dans les deux cas, est que la perfection entendue en ce sens s'avère souvent être la pire ennemie de la vraie beauté : elle conduit à des œuvres ou des manifestations «équilibrées» mais sans vie, parce que sans ces asymétries et difformités de plus ou moins grande ampleur

---

9   Nous mettons ce mot entre guillemets, car, comme nous l'avons suggéré précédemment en parlant d'un oubli «en partie», Cioran n'a pas totalement ignoré ce thème des dangers de la «perfection». Il lui consacre quelques remarques pénétrantes dans «L'Amateur de Mémoires» (dans *Écartèlement*), mais elles ne concernent que la langue française du XVIIIe siècle. Cioran écrit de son style que «par sa clarté desséchante, par son refus de l'insolite et de l'incorrection, du touffu et de l'arbitraire, [il] fait songer à une dégringolade *dans la perfection*, dans la non-vie» (Cioran, *Œuvres, op. cit.*, p. 913 – c'est lui qui souligne).

qui étonnent, intriguent ou parfois révulsent, mais qui aiguisent notre sensibilité de spectateur ou de lecteur. Comme si l'échec se déployait au cœur même de la réussite. Tous les grands artistes ont été confrontés à ce piège. Céline n'a-t-il pas confié qu'après avoir tant travaillé sur certaines pages du *Voyage*, il avait l'impression qu'elles ne voulaient plus rien dire, tant la vie s'en était retirée. Pour qu'elles « revivent », il lui a fallu y laisser passer des impropriétés « naturelles » (par rapport bien sûr à sa conception personnelle de la perfection), comme venues du mouvement spontané de l'écriture.

Cette question peut sembler mineure, une digression par rapport au thème « lourd » de l'échec et de ses doubles. Comme nous le verrons, elle est en réalité centrale dans le cas du dandysme, dont elle constitue une des tensions les plus problématiques ; et elle révèle, plus généralement, l'ambivalence fondamentale de notre notion héritée de « réussite ». Elle fournit aussi en ce sens une transition toute trouvée vers l'examen de l'idée de gain dans la perte.

GAGNER EN PERDANT

Pour explorer cette seconde configuration, où la perte qui scelle tout échec s'accompagne sur un autre plan d'un gain qui le contrebalance, l'annule ou même le surpasse, on peut prendre appui sur une des recommandations les plus simples et directes qu'ait formulée Cioran dans son œuvre : « Une seule chose importe : apprendre à être perdant[10] ». Cette sorte de commandement ou d'injonction qu'il s'adresse à lui-même agit en effet comme un guide dans les deux directions qui rompent avec la mécanique enclenchée par son ontologie du ratage. Elle lui en offre d'abord une voie de sortie ; et elle suggère ensuite que l'échec peut avoir, dans certaines conditions, un caractère positif et même salutaire. Ces deux thèmes sont totalement intriqués, mais il peut être utile pour la réflexion de les séparer.

Commençons par le deuxième, puisqu'il fournit la base du premier – si tant est qu'il n'y ait pas de sens à apprendre à être perdant si cela

---

10   Cioran, *De l'inconvénient d'être né*, op. cit., p. 829.

conduisait à s'enferrer encore plus dans la perte. Il est donc possible de gagner dans ou par la perte – oui, mais quoi et comment ? *A priori*, le thème de l'échec n'appelle aucun développement, puisqu'il constitue une sorte de terminus de la pensée ; mais la façon dont il intervient dans une existence, les circonstances de son apparition et son « contenu » peuvent changer la donne. « Échouer » est grammaticalement en français, à un usage près (quand on échoue un bateau sur le rivage, qu'on le mène vers lui), un verbe intransitif. En tant que tel, il reste vague, ne prenant une consistance concrète que lorsqu'on le fait suivre, via les prépositions « à » ou « par rapport à », d'un objectif ou d'un objet, qui modulent son sens. Car ce n'est évidemment pas la même chose d'échouer, par exemple, à un examen qu'à terminer un ouvrage selon le plan qu'on en avait dressé au départ. On sait bien d'ailleurs qu'en littérature, dans la philosophie et les arts, nombre de grandes œuvres sont, en ce sens, « ratées » car demeurées inachevées, tout en s'avérant être bien plus fortes et fécondes que d'autres dites, pour cette même raison, « réussies ». Il existe même des arts entiers qui « fonctionnent à l'échec » entendu ainsi. C'est le cas, par exemple en peinture, de l'esquisse ; et, bien sûr, dans certains cas, dans la pensée de l'aphorisme. Il est nécessaire d'introduire ici la restriction « dans certains cas », car l'aphorisme est un genre qui n'a pas, en soi, d'unité. Sous couvert d'une formulation brisée donc censément plus ouverte et libre, il peut en effet s'avérer être tout aussi fermé et dogmatique, sinon plus, qu'une réflexion systématique, sans avoir en outre les qualités d'analyse, d'exhaustivité ou productrices de réponses de cette dernière.

Là encore, ce serait une discussion qui dépasserait l'objet de cet article. On s'en arrêtera donc à ces préliminaires qui postulent en tant qu'hypothèse que l'échec peut prendre des valeurs très différentes selon les cas, voire, carrément, « se retourner » en son inverse. Dans les aphorismes que lui consacre Cioran, comme un des plus célèbres de ses *Syllogismes de l'amertume*, « Rater sa vie, c'est accéder à la poésie – sans le support du talent[11] », qu'il développe, dans *De l'inconvénient...*, par cet autre : « On reconnaît à ceci celui qui a des dispositions pour la quête intérieure : il mettra au-dessus de n'importe quelle réussite l'échec, il le cherchera même, inconsciemment s'entend. C'est que l'échec, toujours *essentiel*, nous dévoile à nous-mêmes, il nous permet de nous voir comme Dieu nous voit, alors que le succès nous éloigne de ce qu'il y a de plus

---

11   Cioran, *Syllogismes de l'amertume, op. cit.*, p. 172.

intime en nous et en tout[12] », c'est bien à cet envers positif de l'échec qu'il en appelle, sans toutefois en préciser les contextes. Il en ressort un certain climat de confusion. Là aussi, c'est dommage, et cela tient au refus de Cioran de trop s'appesantir sur un thème pour lui garder son mystère ou ce qu'on pourrait appeler plus justement sa « vibration ». Déplier rationnellement une idée – c'est un des autres *ostinatos* de l'œuvre de Cioran – la stérilise bien souvent et l'enlaidit encore plus sûrement. Sauf que ne pas le faire entraîne parfois le surgissement d'obscurités et limite la profondeur de l'analyse.

Et c'est bien ce qu'on peut reprocher à Cioran quant au thème du « perdant ». L'impulsion qu'il en donne au travers de la phrase que nous avons prise pour guide est appréciable. On la retrouve d'ailleurs, explicitée, dans un de ses aphorismes d'*Écartèlement*, sans doute une de ses plus belles formules : « La véritable élégance morale consiste dans l'art de déguiser ses victoires en défaites[13] ». Elle est du même haut registre que celles d'Oscar Wilde et de la même beauté simple et fulgurante que les « fusées » de Baudelaire – dont le style de Cioran, soit dit en passant, se rapproche bien plus que de celui des moralistes du XVIIᵉ siècle français auquel, paresseusement, on a coutume de le référer.

Cette phrase est aussi « stratégique », en ce qu'elle ouvre vers une entière morale/esthétique de vie, qu'on peut relier à cette grande philosophie du vivre manquée qu'est le dandysme. Mais il ne suffit pas d'en prononcer le sésame pour que tout devienne instantanément clair. Le dandysme est une philosophie restée informulée – savoir pourquoi et s'il pourrait en être autrement entrent parmi les questions majeures qu'il pose – et de ce fait sujette aux pires travestissements ou détournements. C'en est au point qu'un des indices les plus sûrs qu'on se trouve en présence d'un faux dandy est qu'il se réclame lui-même ou que la renommée le déclare pour tel. Le dandysme repose sur une quête aristocratique d'originalité absolue – être un « unique » inimitable se distinguant de tous les autres – mais avec ces deux restrictions fondamentales que le dandy n'est, en général, pas un aristocrate de naissance – s'il l'est, cette qualité n'est qu'accessoire ; tout reste à faire pour lui... – et que son originalité doit demeurer en partie cachée. Ces deux traits paradoxaux sont inséparables et constitutifs de son statut.

---

12 Cioran, *De l'inconvénient d'être né*, op. cit., p. 744.
13 Cioran, *Écartèlement*, dans *Œuvres*, op. cit., p. 948.

Le dandy est en effet d'abord un aristocrate qui ne procède que de lui-même, de par sa volonté, son affirmation : il s'autoproclame tel. L'être par la naissance constituerait pour lui presque un désagrément ! Cela ôterait une grande part d'intérêt au défi grandiose qui lui permet d'en devenir un, mais d'une autre sorte. George Bryan Brummell, le plus grand dandy de l'histoire – et, pour certains, le seul – était le fils d'un roturier enrichi et le petit-fils d'un domestique. Il n'était pas dénué de qualités, mais celles-ci restaient, d'une part, relativement modestes, et de l'autre, surtout, sans comparaison avec celles qu'il s'était lui-même attribuées et avait réussi à se faire attribuer aux yeux des autres par la seule puissance de son arrogance et de son ironie. Au faîte de sa gloire, ce roturier, qui avait fait vœu de gratuité et d'inutilité, donnait le ton à toute l'aristocratie de Londres. Lui, l'aristocrate d'emprunt, en incarnait, plus que ceux qui en possédaient le titre, les vraies valeurs ! Son élégance vestimentaire était certes aussi légendaire, mais elle tirait sa force du fait qu'elle n'était que la *suggestion* d'une autre élégance, intérieure. Rien à voir avec une vulgaire exubérance de la tenue, comme on dit en anglais *show off*. Brummell portait des habits impeccablement coupés, mais, à l'exclusion de la sculpturale cravate qui les rehaussait et dont le nouage tenait pour lui du chef d'œuvre, uniformément noirs ou gris, où seuls les détails les plus insignifiants, les rabats des poches, le dessin des manches et des revers, les boutons, etc. – voire invisibles comme les doublures – devaient avoir un caractère exceptionnel.

Cela peut sembler une pure affectation, mais ce serait passer à côté de ce qu'est le dandysme, le seul authentique, que de s'en gausser. Car s'il y a en lui des éléments expressifs, ils doivent se mettre au service de la perfection d'*objet* vers laquelle tendent la vie et la personne du dandy, jusqu'à disparaître en elle. Le goût de la parure n'en est donc pas l'objectif essentiel au sens philosophique de cet adjectif. Celle-ci ne joue pour le dandy que le rôle d'un moyen de formuler – ou plutôt, là encore, de simplement en suggérer la présence – une attitude intérieure abstraite de détachement à l'égard de tout, y compris de lui-même. Rappelons à cet égard une des plus belles anecdotes sur Brummell ; on pourrait presque parler d'un aphorisme, puisque, se refusant à toute création, hormis celle de lui-même – « *It is my folly the making of me*[14] »,

---

14   Cette devise du « Beau », que rapporte la légende, est si idiomatique dans sa formulation qu'elle n'est pas facile à traduire. On pourrait la rendre en français par : « C'est ma

disait-il –, le Beau n'a laissé à la postérité que des gestes et des traits d'humour. À un interlocuteur qui lui demandait ainsi, alors qu'il revenait d'un voyage dans la région des lacs du Cumberland, lequel il avait le plus apprécié, Brummell se serait tourné vers son majordome pour l'interroger : « Robinson, quel lac avons-*nous* donc le plus aimé dans le *Lake District*[15] ? ». Là aussi, on pourrait parler d'affectation. En même temps, cette réponse en forme de question délivre une des plus hautes vérités du dandysme : un dandy qui s'enthousiasme ou, au contraire, se lamente n'en est plus un. Il doit être en permanence guidé par la passion de la non-passion. « Toute élégance est froide », disent les Japonais. Le dandy élève, lui, cette froideur à l'impassibilité : il doit régir l'intégralité de son existence comme s'il ne s'agissait que d'une simple formalité à remplir dans les règles extérieures de la bienséance et celles, intérieures, d'une beauté idéale. Tout sentiment en dérangerait la perfection d'objet d'art, dérouterait le dandy de sa marche forcée vers le sublime de ce qu'un saint appellerait « la Grâce ».

Aller plus loin dans l'analyse nécessite de faire un détour par la notion proche, quoique plus expressionniste, du « perdant ». Tous les dandys en sont, mais en un sens à préciser. Le thème, on le sait, occupe une place centrale dans toute une littérature et une musique « marginales » (au début, car celles-ci ont, depuis, rejoint la culture acceptée) comme le courant beatnik, le jazz et le rock, sous la figure du *loser*. Quelle sorte de perdant est donc celui-ci ? Perdre n'y suffit pas, sinon tous autant que nous sommes nous aurions droit à cette étiquette avantageuse. Pour éviter les confusions, le terme s'accompagne d'ailleurs souvent, de façon explicite comme dans le titre du roman de Leonard Cohen, *Beautiful Losers*, ou sous-jacente, de l'adjectif « magnifique ». Pour être un perdant de ce genre, le seul admirable, il y faut certes perdre mais d'une façon singulière, et pas n'importe quoi. Cela requiert d'abord d'échouer là où tous les observateurs « objectifs » se seraient attendus à une réussite. Cet échec doit par conséquent procéder d'une réussite potentielle mais qui ne s'est pas produite, et provenir du *loser* lui-même, qui n'a pas voulu – comme on dit parfois « quelque part » – en jouer

---

bizarrerie (au sens de "singularité déraisonnable") que de vouloir me créer moi-même ». Mais cette traduction est loin du tranchant de la formule originelle, remarquable par sa concision et la simplicité des mots employés.

15 *Cf.* Captain Jesse, *The Life of George Brummell, commonlly called Beau Brummell*, London / New York, Swan Sonnenschein / MacMillan, 1893, vol. 1, p. 80.

le jeu. Car cela n'est pas forcément conscient. La phrase de Cioran que nous avons prise pour guide semble indiquer le contraire avec son idée d'« apprendre » à être (un) perdant. Mais il faut plutôt interpréter chez lui cette expression comme un appel à l'invention par chacun d'une manière de vivre l'inéluctabilité de notre échec existentiel commun à tous.

Et c'est bien ce qu'illustre le *loser*. S'il ne peut éviter, comme tout un chacun, le naufrage métaphysique final, rien ne le prédestine, par contre, à son échec temporel concret. Celui-ci émane d'un trait de caractère ou résulte d'une tentation qu'il pourrait maîtriser, mais qu'il n'arrive pas à surmonter simplement parce qu'il s'y refuse. Il fait passer cette bizarrerie caractérielle – souvent, une colère ou une intransigeance ombrageuses – et cette tentation – en général, une addiction, à l'alcool, aux drogues, au sexe, etc. – avant la réussite, car elles sont pour lui, par rapport à la façon dont il se définit, plus décisives, vitales, quand bien même elles s'avèrent rapidement destructrices et le conduisent à un échec encore plus retentissant. C'est ainsi en surenchérissant sur son échec annoncé, en le portant à ses extrêmes, en opposant à celui auquel il était naturellement voué un plus grand et plus irrémédiable encore, que le *loser* « se sauve ». Comme si se déroulait en lui un duel au sommet entre un échec banal et un autre plus et seul extraordinaire car accepté, *revendiqué* même. Défi inutile, mais justement pour cela, aux yeux du dandy ou du perdant magnifique, essentiel : pour inverser un de nos proverbes de « bon sens », à la proie d'un succès concret rémunérateur, il préfèrera toujours l'ombre d'une réussite plus fondamentale acquise grâce à l'échec. Sur un autre plan, tel est bien aussi le sens de la phrase de Bataille que nous avons portée en exergue de ce texte : la grandeur de Rimbaud vient, pour lui, de ce qu'en poussant à bout la logique d'une certaine poésie assermentée, il l'a désarticulée et en a mis à nu l'imposture – ouvrant ainsi l'espace d'une autre poésie, seule vraie, qui ne se contenterait plus d'esthétiser vainement l'existence, mais se donnerait pour tâche de la « trouer » afin de faire sourdre d'elle sa vérité la plus haute, quand bien même, et surtout, celle-ci serait déplaisante, abjecte, uniformément *noire*.

PAR-DELÀ ÉCHEC ET RÉUSSITE

Ce véritable « art de la perte », curieusement à la fois esthétique et contre- ou anti-esthétique, signe, chez le dandy ou le perdant, la présence imparable de la Mort. Un dandy qui finit bien est une contradiction dans les termes. Cela le rétrograde à l'état inférieur, dérisoire, d'un simple élégant. Une mort prématurée due à une autodestruction systématique ou retardée mais plus ou moins infamante sont requises pour en devenir un. Après avoir régné sur les clubs de la *gentry* de Londres, Brummell est mort en paria, exilé et à demi-fou, affecté au poste improbable, qui devait être d'ailleurs bientôt supprimé – plus ou moins sur ses conseils ! –, de consul d'Angleterre à Caen. Wilde a fini en quasi-clochard, à la bouche édentée et au corps déformé, bouffi par les excès, errant à Paris d'un hôtel minable à un autre et n'hésitant pas à « taper » dans la rue ses anciennes connaissances, mais *céleste*. Car, même désargenté et plus ou moins méprisé, il continuait à fréquenter les meilleurs restaurants, à acheter la compagnie de jeunes gitons et à afficher la même morgue pour distiller auprès de ses interlocuteurs ses traits les plus brillants et cruels qui avaient fait sa réputation. Y compris dans la chute, il se sentait tenu par cette obligation aristocratique de « dépense » sur tous les plans, matériel, de mœurs et de conversation, qui en avait fait jadis, au temps de sa splendeur, une des plus hautes incarnations de la figure du dandy. Loin d'un jeu frivole avec les apparences, c'est d'une morale tragique qu'il s'agit dans le dandysme. Celle-ci peut prendre des formes diverses. Mais il y a toujours en lui une postulation vers le bas voire la fange qui le sépare absolument de toute élégance au sens banal, « bourgeois », du terme, avant tout vestimentaire. De cette dernière, il se pose même, ainsi que l'avait aperçu Barbey d'Aurevilly, comme une véritable *négation en actes*[16]. Cioran l'a compris aussi, quand il délivre, dans *De l'inconvénient...*, cette phrase, admirablement économe, à valeur elle aussi de commandement intérieur : « Plutôt dans un égout que sur

---

16 Publié pour la première fois en 1845, *Du Dandysme et de George Brummell*, de Jules Barbey d'Aurevilly, reste la meilleure analyse jamais faite, la plus pénétrante et complète, du phénomène dandy. En parler nécessite à chaque fois d'y revenir. On en trouve aujourd'hui une bonne vingtaine d'impressions.

un piédestal[17] ». Il ne la conclut même pas par un point d'exclamation. Celui-ci serait déjà de trop.

Et c'est là aussi une des leçons que délivrent les vies des grands dandys, qui se doivent de sculpter avec la même ferveur autant leur chute que, jadis, leur triomphe. Installé d'abord à Calais, après avoir dû s'enfuir de Londres pour échapper à ses créanciers, Brummell s'est ainsi par la suite systématiquement refusé à rencontrer son ancien « élève » en élégance, le prince de Galles, devenu régent puis roi d'Angleterre sous le nom de George IV, et à se réconcilier avec lui. Celui-ci l'avait fait un soir raccompagner à la porte de sa demeure par un valet, parce que, lors d'un dîner, il avait ironisé sur lui, témoignant à son encontre d'un comportement, par la parole, proprement régicide. Mais George IV était prêt à accepter ses excuses, tant l'aura du Beau continuait de hanter les salons de la *high society* londonienne. Or, une telle démarche était aux yeux de Brummell rigoureusement impensable. C'eût été, pour lui, désavouer toute son existence : quasiment abdiquer ! Un Roi comme lui l'était du Style et de l'Opinion ne pouvait s'abaisser devant un autre, qui, plus est, n'avait, contrairement à lui, rien fait pour le devenir. La mécanique de sa chute vertigineuse se trouvait dès lors enclenchée, et sans retour possible ; mais jamais on n'entendit le Grand Dandy, même au plus fort de l'échec, exprimer la moindre plainte ni prononcer le moindre remords. Wilde, non plus, n'a pas tenté de transiger avec son calomniateur, le marquis de Queensberry, le père de son jeune amant « Bosie », lord Alfred Douglas, afin d'éviter l'odieux procès en « uranisme » qui le conduira à la prison, à l'éclatement de sa famille et à la banqueroute. Pas même, comme beaucoup de ses amis l'y incitaient, n'a-t-il simplement, le verdict prononcé, traversé la Manche pour se soustraire à l'emprisonnement. Il s'est au contraire précipité, sabre au clair, au-devant du scandale, de l'opprobre et de la catastrophe. Et c'est de cette acceptation héroïque, à la fois active et dépassionnée, de leur destin qu'est née pour tous deux leur légende. L'échec était le prix à payer au surgissement de leur mythe. On n'obtient pas l'un sans l'autre. Il n'y a là aucune matière à discussion. Seul le comment de la déchéance peut effacer son pourquoi. Celle-ci doit donc être absolue pour que la réussite intérieure la soit aussi.

---

17 Cioran, *De l'inconvénient d'être né, op. cit.*, p. 823.

On a même vu des dandys ou des perdants qui ne le sont devenus qu'après et grâce à leur mort, qui ont été en quelque sorte « révélés » par elle, car elle était, sur un plan ou sur un autre, éminemment symbolique. Comme si elle conférait rétrospectivement un sens et une valeur à des événements de vie par ailleurs peu saillants ou, au contraire, qui l'étaient abusivement, à une œuvre discrète, voire manquante, ou, à l'inverse, si prolifique et tape-à-l'œil qu'elle fonctionnait comme un masque destiné à cacher un drame. Et c'est ce drame que la Mort, comme le relève aussi Cioran dans ce constat en forme d'appel : « Une existence constamment transfigurée par l'échec[18] », vient alors littéralement « transcender » en le transformant chez le dandy ou le perdant. En bouleversant la physionomie de leur existence passée ou de leur œuvre, la Mort leur donne une autre allure – leur « vraie » figure hors de la prise du Temps. Où, via cette opération proprement alchimique, le vil plomb de l'échec mute en son contraire, l'or de la plus éclatante réussite car rejoignant l'éternité de la Légende.

Devant une telle prétention du dandy ou du perdant magnifique, aussi hors de proportion qu'inutile, on oscille entre l'admiration et le rire. Un romantique antiromantique ; un héros de soi, super-sujet, qui aspire à la perfection d'un pur objet, qu'il imaginerait en plus expressif ; un vivant, ultra-vivant même, qui ne vit que pour et par la Mort, écartelé entre une quête de Beauté abstraite et une fascination mortifère pour la boue et l'abject, etc. : ce drôle de personnage voudrait être toutes ces contradictions à la fois. C'est bien sûr impossible. Il nomme son but « la grâce » et entend l'éterniser, alors que ce ne peut être qu'un moment forcément furtif, qu'on peut atteindre mais non saisir et encore moins stabiliser. C'est un peu comme si un équilibriste voulait traverser l'abîme entre deux gratte-ciels sur un fil de soie, et, en plus, sans le balancier qui lui autoriserait à la rigueur cette prouesse ! Ou un architecte qui se mêlerait d'ériger la plus haute tour du monde sans les échafaudages nécessaires sous prétexte qu'ils seraient « laids » ou « inélégants » ! À quelle incurable sottise ces défis insensés ne ressortissent-ils pas ? Si le dandysme n'a jamais pu « cristalliser » en une philosophie de l'existence, la raison en vient du fait qu'il ne saurait tout simplement en être une, tant il rêve de concilier des inconciliables, de réconcilier entre eux des irréconciliables.

---

18 *Ibid.*, p. 769.

Mais le plus étonnant dans l'affaire est que toutes ces critiques qu'on peut lui adresser n'arrivent pas à le disqualifier. Le dandysme a beau être absurde, se vouloir tel, et imparablement vide, son éclat demeure ; et il continue, même sous la forme amoindrie de simples « tendances » ou attitudes, à faire des émules. La vérité est qu'il reste la grande, l'ultime ressource de tous les désillusionnés, à qui il permet d'opposer à l'absence de signification de l'existence un non-sens plus parfait encore et ainsi de l'annuler. Il montre aussi – car, à rebours de sa revendication à l'inutilité, c'est un grand analyste – combien les questions de vie n'ont pas de solution à l'intérieur du jeu stérile des oppositions sur lesquelles reposent notre langage et notre raison, parce qu'il n'y a en réalité ni « échec » ni « réussite », tout, dans une vie, est confus, mêlé, fluctuant, à double ou triple sens : – bref, que toute véritable existence ne s'exerce pas seulement au-delà du Bien et du Mal, mais aussi par-delà Réussite et Échec.

Tout le monde connaît la splendide maxime d'Oscar Wilde, tirée d'un dialogue de sa pièce, *L'Éventail de lady Windermere*, où elle a une signification plutôt prosaïque, pour marquer la distance qui sépare entre eux deux univers moraux et mentaux : « Nous sommes tous dans le caniveau, mais certains d'entre nous regardent les étoiles » (« *We are all in the gutter, but some of us are looking at the stars*[19] »). Détachée de son contexte, elle a pris une heureuse portée métaphysique. Et, pour bien faire, il faudrait lui adjoindre cette incise finale : certains d'entre nous ont le regard bêtement perdu dans les inaccessibles étoiles, mais il en est aussi qui arrivent à en décrocher une. Et c'est à eux que le monde appartient vraiment.

Dans l'introduction de l'ouvrage sur Cioran auquel j'ai fait plus tôt allusion[20], je relate que la première fois que je l'ai rencontré, je lui ai narré

---

19 Cette phrase est prononcée, dans l'acte III de *Lady Windermere's Fan*, lors d'une conversation entre hommes par un des personnages principaux de la pièce d'Oscar Wilde (créée à Londres en 1892), le « dépravé » lord Darlington. Celui-ci s'est épris d'une jeune femme mariée, lady Windermere, mais elle lui a fait comprendre que jamais elle ne cèdera à ses avances par respect des liens du mariage. Elle change d'avis après avoir appris que son mari a une liaison avec une autre femme, mais lord Darlington n'en sait rien. Remise dans son contexte, cette phrase est le commentaire, à la fois déceptif et admiratif, d'un homme sans scrupule sur une femme très morale, pour qui la vie est un « sacrement » et l'idéal, l'amour (la pièce a pour sous-titre : « *A Play About a Good Woman* »). Sa signification originelle n'a donc aucun rapport avec celle de la maxime qu'elle est devenue.

20 Patrice Bollon, *Cioran, l'Hérétique*, *op. cit.*, p. 13-30.

en détail la vie d'un perdant du rock'n'roll dont j'avais eu, un temps, l'étrange idée d'écrire la biographie, Vince Taylor. Bardé de cuir de la tête aux pieds et agitant au-dessus de lui des chaînes de vélo, l'« archange noir du rock » est passé en quelques mois du statut de superstar à celui de quasi déchet, ruminant le reste de sa vie l'espoir sans cesse déçu d'un *come-back* fulgurant qui viendrait rétablir, à lui aussi, sa « royauté ». Je n'avais pas l'intention de raconter cette histoire, dont David Bowie s'est saisi pour construire son personnage et album de *Ziggy Stardust*, lequel se termine sur cette formidable balade, *Rock'n'roll Suicide*. Je ne sais même plus comment j'en suis arrivé là. C'est Cioran sans doute, qui, saisissant au vol une allusion que j'avais faite à Vince Taylor, m'a forcé à la développer. À chaque précision que je lui apportais, il m'en demandait une autre. Ce monologue a duré plus d'une heure. Et j'en fus presque incommodé : d'abord, parce que je savais qu'il y a bien d'autres histoires de ce genre plus fortes et parlantes que celle de Taylor ; et que ce dernier n'était pas un grand artiste. C'était un bon interprète mais de clichés du genre. Ce n'était ensuite pas non plus un auteur : il n'a écrit qu'un seul morceau, excellent, mais au thème pathétique, *Brand New Cadillac* ! Bref, il n'était pas « sortable » en tant que *loser*. Ses seules distinctions résidaient dans sa beauté de faux *All American Boy* — on a appris, après sa mort, que, contrairement à ce qu'affirmait sa biographie officielle, il n'était pas un ex-aviateur de combat américain, venu de Californie, mais un Anglais né à Londres dans la classe moyenne... – et son jeu de scène agressif, furieux même, qui avait conduit les journaux de l'époque à le surnommer « l'Homme de Neandertal du rock » ! Et puis, je me doutais bien que Cioran ne connaissait aucun des codes de l'univers que je lui évoquais. Que pouvait-il bien comprendre quand je lui ai dit que la vie de Vince Taylor avait basculé à la suite d'un *trip* de LSD dont il n'était jamais « redescendu » ?

Plusieurs fois, j'ai protesté en lui disant que je n'étais pas venu le voir pour lui raconter ce type d'histoire *cheap*. Mais Cioran voulait des détails, encore plus de détails. Enfin, j'ai sorti un argument que je croyais décisif. Plutôt que de passer en revue la vie, d'ailleurs pas si « magnifique » que cela, d'un personnage de second ordre, n'y avait-il pas mieux à faire : parler de philosophie ? Cioran m'a littéralement ri au nez : « Mais ce que vous racontez est bien plus philosophique que la *Critique de la raison pure* ! ». Je ne lui ai rien répondu, mais j'ai compris que ce n'était pas le hasard qui m'avait conduit vers lui. Je posais alors plus ou moins au dandy – une posture que j'ai abandonnée quand j'ai découvert que la mort en était le prix. Je me suis dit lâchement que je pouvais attendre... Et Cioran illustrait, au fond, la même faiblesse de caractère. C'était, comme Baudelaire, un dandy intellectuel, donc pas un vrai dandy, son inverse même. Il avait pourtant beaucoup de dispositions naturelles pour prétendre à ce statut – je révère ainsi une des phrases de sa conversation courante : « Je suis l'homme le plus inoccupé [sous-entendu, *inutilisable*] du monde » et ai longtemps rêvé qu'elle fût mienne –, mais il s'est arrêté, lui aussi, dans l'échec, ce qui lui a permis de devenir l'écrivain admirable qu'on *doit*, par respect pour lui, critiquer, mais dont chaque phrase ou presque dessine un chemin vers cette réussite suprême car tissée en même temps du plus grand échec.

J'ai compris aussi, mais beaucoup plus tard, que Cioran avait finalement mieux saisi que moi, qui la connaissais, le caractère exemplaire de la vie magnifique et lamentable du grand perdant, « poussière d'étoile », Vince Taylor : parce qu'elle n'est « polluée » par aucune dimension artistique, elle est, justement, celle d'un vrai dandy. – Du Gouffre donc authentique.

Patrice BOLLON

DE L'URGENCE
DE NE PAS RÉUSSIR[1]

La formule de Benjamin Fondane a la vertu d'utiliser une construction négative, « ne pas réussir », qui est synonyme d'échouer mais sans en avoir la vigueur assertive, peut-être trop paradoxale pour exprimer l'exigence continue d'une entreprise de ratage. Si Fondane a ici en vue le rapport du réel à la poésie, de l'ontologie à un langage poétique qui ne soit pas réduit à une quelconque alchimie verbale, Cioran ne peut se sentir étranger à une telle perspective, lui aussi sensible à la nécessité de trouver des moyens d'expression où résonne l'écho du silence, du « ah ! » et du cri, sinon de la prière, et susceptibles d'agir comme thérapeutique contre le néant. Ce « mal des fantômes », très moderne[2] dans la littérature occidentale, s'enracine, semble-t-il, d'autant plus profondément qu'il puise à l'ambiguïté du « néant » : un monde illusoire mais aussi une expérience du désastre, désirs sans sujet, liberté sans objet… Que pourraient donc y signifier logiquement « réussir » et « échouer », à moins de tenter de changer de modes de pensée et d'action : réussir et échouer, ne pas réussir et ne pas échouer, ni ne pas réussir ni ne pas échouer ?

Sans doute convient-il de distinguer l'usage transitif ou intransitif de ces verbes, ainsi que pour leurs substantifs les constructions avec ou sans complément de détermination. De même s'agit-il de replacer

---

1   « […] dans quelle mesure un poète, pour parfaitement réussir sa tâche, serait-il obligé d'échouer, par rapport au but qu'il se propose d'atteindre ? Car, il n'y pas de doute, il est urgent de ne pas réussir, mais seulement après avoir tout risqué, tout exposé pour que l'effort réussît. La vertu du poète est d'oser l'impossible, sa valeur, d'y souvent échouer. Les choses les plus grandes dans un poème ce sont encore des défaillances du poète. » Benjamin Fondane, « Pierre Reverdy », *Intégral*, n° 15, avril 1928, repris dans *Entre philosophie et littérature*, éd. M. Jutrin, Paris, Parole et Silence, 2015, p. 48.

2   Moderne et contemporain : pour filer la métaphore thérapeutique, la poésie a une conception *homéopathique* du langage : un mal qui ne peut se soigner que par le mal lui-même. Tout dépend alors de la valeur accordée à des *bibelots sonores*, de même qu'à des concepts, estimés à l'aune de l'expérience existentielle…

les notions dans leur contexte, et nous verrons que c'est essentiel chez Cioran où leur emploi pourrait paraître ambigu ou incertain à première vue ; par exemple l'échec d'une carrière peut être en réalité le non-échec d'une existence... Enfin logiquement, un échec qui échoue a tendance à devenir une réussite quand un échec qui réussit semble inadmissible. Comme le notait Lacan : « [...] à ce point de l'acte, par quoi s'avère qu'il ne réussit jamais si bien qu'à rater, ce qui n'implique pas que le ratage soit son équivalent, autrement dit puisse être tenu pour une réussite[3]. »

De plus, si tout acte manqué[4] produit selon Lacan un discours réussi[5], le rapport peut sans doute être inversé : tout acte réussi produit un discours manqué. Mais si l'on tient qu'un discours est aussi un acte et un acte un discours, l'aporie semble insurmontable, incitant à relativiser les termes « échec » et « réussite » et à considérer leur degré de variabilité. S'il apparaît, par exemple, que des écoles philosophiques anciennes, prenons le cas des épicuriens et des cyniques, aient recherché la *vie bonne* en mesurant l'échec ou la réussite au critère de son obtention (sans doute imparfaite), les désaccords doctrinaux portant sur la définition de cette même vie bonne sont tels que les notions doivent prendre des significations et des implications parfois opposées, aussi bien dans le discours que dans la façon de vivre, l'échec des uns pouvant être considéré comme la réussite des autres.

Pourtant, il faut bien affronter le problème de l'échec – ou de la non-réussite : car il s'agit d'échapper à la clôture de la tautologie, « l'échec est l'échec », dont la trop évidente vérité pourrait être paralysante. Comme le note Clément Rosset : « Que A soit A implique en effet que A *n'est autre que* A[6]. » De fait, le rapport synonymique permettrait,

---

3   Jacques Lacan, « Discours à l'EFP », 6 décembre 1967, dans *Les Textes fondateurs*, EPFCL, 2014, p. 326 : https://www.champlacanienfrance.net (consulté le 15 novembre 2021).

4   Il s'agit ici de l'acte psychanalytique.

5   De façon plus familière, la philosophe Claire Marin (« La rupture amoureuse est l'occasion de découvrir ce dont nous sommes capables », *Le Monde*, Tribune, 17 août 2018 : https://www.lemonde.fr/series-d-ete-2018/article/2018/08/17/claire-marin-la-rupture-est-l-occa-sion-de-decouvrir-ce-dont-nous-sommes-capables_5343579_5325920.html ; consulté le 15 novembre 2021) note que lors d'un échec amoureux, c'est notre identité même qui est brisée. « Que pouvons-nous espérer ? [...] Michel Leiris, relisant *La Modification* de Butor, nous donne une lueur d'espoir dont chacun fera ce qu'il peut : "Apporter à [notre] incapacité de transformer positivement [notre] vie une compensation littéraire dont le récit de l'échec [nous] fournira la substance." C'est peut-être ce que tout échec nous oblige alors à faire : trouver une compensation [...]. »

6   Clément Rosset, *Le Démon de la tautologie*, Paris, Minuit, 1997, p. 47-48.

une fois qu'il serait admis, que « l'échec est, ou n'est autre que, la non-réussite », de tenter d'éviter les mirages assertifs, sans céder à la coquetterie consistant à prétendre qu'on ne peut qu'échouer à écrire un texte sur l'échec, impossible en toute bonne logique, fût-elle cioranienne. D'ailleurs on pourrait aussi bien lire la formule « l'échec est l'échec » comme un correctif à une interprétation ou une pratique décevante et erronée. Cela dit, on risque d'aboutir méthodologiquement à une conclusion insatisfaisante elle aussi : admettre sa propre incapacité à dépasser un recensement comparatif des emplois des termes « échec » et « réussite », selon leur usage, de préférence au sein d'un même texte afin d'en montrer la variabilité cotextuelle et contextuelle[7]. Une telle insatisfaction pourtant est peut-être de façon paradoxale une occasion pour essayer de comprendre l'échec dans la pensée de Cioran, révélant *de facto* qu'aucun dogmatisme logique ni apriorisme théorique ne semble devoir résoudre la question, pas plus que la tentation inverse d'en faire un faux problème[8]. Ainsi nous pourrions distinguer le(s) ratage(s) *dans* la vie du ratage *de* sa vie, tout autant qu'Alain Chareyre-Méjean le fait pour la réussite, sans jamais oublier que réussite implique ratage et ratage réussite selon des relations proportionnelles suffisamment indéterminées pour ne pas absolutiser les notions et aboutir à des apories. C'est donc dans cette perspective, relativement désinvolte[9] dans le sens où Jean Beaufret définit ce terme, qu'il peut sembler opportun d'en

---

7   Par exemple, Alain Chareyre-Méjean voit dans l'oisiveté un luxe suprême dont résulte la vraie réussite qu'il signale en opposant les prépositions *dans* et *de* : « réussite non dans la vie, mais de la vie. » Alain Chareyre-Méjean, *Essai sur la simplicité d'être*, Toulouse, Érès, 2009, p. 33.

8   Laurent Gagnebin (« La place de l'échec dans la philosophie de la création de Nicolas Berdiaeff », *Autres Temps. Cahiers d'éthique sociale et politique*, n° 55, 1997, p. 27-32 : https://www.persee.fr/doc/chris_0753-2776_1997_num_55_1_1980 ; consulté le 15 novembre 2021), analysant l'importance fondamentale de l'échec chez Berdiaev, montre la pluralité des perspectives selon lesquelles la notion est employée : ontologique, métaphysique, éthique, culturelle… Ce qui les réunit dans un espace textuel commun est la notion de « création » comme « acte créateur » dont la perfection n'est pensable (et vivable) que comme imperfection : l'homme est à l'image de Dieu qui s'est auto-limité pour favoriser la liberté humaine. Non-réussite, échec sont un horizon d'existence acceptable pour Cioran mais auquel il dénierait sans doute les dimensions eschatologiques positives, bien que l'homme puisse lui apparaître aussi comme une créature à l'image de « Dieu », un raté ratant…

9   Jean Beaufret, *De l'existentialisme à Heidegger*, Paris, Vrin, 1985, p. 23 : « Dans la catastrophe d'un naufrage total est sauvée je ne sais quelle stupeur de "se trouver là". Mais ce sentiment qui nous éprouve à fond est aussi celui qui nous arrache à la platitude. »

comparer les divers usages au sein d'un même essai, *De l'inconvénient d'être né*, œuvre de maturité – mais non d'achèvement. De fait, ce n'est pas la genèse de ces notions qui sera analysée ici mais leur variabilité pour tenter de vérifier si elle opère sur le fond de l'unité non pas d'un système mais d'une intuition essentielle, dont la fragmentation serait la forme / informe[10] : « Ce n'est pas la peur d'entreprendre, c'est la peur de réussir, qui explique plus d'un échec[11]. »

Étrange et paradoxale tonalité assertive : la phrase est emphatique et déceptive (« ce n'est pas [...] c'est »), dans la plus pure tradition moraliste, très rhétorique de surcroît (cadence majeure fort solennelle qui s'achève sur un « échec »). Or, il se dégage de cette phrase un double malaise : d'une part, elle n'est pas définitionnelle, décrivant des causes et effets sans préciser la signification des notions (« réussir », « échec ») puisque définir l'échec est une réussite aussi contradictoire qu'y échouer. D'autre part, elle prend à contrepied les idées reçues valorisant la réussite plus que l'échec. Comment et pourquoi peut-on avoir peur de réussir ? La réponse est dans l'absence de réponse, pourrait-on dire. Mais le démon du sens, amplifié par le fonctionnement fragmentaire de l'aphorisme incite la raison à chercher une logique à l'énoncé – son syllogisme implicite. « La peur de réussir » ou la peur de « réussir » ? On peut bien sûr leur chercher des raisons psychologiques, réussir signifiant réaliser un objectif et s'en contenter, n'ayant plus rien à désirer. De plus l'expression peut être comprise, tant la construction au génitif est ambiguë, comme *la peur de ne pas réussir*, peur paralysant l'initiative. De ce fait l'échec – ou plutôt « plus d'un échec » – apparaît comme un échec *dans* la vie, le désir devenant mortifère.

Mais ne rien désirer n'est pas, comme le formule Clément Rosset, « désirer rien[12] ». Analysant la théorie de Lacan selon laquelle l'objet du désir est « manquant, à sa place », il oppose le désir de rien, toujours insatisfait, à l'absence de désir. Ainsi la peur de (ne pas) réussir ne devrait pas être envisagée du seul point de vue psychologique, mais aussi dans la structure ontologique du désir ainsi que dans sa dimension métaphysique, indissociables de leurs différents modes de formulation

---

10   D'où le choix, dans cette lecture, d'une analyse de textes, stylistique et inductive, au risque d'être tatillonne et bien peu théorique.
11   Cioran, *De l'inconvénient d'être né*, Paris, Gallimard, coll. « Folio essais », 2015, p. 93.
12   Clément Rosset, *Le Réel. Traité de l'idiotie*, Paris, Minuit, 2004, p. 63.

(littéraires ou antilittéraires, aphorismes, fragments, pensées, discontinuités paradoxales) : «L'échec, même répété, paraît toujours nouveau, alors que le succès, en se multipliant, perd tout intérêt, tout attrait. Ce n'est pas le malheur, c'est le bonheur, le bonheur insolent, il est vrai, qui conduit à l'aigreur et au sarcasme[13]. »

Dans cette pensée, le verbe « paraît » pourrait donner la sensation impressionniste d'un processus aussi peu définissable et descriptible que la notion même d'échec, mais l'adverbe « toujours » lui confère la valeur d'un jugement d'expérience prenant forme de loi. Le bien est lié à l'échec (aux échecs), paradoxe souligné, encore une fois, par la structure déceptive (« ce n'est pas [...] c'est ») propre aux maximes, très étonnante ici dans la mesure où elle met en relief les maux causés par le bonheur. *Dans* la vie et *de* la vie, le ratage est l'issue la plus saine. Confirmation donnée par la deuxième phrase (« il est vrai ») qui déplace objectivement le point de vue en une sorte de chiasme (« malheur/bonheur // bonheur/aigreur ») tout aussi paradoxal. On pourrait d'ailleurs voir dans un tel usage de la rhétorique l'image même, assez ironique, de l'improbable résolution du problème. Si l'on considère la première phrase, l'impression initiale de cadence majeure se dissipe quand on commence à entendre deux alexandrins suivis d'un octosyllabe (« perd tout intérêt, tout attrait ») qui perturbent et déplacent l'acmé de cette cadence. De plus le parallélisme (« échec [...] répété » / « succès, en se multipliant ») se brouille dans la mesure où un participe passé passif s'oppose à un gérondif pronominal : la passivité de l'échec est salutaire et source de nouveauté, le succès prolifère comme ennui, redondances marquées stylistiquement par la figure récurrente de l'épanorthose (répétition nuancée, corrigée) : « tout intérêt, tout attrait [...] le bonheur, le bonheur insolent » : « Au plus vif d'un échec, au moment où la honte menace de nous terrasser, tout à coup nous emporte une frénésie d'orgueil, qui ne dure pas longtemps, juste assez pour nous vider, pour nous laisser sans énergie, pour faire baisser, avec nos forces, l'intensité de notre honte[14]. »

On repère en cette pensée le même phénomène : ne pas réussir, donc ne pas réussir l'échec pas plus qu'y échouer, trouve sa forme dans une rhétorique paradoxale et ostensible. Cadence majeure qui s'achève en un

---

13   Cioran, *De l'inconvénient d'être né*, *op. cit.*, p. 96.
14   *Ibid.*, p. 45.

rythme ternaire où la honte fait écho à la honte initiale, dans l'apaisement
suivant une sorte d'orgasme qui fait de l'échec une jouissance frénétique
de l'*ego*, marquée par l'inversion du sujet (« nous emporte une frénésie »)
et un lexique de nature érotique. Honte et orgueil établissent ce rapport
complexe d'émotions suscitées mutuellement, qui rend difficile la lecture
du texte : comment articuler ce qui relève d'un échec accidentel avec la
non-réussite essentielle d'une vie ?

Ainsi, l'analyse des motifs et des effets psychologiques de l'échec
et de la réussite[15] incite également à considérer les notions dans leurs
perspectives ontologiques et métaphysiques. Ne pas réussir, forme de
structuration du désir, suppose aussi une ascèse permettant de repenser nos valeurs et notre conception du monde et de l'existence. S'il est
surprenant que ces approches de l'échec s'expriment dans la réussite
d'une rhétorique subtile, il convient de se rappeler que l'échec *n'est autre*
que son propre échec. Dans cette perspective, on pourrait accorder aux
paradoxes cioraniens la fonction qu'ils exerçaient, par exemple chez les
stoïciens ou les cyniques, de réévaluation et de renversement des critères
et des valeurs : « La mort est la providence de ceux qui auront eu le
goût et le don du fiasco, elle est la récompense de tous ceux qui n'ont
pas abouti, qui ne tenaient pas à aboutir... Elle leur donne raison, elle
est leur triomphe. En revanche, pour les autres, pour ceux qui ont peiné
pour réussir, et qui ont réussi, quel démenti, quelle gifle[16] ! »

Il serait inutile de faire une nouvelle fois les mêmes remarques, trop
répétitives : notons que l'ironie et le sarcasme expriment la valeur salutaire du « fiasco » grâce à ces paradoxes accentués par l'épanorthose, et
l'inversion lexicale qui attribue à la mort les qualités d'ordinaire réservées
au sacré (« providence », « récompense », « triomphe ») et à la réussite
les dimensions d'une humiliation quasi infernale. Les capacités de la

---

15 Charles Pépin (*Les Vertus de l'échec*, Paris, Allary, 2016) affirme que savoir vivre implique,
    pour ses vertus de résilience, de savoir rater. Il considère en effet que « C'est dans l'échec
    que l'on apprend à mieux se connaître » : « L'échec est inhérent à l'aventure humaine.
    Ceux qui prétendent n'avoir jamais trébuché sont souvent des arrogants auxquels il
    manque une épreuve du réel et une certaine humanité. [...] L'échec, c'est une erreur
    doublée d'un sentiment de défaite. [...] D'autres nous terrassent car nous y avons joué
    une part de nous-mêmes, liée à ce que Freud appelait l'idéal du moi : c'est notre valeur
    même qui est remise en question. » (Charles Pépin, *Psychologies*, 31 janvier 2020 : https://
    www. psychologies.com/Culture/Savoirs/Philosophie/Interviews ; consulté le 15 novembre
    2021).

16 *Ibid.*, p. 229.

mort (quatre fois sujet grammatical) sont immenses mais réparties avec humour entre les uns qui peuvent avoir « le goût et le don du fiasco », comme dans une danse qui ne serait plus macabre mais glorieuse, et pour leur malheur les autres que châtie l'obsession aveugle du succès[17] : « On reconnaît à ceci celui qui a des dispositions pour la quête intérieure : il mettra au-dessus de n'importe quelle réussite l'échec, il le cherchera même, inconsciemment s'entend. C'est que l'échec, toujours *essentiel*, nous dévoile à nous-mêmes, il nous permet de nous voir comme Dieu nous voit, alors que le succès nous éloigne de ce qu'il y a de plus intime en nous et en tout[18]. »

L'énoncé frappe par sa tonalité assertive et l'affirmation d'une vérité intérieure de l'échec. La généralité gnomique (« on reconnaît ») se développe dans l'accord trouvé entre l'homme de la quête intérieure et l'échec, « nous-mêmes ». De fait « nous » est répété cinq fois et repris en écho final par « tout ». Peut-on, en considérant le lexique, évoquer un augustinisme de l'échec, aussi cher et mystérieux qu'une grâce ? Se voir *sub specie æternitatis*, dans sa vérité intime, serait donné à celui qui est capable de le faire « inconsciemment ». Peut-on parler de phénomène extatique, où la vision remplace la parole ? Le dévoilement ontologique (« il y a ») passe, semble-t-il, par cette expérience mystique, la quête de l'échec. Non plus seulement *dans* mais *de* la vie, non plus seulement accidentel mais essentiel. Pour cela, Cioran semble proposer le procès

---

17   On peut citer à ce propos un excellent article de Pierre Zaoui concernant Beckett : « L'injonction d'"échouer mieux" apparaît alors comme relevant de deux interprétations distinctes. "Échouer mieux" peut ainsi vouloir dire apprendre à perdre pour de bon, à lâcher prise, à se déposséder même de ce que l'on a, là où justement les autres veulent vaincre, conquérir, posséder. [...] Mais "échouer mieux" peut également signifier tout autre chose : se placer dans le camp des premiers, des forts, des imbattables, de ceux qui savent perdre avec classe et jouer des jeux infiniment supérieurs aux jeux humains, qui hantent l'esprit des hommes du commun, lesquels ne peuvent concevoir le sourire du vainqueur que par la grimace du vaincu. [...] Qui alors, en un sens beckettien, peut parvenir à surmonter ses échecs par un sentiment plus élevé de l'échec lui-même, en un même souffle, à rire si joyeusement et si tristement ? Sans doute pas les sportifs ou les hommes d'affaires, il ne faut pas exagérer ; mais pas non plus les philosophes, qui ne rêvent que de dominer, par définition ; et encore moins les artistes qui ne rêvent trop souvent que de gloire et de triomphe, donc même pas Beckett lui-même – et c'est peut-être là sa seule vraie tragédie. Mais qui alors ? Des hommes quelconques, des errants, des philosophes, des savants ou des artistes ratés. » Pierre Zaoui, « Il faudrait apprendre à "échouer mieux" », *Le Monde*, Tribune, 22 août 2018 : www.lemonde.fr (consulté le 15 novembre 2021).

18   Cioran, *De l'inconvénient d'être né, op. cit.*, p. 25.

continu d'une ascèse (emploi du futur prédictif et du lexique de la quête)
qui n'entre pas en conflit avec l'intimité du désir, dont la structure
implique pour le réel et son appréhension un ratage permanent[19].

« Mieux que personne je connais le danger d'être né avec une soif
de tout. Un cadeau empoisonné, une vengeance de la Providence. Ainsi
grevé, je ne pouvais arriver à rien, sur le plan spirituel s'entend, le seul
qui importe. Nullement accidentel, mon échec se confond avec mon
essence[20]. » La « sagesse » cioranienne a décidément des résonances
antiques : non seulement cette « soif de tout » rappelle la curiosité que
punit la Providence (dans les *Métamorphoses* d'Apulée par exemple), mais
sa « vengeance » évoque la faute consubstantielle à l'homme de naître
et se déterminer. C'est la *réparation* que toutes choses se doivent, selon
Anaximandre. Mais c'est aussi la tentation gnostique de se délester du
poids matériel pour chercher l'étincelle de lumière et d'éther qui luit
encore dans l'âme. De ce fait, le « cadeau empoisonné » n'est pas une
simple expression usuelle, et son ironie vient précisément de la réalité
de ce venin qui rend la forme verbale « je ne pouvais » très ambiguë :
indique-t-il un état passé ou définitif, confirmé par le présent final ?
Le symptôme de la punition, « grevé », supposerait une libération
par l'ascèse, une libération de l'être... Sont-ils encore possibles, dans
la mesure où l'échec n'est nullement accidentel ? Mais de quel échec
s'agit-il ? « Spirituel », certes, mais l'échec de l'échec désirable, inconscient et conscient et allégé de l'inconvénient d'être né, l'échec qui n'est
autre que la non-réussite *de* vivre. Les pensées de Cioran sont d'une
redoutable subtilité, peut-être plus encore quand elles revêtent une forme
d'expression apparemment simple et « autobiographique » : « ... le sentiment d'être tout et l'évidence de n'être rien". Le hasard me fit tomber,
dans ma jeunesse, sur ce bout de phrase. J'en fus bouleversé. Tout ce
que je ressentais alors, et tout ce que je devais ressentir par la suite, se
trouvait ramassé dans cette extraordinaire formule banale, synthèse de
dilatation et d'échec, d'extase et d'impasse. Le plus souvent ce n'est pas
d'un paradoxe, c'est d'un truisme que surgit une révélation[21]. »

---

19 Le « parlêtre » lacanien pose de manière convaincante (et sans doute excessivement sché-
    matisée par la suite, notamment dans le domaine poétique) ce rapport du symbolique
    au réel.
20 *Ibid.*, p. 200.
21 *Ibid.*, p. 198-199.

Fragment initié par un fragment de Paul Valéry, anonyme et coupé, le texte a une composition singulière. En effet, d'une apparence fragmentaire et autobiographique, il évolue, par l'intermédiaire d'une phrase très rhétorique (cadence majeure, style antithétique, parallélismes, rythme ternaire…), vers une phrase finale de moraliste, déceptive et équilibrée. De l'étonnement paradoxal à l'évidence du truisme, Cioran donne à un « bout de phrase » la dimension d'une « dilatation » ontologique, métaphysique et mystique : un fragment suffit à résumer une existence vouée à l'échec, à poser la question du réel, tout et rien, à conférer à la banalité la valeur d'une « révélation ». Plus on se sent tout, plus on n'est rien, le paradoxe d'un tel paradoxe est d'être, comme toutes ces phrases ordinaires que Cioran affectionne (Que voulez-vous ? On n'y peut rien. C'est ainsi…) d'une extraordinaire et banale évidence. « Rien », « échec », « impasse » sont le lot ironique d'un sentiment d'orgueil ou d'apparence océanique. Reste une question : en quoi, précisément, l'opposition du sentiment et de l'évidence est-elle un truisme ? On peut estimer que celle de tout et rien relève de la plus extrême banalité, devenue un lieu commun de la pensée (apparence/réalité). Peut-être faut-il ne considérer, après l'étonnement provoqué par la coordination paradoxale, que le second élément « l'évidence de n'être rien » : évidence = n'être rien, évidence n'est autre que n'être rien ; dans l'évidence lucide ne peut être vu que le rien de notre être, mais aussi que le rien de l'évidence, c'est-à-dire l'échec dans sa potentialité multiple et une de non-réussite. « Une existence constamment transfigurée par l'échec[22]. »

C'est peut-être dans un tel fragment, dont notre démon des genres veut qu'on lui demande à bon droit s'il faut l'identifier comme fragment, note, aphorisme, exemple ou support de méditation, que s'exprime au mieux (donc au pire) la problématique de l'échec. Phrase nominale à l'équilibre incertain : l'adverbe « constamment », qui modifie grammaticalement « transfigurée », paraît lié au nom « existence » par un radical commun (*stare* en latin). Le fait d'exister dans un processus de séparation (*ex*) et de concentration (*con*), d'ascèse active et de passivité (participe passif) culmine dans cet « échec » final, l'agent de la transfiguration. Si l'on ne sait pas précisément à qui renvoie cette existence (« une »), si l'énoncé est descriptif, prescriptif ou injonctif, en quel sens sont employés « existence » (philosophique ou usuel ?) et « transfiguration » (mystique,

22 *Ibid.*, p. 61.

religieux ou neutre ?), le démon du sens et du système incite à noter que ce fragment est précédé par un texte sur la joie, « seule vraie victoire sur le monde », pure en son essence et différente du plaisir « toujours suspect » et suivi d'une pensée : « Le sage est celui qui consent à tout parce qu'il ne s'identifie avec rien. Un opportuniste *sans désirs*. » Peu importe que selon sa sensibilité on y entende des résonances stoïciennes ou de sagesse bouddhiste, ce qui impressionne est la généralité du propos situant l'alliance d'activité (« opportunisme ») et de passivité (« *sans désirs* ») dans le cadre des polarités récurrentes « tout »/« rien ».

Ainsi c'est de l'échec, dans l'existence et de l'existence, que procèdent la quête, la révélation essentielle, le style de vie et d'expression... sauf que l'échec ne peut ni réussir ni échouer. La non-réussite, existentielle, éthique, métaphysique ou mystique, est aussi celle de l'écriture, qu'elle prenne ou non l'échec pour matière et manière. Car plus que l'homme raté, c'est le ratage de l'homme sans désirs qui devient l'agent d'une vie qui lui soit, consciemment ou non, consacrée. De paradoxes en truismes, la pensée de Cioran essaie de saisir quelque chose d'une illumination dont l'éclat se réfracte en ces fragments qui deviennent à la lecture des « fragments » d'œuvres. Car, ainsi que le souligne Pierre Zaoui à propos de Beckett et de l'injonction à « échouer mieux », c'est peut-être là qu'est aussi le tragique chez Cioran : publier des objets littéraires dont l'échec devienne un ornement esthétique, mondain et commercial. Et même ? De quel droit, sinon de points de vue vertueux et bien-pensants qu'on ne s'applique pas à soi-même, exiger d'un écrivain qu'il n'écrive pas ou échappe à toute littérature ? C'est aussi dans la tension du silence, du cri, de la prière et de la langue, comme chez Fondane ou Kazantzakis, que fragments et textes cioraniens assument de s'écrire, et s'écrivant prennent fatalement forme, genre et sens puisqu'ils sont lus (et commentés). S'*il est urgent de ne pas réussir*, l'injonction concerne tout autant la lecture.

De même que pour la question du suicide, il faut *entendre* la parole de Cioran, souvent très nuancée par rapport aux tonalités assertives que revêt la pensée dans les formes qu'on se plaît à nommer brèves :

> La lucidité extrême est le dernier degré de la conscience [...]. Ceux qui n'ont pas pressenti cette étape ignorent une variété insigne de la déception, donc de la connaissance. Les enthousiastes commencent à devenir intéressants quand ils sont confrontés à l'échec et que la désillusion les rend humains. Celui à qui tout réussit est nécessairement superficiel. L'échec est la version moderne du

néant. Toute ma vie j'ai été fasciné par l'échec. Un minimum de déséquilibre s'impose. À l'être parfaitement sain psychiquement et physiquement manque un savoir essentiel. Une santé parfaite est a-spirituelle[23].

Pierre GARRIGUES
Faculté Paris-Dauphine Tunis

---

23 Cioran, « Entretien avec Sylvie Jaudeau », dans *Entretiens*, Paris, Gallimard, coll. « Arcades », 1995, p. 220.

LA SÉDUCTION DE L'ÉCHEC

Cioran et l'exégèse de la ruine

El hombre no sabe adonde dirigirse,
teniendo sin embargo la obligación de llegar[1].

L'assimilation cohérente et aseptisée d'une œuvre, démarche fréquente chez les lecteurs, n'est guère opérante concernant l'œuvre de Cioran, marquée par la constitution paradoxale de son parcours de vie et d'écriture. On utilise divers matériaux académiques pour la compréhension d'un penseur : textes, références, notes de bas de pages... Pour approcher l'œuvre de Cioran d'une manière plus précise et authentique, le lecteur doit se tourner vers ses propres expériences et regarder sans détours ses délectations nourries par l'échec. L'être humain est intimement lié à l'échec, à sa présence, laquelle est, sans aucune équivoque, associée à son inexorable chute.

L'attirance envers l'échec, sous tous ses aspects, est présente de façon obsessionnelle dans l'œuvre de Cioran. Si l'on négligeait l'exaltation de cette condition humaine par excellence, il serait vain d'espérer accéder aux sources d'une vision incontournable pour le penseur roumain : l'humanité est rupture, fissure, déchirure. De fait, une lecture anthropologique de Cioran centrée sur l'expérience de l'échec permet une exégèse de nombreux aspects et chemins interprétatifs de son œuvre.

Dans une grande mesure, la pensée cioranienne se construit à partir d'une expérience et d'un parcours fondés sur l'analyse des limites. Son intérêt pour la finitude et sa reconnaissance, pour la proximité de l'homme et de l'échec sont des thèmes récurrents de sa pensée. Pour

---

1   Gómez Dávila, *Textos*, Santa Rosa de Cabal, Casa de Asterión Ediciones, 2020, p. 31 : « L'homme ne sait vers où aller, tout en ayant cependant l'obligation d'arriver » (trad. P. Petit).

cette raison, son œuvre permet d'accéder à une herméneutique de la
ruine chez l'être humain, caractéristique qui est probablement à la
source de la dimension anthropologique mentionnée ci-dessus, très
précise, qui souligne la présence radicale de la fracture qui imprègne
la condition humaine.

On peut trouver chez Cioran une sorte de typologie de l'échec ou des
échecs : des tentatives ratées, des désillusions de toutes sortes, marquées
par la présence permanente de la ruine définie par la volonté et le désir,
des variations multiples de la chute dans laquelle tout homme est entraîné.
Aussi, sa manière particulière de décrire et de comprendre l'échec s'énonce
généralement à partir d'une perception négative selon laquelle l'homme
adhère à une volonté qui implique la nécessité d'un constant effondrement
vers des dénouements malheureux. Cependant, ces expériences théoriques
sont liées à une expérience personnelle, une relation intime inhérente à
la totalité de la figure vitale du natif de Rășinari. Cioran n'apparaît pas
alors comme un théoricien de l'échec mais comme un penseur qui forge
ses textes à partir de sa propre expérience de l'échec, en tant qu'accès
à une compréhension de la ruine qui caractérise la condition humaine.
À partir de l'individualité de Cioran, se dessinent des traits pouvant
expliquer les carences qui, à tout moment, nous définissent.

UNE CLÉ DE L'ANTHROPOLOGIE CIORANIENNE

La caractérisation qui énonce les différents traits de l'échec en tant
que représentation persistante chez l'homme apparaît dans plusieurs
essais du penseur roumain qui signalent la présence d'une tare primordiale dont l'homme est incapable de se défaire. « [...] au cœur même
de l'Éden le promoteur de notre race devait ressentir un *malaise*, faute
de quoi on ne saurait expliquer la facilité avec laquelle il céda à la tentation[2] ». D'une tare essentielle surgissent les impulsions de l'homme à
renforcer son déséquilibre. Cette posture représente indiscutablement
une considération anthropologique essentialiste puisque, pour Cioran,
ce défaut a des implications constantes que l'homme est incapable de

---

2   Cioran, *La Chute dans le temps*, dans *Œuvres*, Paris, Gallimard, 2007, p. 1072.

surmonter. Selon cette description, la signification du péché originel caractérise parfaitement la condition humaine : l'impossibilité d'échapper à ce vice ou à cette tare originelle d'où découle l'insertion permanente de l'homme dans les sources mêmes de l'échec.

Combien nous séduit l'échec, l'appartenance à une condition de laquelle nous ne pouvons-nous extraire suite à l'impossibilité d'atteindre un équilibre qui nous est interdit ! La faille qui restreint les possibilités de l'homme est présente dans toutes les manifestations de son existence. C'est pourquoi la conception de l'auteur implique une vulnérabilité intrinsèque dont les manifestations desservent les desseins de l'homme, toujours situé aux antipodes de la quiétude et de l'équilibre. L'histoire qui en résulte n'est rien de plus que le résultat de l'expulsion du paradis, manifestation d'un être qui déploie son exégèse dans le mouvement sans jamais pouvoir revenir à la quiétude originale.

Outre le récit de la chute et de l'expulsion du paradis, Cioran puise également les racines de cette perception ontologique et anthropologique dans le gnosticisme, en particulier pour associer mal et mouvement. La création est alors conçue comme l'œuvre d'un dieu mauvais caractérisé par l'incapacité à se trouver dans un état de quiétude. La création n'est possible que dans la mesure où une réalité dernière, pleine, est impossible puisqu'elle serait représentée par un dieu absolument transcendant et donc absolument sans rapport avec l'acte créateur. Un démiurge, c'est-à-dire un artisan, est le créateur inique incapable, selon les préceptes gnostiques, de s'abandonner à la quiétude et qui se trouve en contact avec la matière conçue comme source d'impureté et de malignité. « Il est difficile, il est impossible de croire que le dieu bon, le "Père", ait trempé dans le scandale de la création. Tout fait penser qu'il n'y prit aucune part, qu'elle relève d'un dieu sans scrupules, d'un dieu taré. La bonté ne crée pas[3] [...] ». Focalisé sur la compréhension de la nécessité qui s'inscrit dans le mouvement et l'action, Cioran décrit cette particularité comme une évidence de la relation entre le mal, l'imperfection et le mouvement. Un dieu absolument bon et parfait n'aurait pas à se livrer à un acte qui génère vertige et corruption. Bien entendu, comme souvent, Cioran recourt à des croyances et à des allégories religieuses pour apporter quelques lumières concernant la condition fissurée, rompue de l'homme.

---

3   Cioran, *Le Mauvais Démiurge*, dans *Œuvres, op. cit.*, p. 1169.

La description de la fracture circonscrivant les attributs humains est également manifeste dans les pages que consacre Cioran au bouddhisme. Dans son essai « L'Indélivré », il montre les insuffisances qui entourent la fascination des hommes pour les idées, les croyances, le sens, qui ne sont que des apparences qui prétendent se constituer en « êtres » pourtant toujours inaccessibles. Reconnaître l'inessentialité des apparences, sous la figure du vide, permet de s'en détacher, sans que ce soit pourtant de manière absolue. La fascination que le vide révèle dans le parcours cioranien est fondée principalement sur son implication sceptique, représentée par l'hypothétique accès à l'idée qui permet de se défaire de toutes les idées. « Le vide nous permet de ruiner l'idée d'être ; mais il n'est pas entraîné lui-même dans cette ruine ; il survit à une attaque qui serait autodestructrice pour toute autre idée. Il est vrai qu'il n'est pas une idée mais ce qui nous aide à nous défaire de toute idée[4] ». Ainsi, le vide serait une extase sceptique, une révélation à nulle autre pareille, à partir de laquelle toute idée se retrouve privée de réalité, de valeur. Cependant, ce vide n'est pas sans difficultés empêchant une libération complète. Trop immergé dans le désir et ses tourbillons, l'homme fuit la possibilité d'atteindre la rédemption. Car, encore et toujours, l'échec naît à partir du renouvellement du désir, de la difficulté de se défaire du *moi* et de la recherche du fondement des essences. Ainsi se trouve limitée la portée de l'idée du vide, bien que, peut-être en raison d'une forme de complaisance, elle puisse apparaître de prime abord comme un agent destructeur de la fascination des hommes envers toute croyance ou tout idéal. Le *vide* peut octroyer une libération médiatisée, un état à partir duquel il soit possible d'identifier nos obsessions, nos fantasmagories. Or, penser que le vide pourrait permettre à l'homme de parvenir à une parfaite lucidité reviendrait à ignorer l'appartenance de l'homme à l'échec comme un sceau de sa condition.

Malgré le caractère sceptique du *vide* qui abroge le fondement de toute notion ou idée, l'espoir de parvenir à cette condition peut également être considéré comme une fascination, la plus grande de toute. Cioran lui-même n'accepte pas une telle possibilité mais admet seulement l'expérience opportune que l'accès intermittent au vide peut permettre en nous : « Le vide est le néant démuni de ses qualifications négatives, le néant transfiguré. S'il nous arrive d'y goûter, nos rapports avec le

---

4   *Ibid.*, p. 1219.

monde s'en trouvent modifiés, quelque chose en nous change, bien que nous gardions nos anciens défauts. Mais nous ne sommes plus d'*ici* de la même manière qu'avant[5]. »

Il est clair cependant que cette particularité du *vide* n'est pas absolue aux yeux de Cioran : « Par malheur, nous ne pouvons exterminer nos désirs ; nous pouvons seulement les affaiblir, les compromettre. Nous sommes acculés au moi, au venin du "je[6]" ». Le vide s'explique théoriquement comme une approche sceptique qui annule la validité de toute idée, de tout but ou de tout sens. Sa portée est néanmoins limitée par la force du désir et de la volonté. Dans tous les cas, cette dernière sera la plus forte, et ses effets inciteront toujours davantage les hommes à atteindre la continuité de sa ruine. Le *vide* apparaît chez Cioran comme référence « positive », liée à une immersion au sein de laquelle, à partir d'un certain ravissement, se manifeste la possibilité, l'éventualité (bien que ce ne soit qu'une projection) d'une rédemption. Toutefois, de manière plus constante, une analogie négative avec le vide surgit : l'*ennui*. L'extase sceptique configurée dans le vide se reproduit négativement dans l'*ennui*. Ce dernier est l'insubstantialité de tout, l'appréciation lucide et désabusée que tout étant est inscrit dans la temporalité. C'est ainsi que Cioran identifie avec le plus de force l'irréalité qui nous entoure, à partir d'une expérience cette fois-ci entièrement négative et très éloignée de la plénitude transfigurée que le vide parvient à révéler. Les deux, bien sûr, sont des réponses à l'échec. Le vide est une réponse qui essaie de se libérer des attachements et des tribulations que les hommes rencontrent dans leur quête incessante de réalité et de sens. L'*ennui* est, de façon analogue quoique depuis une autre perspective, une réponse à l'échec dont le dénouement est cependant un échec plus catégorique encore : l'expérience d'une « défascination » négative à partir de laquelle les appréciations humaines ne sont plus assimilées que par la perte absolue du sens, une absence universelle de signification.

Vide et *ennui* sont tous deux des réponses à l'échec, à la constante incongruence résultant de la constitution fragmentée et viciée de l'homme. Ils ne sont rien d'autre car ils représentent l'incapacité de l'homme à affronter une « réalité » qui s'évanouit et ils sont des manifestations de la reconnaissance de l'échec cuisant qui découvre l'impropriété de toute signification

---

5   *Ibid.*, p. 1224.
6   *Ibid.*, p. 1226.

et de tout sens. Les précisions données par Cioran lors d'un entretien[7],
où il évoque les caractéristiques qui se manifestent au cours de ces deux
expériences, sont révélatrices. Il y analyse leurs similitudes externes et
affirme que le *vide*, loin d'avoir l'orientation négative de l'*ennui*, permet
d'atteindre un détachement libérateur, un triomphe qui, du point de vue
de l'Occident, serait un échec. Le *vide* est alors une expérience au sein
de laquelle se caractérise, sans significations négatives, l'insubstantialité
de tout. C'est un nihilisme dépourvu des connotations honteuses qu'il
revêt habituellement dans le monde occidental. Indépendamment des
particularités du *vide* et de l'*ennui*, tous deux manifestent l'impossibilité
d'assimiler suffisamment la constitution, toujours insubstantielle, de la
réalité, tous deux sont des réponses à la précarité dans laquelle l'homme
reçoit la réalité, définie dans la conscience. C'est en elle que se trouve
la genèse des errements humains et l'on pourrait presque considérer
la présence de la conscience comme l'une des sources principales de la
situation d'échec à laquelle nous sommes réduits. Comme on peut le
voir dans « L'Arbre de vie », l'apparition de la conscience coïncide avec
la chute et l'expulsion du paradis. De manière analogue, dans « L'Âge
d'or », Cioran livre sa conception profonde de l'homme voué à l'échec,
par exemple lorsqu'il est question du rôle joué par Prométhée : « En les
éveillant à l'esprit, en les séparant de ces "sources" dont ils jouissaient
auparavant sans chercher à en sonder les profondeurs ou le sens, il ne
leur dispensa pas le bonheur, mais la malédiction et les tourments du
titanisme. La conscience, ils s'en passaient bien ; il vint la leur infliger,
les y acculer, et elle suscita en eux un drame qui se prolonge en chacun
de nous et qui ne s'achèvera qu'avec l'espèce[8]. »

L'intérêt de Cioran pour les mythes est récurrent. Ils lui permettent
d'apporter quelques lumières sur l'essence de l'homme et sa condition
marquée par l'échec, comme en témoignent les exégèses réalisées par
l'auteur en lien avec les images de l'arbre de vie et de l'âge d'or. Mais
c'est à partir d'expériences vécues, y compris par lui-même, que l'auteur
roumain parvient à mettre en évidence des caractères plus définis et
détaillés de l'échec, liés à des particularités concrètes et vitales. Dans
l'un et l'autre cas, la conception de la ruine de la condition humaine
demeure primordiale pour Cioran.

---

7   *Cf.* Cioran, « Entretien avec Léo Gillet », dans *Entretiens*, Paris, Gallimard, 1995, p. 62-97.
8   Cioran, *Histoire et utopie*, dans *Œuvres*, *op. cit.*, p. 1049.

LES SOURCES IMMÉDIATES DE L'ÉCHEC

Les configurations évidentes de l'échec s'établissent au travers des limites imposées à l'homme par la fatalité. L'importance de la conscience de ces limites apparaît dans plusieurs commentaires disséminés dans les *Cahiers*, qui témoignent de divers registres de lecture, d'impressions et de confessions inspirées par la présence singulière de l'échec.

« Se réaliser, c'est savoir se borner. L'échec est la conséquence d'une trop grande disponibilité[9] ». À la lumière de cette phrase de Cioran, l'idée d'une relation entre limite et échec apparaît. On n'est guère éloigné du domaine tragique, par exemple de la tragédie grecque dans laquelle la conscience de l'*hybris* est inhérente à la reconnaissance des limites. Leur violation génère le risque de tomber dans la démesure, cause de la chute, c'est-à-dire de l'échec. En ce sens, Cioran se méfie des « réussites » de l'homme, se situant de nouveau dans une perspective anthropologique selon laquelle l'équilibre et la possibilité d'une constitution parfaitement saine sont interdits à l'homme. C'est pourquoi il ne faut pas interpréter le fragment cité comme une réflexion qui vise à diminuer l'attirance envers l'échec. Au contraire, la disponibilité à laquelle se réfère Cioran caractérise une force, une attraction constante vers la ruine – intéressant développement de la pensée de Cioran quant au déséquilibre et aux carences humaines. Ces idées refluent dans un autre passage des *Cahiers* : « Vouloir justifier un échec, c'est l'amoindrir et le compromettre[10] ». L'échec implique à ce point la présence calamiteuse de l'homme que le justifier ou le déterminer comme résultant d'une raison suffisamment valable reviendrait à minimiser cette spécificité de la destinée humaine de devoir se mouvoir dans le malheur. L'échec surgit des impuissances de l'homme, de sa condition imparfaite. Tenter de résoudre son apparition au moyen d'une justification implique le rejet de l'expérience tragique qui inclut la catastrophe à partir de laquelle Cioran désigne le chemin où l'humanité transite. Mais il ne s'agit pas simplement d'une posture négative et pessimiste. Sa démarche peut se comprendre à partir de l'invocation d'un savoir tragique lié à la perception de l'échec : « Bénis

---

9   Cioran, *Cahiers. 1957-1972*, Paris, Gallimard, 1997, p. 134.
10   *Ibid.*, p. 188.

soient mes échecs ! Je leur dois tout ce que je sais[11] ». Cette particularité
de la pensée cioranienne n'est guère éloignée de l'expérience tragique
qui associe savoir et souffrance. En effet, au sein du savoir tragique,
l'exégèse du parcours humain est conditionnée par les limites qui lui
sont imposées par le divin et les vicissitudes qu'il affronte, face auxquelles
s'établissent les exigences de reconnaissance de la réalité du désastre. De
fait, on ne pourrait parler de manière pertinente d'un savoir tragique si
l'on n'était guidé par le développement humain qui est toujours marqué
du sceau de l'échec. Chez Cioran, il s'agit d'un savoir de désabusé, d'un
savoir sceptique qui voit dans la désillusion un accès à une démarche
lucide : la sagesse tragique, résultant de la reconnaissance de l'échec,
sceau permanent de la nature humaine. L'extrait suivant exprime justement cette idée :

> Il ne s'agit nullement ici de la fascination de l'échec pour lui-même mais de
> cette chose capitale que dans l'échec se révèle l'essence, la *vérité* d'un être. C'est
> là qu'il est réellement lui-même, et non dans l'illusion et l'arrogance de la
> réussite. C'est pourquoi un héros n'est vraiment héros que dans l'effondrement
> qui est sa punition glorieuse. Cela revient à dire que la vérité est dans la
> souffrance ou plutôt que la souffrance *est* vérité[12].

Très clairement, pour Cioran, l'échec n'est pas seulement constitutif de
l'homme, mais il révèle aussi un de ses aspects remarquables. En ce sens,
on peut comprendre l'attrait qu'il ressent envers les manifestations que
l'échec génère, les expériences déséquilibrées, les ruptures, les dissensions
que l'homme découvre dans son devenir. L'échec apparaît alors comme
une évidence indéniable face à laquelle Cioran éprouve effectivement
une fascination permanente. Et, en effet, (se) révéler cette particularité
revient peut-être à inverser le savoir censé être *dû*, *équilibré* : incorporer
dans notre auto-perception la réalité irrévocable de la ruine, bien que cela
ne semble pas le plus approprié si l'on désire l'approbation des autres et
de soi-même, est cependant le plus légitime si l'on recherche la lucidité.
Par là-même, nous nous engageons vers un savoir paradoxal dans lequel
la désintégration de nos objectifs et des significations est également
estimable et nécessaire : le fait de se perdre revêt alors curieusement un
enchantement qui révèle, par une voie indirecte, la fascination même

11   *Ibid.*, p. 424.
12   *Ibid.*, p. 664.

de l'existence. Cioran le définit avec clarté : « On parle de réussite, de réussite. Chaque instant qui passe est un échec. Je crois que l'essence du temps est échec, et c'est pourquoi le temps est si prenant, si entraînant aussi. On ne sait quelle forme prendra cet échec, on en ignore le visage. Et cette ignorance fait le "charme" de la vie[13]. »

Que la philosophie cioranienne renouvelle ici la particularité para-doxale qui l'entoure, cette citation l'illustre bien. Même dans une démarche aussi forte que celle qui se construit à partir des fissures constitutives de l'homme, on peut apprécier la dimension captivante de l'existence. Le caractère pessimiste de la pensée cioranienne parvient à se revêtir d'une nuance grâce à laquelle l'incertitude et la tonalité grise associée à la consolidation de l'échec peuvent être perçues selon une optique radicalement différente. Loin de se réduire à une évidence pure-ment négative, cette démarche ouvre des chemins par lesquels transite une pensée qui, malgré sa complexité, la multiplicité des paradoxes, l'impossibilité d'établir une présence définitive, affirme le profil diffus mais en même temps attirant d'une nature humaine si contradictoire.

Exposer les maux qui nous affligent ne doit pas être seulement perçu de manière sombre et sinistre. Explorer les domaines qui entourent les vicissitudes que nous affrontons représente un engagement d'une dimension abyssale, toujours inhérente à la philosophie. Ne pas accor-der de crédit aux élucubrations d'un optimisme vulgaire s'accorde avec l'exigence d'une pensée qui, face au naufrage, invoque la force et le sti-mulant qui la questionnent. Face à la présence de nos propres fractures, la confrontation sans appel qui est capable de les regarder en face, sans les éluder, assume la nécessité de parcourir et de caractériser la carence, le vide, la rupture que chacun d'entre nous est. Cioran n'a pas fait autre chose et son exégèse de la ruine implique la compréhension équivoque mais profonde de l'homme. Une manière de philosopher libre où la réflexion ne transige pas avec les fiascos d'un *humanisme* qui craint de regarder les monstres qui l'habitent.

Des hiatus de l'œuvre de Cioran émerge un élan qui met en question l'idéalisation de l'homme. De fait, grâce à son désenchantement, la figure humaine se libère des invocations rédemptrices qui, avant tout, nient la rupture intrinsèque qui nous déchire. Paradoxalement, cette spécificité a pour effet de faire se mouvoir la vie au travers d'une contradiction

13 *Ibid.*, p. 667.

mystérieuse et, en elle, s'affermit également un enchantement qui, chez
Cioran, est sans équivoque. Au travers de l'énonciation des fluctuations,
des fissures, des dissonances, il parvient à faire ressortir une tonalité au
sein de laquelle il exprime son intranquillité mais également une attirance
qui émane d'une existence contradictoire et multiple, incompréhensible
et ambitieuse. Quelle lucidité dans ce pessimisme qui ne réduit pas la
vie mais l'accroît par le courage de reconnaître ses fractures !

Alfredo ABAD
Université Technologique de Pereira
Traduit de l'espagnol
par Patrick PETIT

HANTISE DE L'ÉCHEC ESSENTIEL

L'*autopoïétique* d'un « Virtuose du Fiasco »

L'ÉCHEC-CIORAN

Il s'agit de penser *l'échec* selon celui qui fut présenté au public américain, par un exégète et compatriote, comme *the Philosopher of Failure*[1] – antonomase qui trahit l'improbable romantisme d'un esprit nostalgique de l'Absolu, d'un démon de la lucidité dévasté par la rigueur dans l'Insoluble, vaincu par des exigences antinaturelles. Comme remarque un autre exégète, « le thème de l'échec est omniprésent chez Cioran », en attirant l'attention du lecteur en vertu de son extension infinie. « Rien n'échappe à son hégémonie[2] », de sorte qu'on ne saurait dire exactement où il commence et où il finit. Dans cette « Création bâclée », c'est le *fatum* de l'Échec qui jouit, tout comme la Douleur, « des avantages de l'ubiquité[3] ».

À cause de son infinité, de ce débordement hors de toute limite, de toute détermination (*peras*), l'Échec-Cioran ressemble à *l'apeiron* d'Anaximandre. Non pas simplement existentiel, fini, relatif, il est plutôt essentiel, métaphysique, ou encore dirait-on absolu. Ce *des-astrum* fondateur et immémorial voit sa fatalité inscrite dans notre condition, d'où « l'inconvénient d'être né », cette « *chute* dans le temps » et dans la décomposition. D'après Saber Idoudi, l'ubiquité de l'Échec-Cioran, selon notre formulation, aurait trois causes fondamentales : la conscience de la *finitude*, la saisie de l'*absurde* du

---

1 Costică Brădățan, « The philosopher of Failure : Emil Cioran's Heights of Despair », *Los Angeles Review of Books*, 28 novembre, 2016, disponible en ligne : https://lareviewofbooks. org/article/philosopher-failure-emil-ciorans-heights-despair/ (consulté le 15 novembre 2021).

2 Saber Idoudi, « Poétique de l'échec chez Cioran », *Post-scriptum*, nº 13, Université de Montréal, mai 2011, disponible en ligne : https://post-scriptum.org/13-03-poetique-de-lechec-chez-cioran/ (consulté le 15 novembre 2021).

3 Cioran, *Syllogismes de l'amertume*, dans *Œuvres*, Paris, Gallimard, coll. « Quarto », 1995, p. 787.

fait d'exister et l'*ennui* (si pascalien) qui en serait la réaction physiologique naturelle. Réunissant tout cela dans un seul opérateur conceptuel, crucial chez Cioran, on pourrait dire que la *lucidité* est l'*arkhè* de l'Échec-Cioran, et son œuvre, le produit d'une *autopoïétique de l'Échec*.

Le « Raté », cette figure quasi mythique dans le cadre des temps modernes, et si chère à notre auteur (qui le tient en véritable paradigme d'humanité réelle, bref d'authenticité), c'est l'*être lucide* par excellence[4]. Toujours « la conscience d'une perte[5] », la lucidité se mesure d'échec en échec, par le degré de désillusion d'un esprit ; c'est la Déception hypostasiée en « conscience de la conscience[6] », la condition paradoxale, insolite, atopique, de ce monstre de lucidité qu'est le « Raté » cioranien. « C'est que l'échec, toujours *essentiel*, nous dévoile à nous-mêmes, il nous permet de nous voir comme Dieu nous voit, alors que le succès nous éloigne de ce qu'il y a de plus intime en nous et en tout[7] ».

Les voies d'accès à la thématique de l'Échec sont innombrables chez Cioran, dont l'œuvre même est l'expression d'un certain désœuvrement, le symbole (l'effigie) d'un grand et idéal Échec (avec beaucoup d'ironie et d'ambivalence). Nous choisirons une voie qui semble l'une des moins évidentes, un texte du *Précis de décomposition* où ni « échec » ni « ratage » ne figurent : « Hantise de l'Essentiel ». Il s'agit d'un double exercice herméneutique : d'abord, il faut montrer qu'en dépit de l'absence desdits signifiants, le signe du grand Échec est posé de manière expressive dans ce texte-là ; deuxièmement, il s'agit d'interpréter – à titre d'herméneutique heuristique – la thématique du grand Échec entraînée dans ce texte du *Précis de décomposition* à la lumière du romantisme, du mouvement romantique européen qui fut, selon Isaiah Berlin, en tant que révolution esthétique, culturelle et spirituelle, le plus profond changement de mentalité de ces derniers temps, au-delà des domaines artistique et esthétique[8]. Or, qu'y a-t-il de romantique chez Cioran ? L'antirationalisme

---

4 « Même inculte, le raté *sait* tout, il voit à travers les choses, il démasque et annule toute la création. Le raté est un La Rochefoucauld sans génie. » Cioran, *Des larmes et des saints*, trad. S. Stolojan, dans *Œuvres, op. cit.*, p. 321-322.

5 « Toute lucidité est la conscience d'une perte. » Cioran, *Le Crépuscule des pensées*, trad. M. Patureau-Nedelco, dans *Œuvres, op. cit.*, p. 391.

6 Cioran, *La Chute dans le temps*, « Sur la maladie », dans *Œuvres, op. cit.*, p. 1127.

7 Cioran, *De l'inconvénient d'être né*, dans *Œuvres, op. cit.*, p. 1281.

8 L'objet d'étude de Berlin englobe les différents contextes historiques du surgissement du romantisme, tout en se concentrant sur le romantisme allemand. « L'importance du Romantisme, c'est qu'il s'agit du plus grand mouvement récent qu'a transformé la vie et

et l'adogmatisme, l'existentialisme, le vitalisme et le mysticisme, le tragique, le pessimisme et le nihilisme, l'insoumission, l'antinomisme et le penchant à l'hérésie (gnosticisme), l'intuitionnisme, le lyrisme et le symbolisme, l'ironie, l'ennui et la nostalgie, le mécontentement, la passion de la décadence et des ruines, l'*exigence fragmentaire*...

À partir de l'hypothèse que la hantise de l'Essentiel dont parle Cioran revient d'une certaine manière à la hantise d'un « Échec essentiel », d'un « Grand Échec » pour ainsi dire, il faut montrer que la caractérisation de Dieu faite par Cioran comme un « virtuose du fiasco[9] », s'applique aussi bien à lui-même et à sa conception de l'écrivain (ou du créateur en général) comme une sorte de « démiurge » à petite échelle dont la « mission » est de *singer* le Démiurge d'en haut : deux *ratés* à des niveaux différents. Irréductiblement roumain (d'où son étrange singularité poétique), l'auteur du *Précis de décomposition* est un héritier direct du romantisme qui s'épanouit en Europe entre la seconde moitié du XVIIIe siècle et les premières décennies du XIXe siècle[10]. Malgré les équivoques et les malentendus possibles, il est – tout comme Baudelaire – un *moderne*, d'autant plus qu'il semble *anti*moderne. Sa « roumanité[11] » intempestive joue un rôle important dans son (auto)poïétique de l'Échec : pleine

---

la pensée du monde occidental. Cela me semble être le plus grand changement dans la conscience de l'Occident qui se soit produit, et tous les autres changements qui se sont produits au cours des XIXe et XXe siècles me paraissent en comparaison moins importants, et en tout cas profondément influencés par celui-là. » Isaiah Berlin, *The Roots of Romanticism*, New Jersey / Princeton, 1999, p. 1-2 (nous traduisons).

9   « Œuvre d'un virtuose du fiasco, l'homme a été raté sans doute, mais raté magistralement. Il est extraordinaire jusque dans sa médiocrité, prestigieux lors même que l'on l'abomine. À mesure que l'on réfléchit sur lui, on conçoit néanmoins que le Créateur se soit "affligé dans son cœur" de l'avoir créé. » Cioran, *La Chute dans le temps*, « L'Arbre de vie », dans *Œuvres, op. cit.*, p. 1080.

10   Cioran est un « amateur de mémoires » du siècle des Lumières et des salons, ayant édité une *Anthologie du portrait* des moralistes français, un véritable « adieu à l'homme ». « En lisant l'histoire, il y a un sentiment général que quelque chose de catastrophique s'est produit vers la fin du dix-huitième siècle. Au début, les choses semblaient aller relativement bien, puis il y a eu une rupture soudaine. Certains l'accueillent, d'autres la dénoncent. Ceux qui la dénoncent supposent que ce fut une époque élégante et paisible : ceux qui ne le savent pas ne connaissaient pas le vrai *plaisir de vivre*, comme le disait Talleyrand. D'autres disent que c'était un âge artificiel et hypocrite, et que la Révolution a inauguré un règne d'une plus grande justice, d'une plus grande humanité, d'une plus grande liberté, d'une plus grande compréhension de l'homme au profit de l'homme. » Isaiah Berlin, *The Roots of Romanticism, op. cit.*, p. 6 (nous traduisons).

11   En sachant que d'illustres Roumains emploient ce concept-là, Eliade en tête, je l'emprunte à Mihaela-Gențiana Stănișor « Petite introduction à la roumanité », dans M. Liliana

d'un romantisme foncier, elle en est la matière première et le point de
départ. Le fait d'être roumain lui confère une perspective privilégiée
pour saisir le caractère problématique de l'existence en tant que telle.

POÉTIQUE DE LA DÉCOMPOSITION ET DE L'ÉCHEC

« Hantise de l'Essentiel » est un texte-clé d'un livre décisif dans
l'ensemble de l'œuvre de Cioran : le *Précis de décomposition*, représentatif
du choix, aussi risqué (et nécessaire) qu'irréversible, de toute une vie (et
de la *seconde* moitié d'une œuvre qui se dédouble d'une langue à l'autre).
Le *Précis* symbolise un revirement, un changement non seulement d'ordre
linguistique, par rapport à l'existence antérieure de l'auteur (auparavant
Emil, désormais E. M. Cioran), et aux précédents roumains de sa nouvelle
écriture française ; c'est une « petite mort » et une « seconde naissance[12] »,
dorénavant dans une autre patrie linguistique, *déjà en décomposition*.

Le *Précis de décomposition* est un livre « crié », « hurlé », lyrique et élégiaque,
raison par laquelle il ressemble à certains textes roumains de Cioran : *Sur
les cimes du désespoir*, par exemple. D'après José Thomaz Brum, son traducteur brésilien, le *Précis* – imbibé de Shakespeare, Byron et Shelley – est un
« *code du désespoir*[13] » qui nous donne accès aux abîmes de l'être. Dans ce
bréviaire de prières subversives qui « ne s'adressent à personne[14] », Cioran
ne veut signaler son étrangeté – sa *roumanité* – que pour s'acharner contre
elle, pour l'effacer ou l'oblitérer, dans un rapport critique et créatif avec
son origine roumaine. La *décomposition* est – au cœur d'une pensée lyrico-
existentielle et mystico-religieuse de type hétérodoxe – la contre-figure
objective, pour ainsi dire, du *désespoir* thématisé dans son premier livre.

Aucun des livres qui suivent, à commencer par *Syllogismes de l'amertume*,
ne ressemblent au *Précis de décomposition*, désœuvrement singulier dans

---

Herrera A. (dir.), *En torno a Cioran. Nuevos ensayos y perspectivas*, Pereira, Editorial UTP,
2014, p. 311.

12 Patrice Bollon, *Cioran, l'Hérétique*, Paris, Gallimard, 1997, p. 122.

13 José Thomaz Brum, « Prefácio », dans E. M. Cioran, *Breviário de decomposição*, trad.
J. T. Brum, Rio de Janeiro, Rocco, 1995, p. 9 (nous traduisons).

14 Cioran, *Précis de décomposition*, « Divagations dans un couvent », dans *Œuvres*, *op. cit.*,
p. 703.

l'ensemble d'une œuvre douée, dès ses débuts, d'une singularité poétique frappante. Chacun des livres de Cioran est comme une « miniature de l'univers[15] » (en ruine), un microcosme à l'écart (en décomposition), un contexte singulier d'expérimentations et d'expériences (matière première de l'écriture), sans aucune « volonté d'ordre », aucun « souci d'unité[16] ». C'est de la pensée « fragmentiste[17] ». Cette *exigence fragmentaire*, esthétique et éthique à la fois (une question de style et de probité), se trouve intimement liée à la fonction *thérapeutique* que Cioran reconnaît à l'écriture et à l'expression de manière générale[18].

« Hantise de l'Essentiel » peut être lu dans une optique romantique comme une sorte de confession intellectuelle déguisée, dont l'auteur – un étranger débutant en langue française – s'efforce de communiquer ce qui lui importe le plus, ce qui lui est impératif en matière de pensée et d'expression. C'est un texte profondément autoréférentiel, même si l'auteur n'utilise pas la première personne comme attendu ; Cioran y confesse une passion et une tentation (d'un sacrifice à jamais différé, inabouti, au nom de *l'absurde*), c'est la confession d'un Échec essentiel (« idéal », « parfait »), d'un grand Échec – par le divorce entre des besoins et des inclinations contradictoires et à la limite incompatibles. D'où l'hamlétisme, le dilettantisme, la frivolité, cette « sagesse à boutades[19] » préconisée par l'auteur du *Précis* : des nouvelles attitudes par rapport à ses idées d'autrefois, lesquelles – compte tenu de la « Généalogie du fanatisme » entreprise dans le *Précis* – ne doivent être sous-estimées en ce qui concerne sa probité intellectuelle. La lucidité, telle que la conçoit Cioran (une disposition subjective adogmatique par

---

15 Cioran, *Précis de décomposition*, « Hantise de l'Essentiel », *ibid.*, p. 653.

16 Cioran, *La Tentation d'exister*, « Le Commerce des mystiques », dans *Œuvres, op. cit.*, p. 914.

17 « Je crois que la philosophie n'est plus possible qu'en tant que *fragment*. Sous forme d'explosion. Il n'est plus possible, désormais, de se mettre à élaborer un chapitre après l'autre, sous forme de traité. En ce sens, Nietzsche a été éminemment libérateur. C'est lui qui a saboté le style de la philosophie académique, qui a *attenté* à l'idée de système. Il a été libérateur, parce qu'après lui, on peut tout dire... Maintenant, nous sommes tous fragmentistes, même lorsque nous écrivons des livres en apparence coordonnés. Ce qui va aussi avec notre style de civilisation. » Cioran, « Entretien avec Fernando Savater », trad. G. Iaculli, dans *Entretiens*, Paris, Gallimard, 1995, p. 22.

18 « Tout ce qui est formulé devient plus tolérable. L'expression ! voilà le remède. À quoi rime finalement d'aller se confesser à un prêtre ? Cela nous libère. Tout ce qui est formulé perd en intensité. C'est cela la thérapeutique, le sens de la thérapeutique par l'écriture. » Cioran, « Les continents de l'insomnie » [entretien avec Gabriel Liiceanu], dans Gabriel Liiceanu, *Itinéraires d'une vie : E. M. Cioran*, Paris, Michalon, 1995, p. 118.

19 Cioran, *Précis de décomposition*, « Généalogie du fanatisme », *op. cit.*, p. 582.

excellence), est un principe d'anti-fanatisme (le scepticisme comme un antidote aux dogmatismes divers et plus ou moins sauvages).

L'accuser d'irrationalisme ou de misologie, c'est faire preuve de rationalisme : il n'y a pas de neutralité épistémologique, d'un point de vue extérieur (du reste, Cioran fait la critique des dogmatismes, des rationalismes, du scientisme). Qu'il y ait une rationalité opérante dans le discours cioranien, aucun besoin de le prouver. Or, le *logos* cioranien est plutôt « logologique » qu'ontologique[20], même si l'auteur roumain démontre (de manière dilettante) un certain penchant pour des spéculations métaphysiques (dont il ne peut pas se passer). *Logologie*, c'est-à-dire la « vérité » comme quelque chose de «fabriquée», une invention ou une élaboration (auto)poïétique[21]. Bref, Cioran oscille entre le scepticisme selon lequel toute vérité est fabriquée, et la « persuasion intime, passionnée[22] », d'une vérité essentielle sur l'être (d'ordre mystique ou suprarationelle), en dehors des limites de la connaissance conceptuelle et de la logique discursive (une sorte d'*ontologie négative*).

ÉQUIVOCITÉ DE L'ÉCHEC-CIORAN

Ce qui nous intéresse est de montrer que l'Échec se fait présent chez Cioran même s'il n'est pas énoncé. Dans « Hantise de l'Essentiel », le signe du grand Échec demeure actuel même en l'absence de son signifiant.

---

20 *Logologie* : le discours produit « l'être », à l'instar de la « démiurgie verbale » envisagée par Cioran dans *La Tentation d'exister*, à l'opposé du discours *ontologique* fondé sur la croyance que « l'être » est une *réalité en soi*, subsistante et objectivement donnée, qu'il faudrait déchiffrer et dévoiler par le *logos*. Il n'est pas fortuit que Barbara Cassin ait repris le concept de *logologie* de Novalis. *Cf.* Barbara Cassin, *L'Effet sophistique*, Paris, Gallimard, 1995.

21 « Il n'y a que, sinon le flux, l'autocréativité infinie de l'univers. Il ne faut pas concevoir l'univers comme un ensemble de faits, un modèle d'événements, un ensemble de blocs dans l'espace, d'entités tridimensionnelles liées par certaines relations infranchissables, tel que nous l'enseignent la physique, la chimie et les autres sciences naturelles ; l'univers est un processus d'autocréation perpétuelle, un élan perpétuel en avant qui peut être conçue soit comme hostile à l'homme, à l'instar de Schopenhauer, soit même dans une certaine mesure de Nietzsche, de sorte qu'il renversera tous les efforts humains pour le contrôler, de l'organiser, de s'y sentir chez soi, au lieu d'être une sorte de modèle accueillant dans lequel on puisse reposer [...]. » Isaiah Berlin, *The Roots of Romanticism, op. cit.*, p. 119-120 (nous traduisons).

22 Cioran, *Histoire et utopie*, dans *Œuvres, op. cit.*, p. 1061.

On n'y dit pas « échec », « ratage », et pourtant tout y tourne autour de la hantise d'un Échec essentiel. Aucun besoin de ces mots vedettes, qui sont partout dans le discours poétique-existentiel de Cioran. D'ailleurs, il y a d'autres vocables pour dire l'échec[23].

Échec, ratage et d'autres vocables corrélés font partie du lexique (auto) poïetique de Cioran : ce sont des mots essentiels dans son « vocabulaire final », pour parler comme Richard Rorty[24]. À mon avis, l'un des aspects les plus troublants (et fascinants) de l'œuvre de Cioran, c'est bien cette « omniprésence de l'échec » dont parle Saber Idoudi. Échec triomphal, puisque Cioran a raté même son ambition d'être le Raté parfait. Son Échec se serait-il mal passé ? Quoi qu'il en soit, on ne doit pas oublier que le discours cioranien autour de l'Échec est entièrement traversé d'ironie (et de mélancolie). À en juger par la typologie avancée par Kierkegaard, il ne s'agit pas, dans le cas de Cioran, de l'ironie socratique, mais plutôt d'une ironie de type romantique et infinie[25].

La poétique cioranienne efface l'opposition entre le profond et le superficiel, le sérieux et le frivole, l'essentiel et l'inessentiel, entre autres. Cette opération – d'une intentionnalité antidogmatique dénotant un certain antinomisme par rapport aux valeurs et aux croyances établies – est éminemment romantique, à l'opposé de l'universalisme et de l'objectivisme prétendus par la raison classique. D'ailleurs, la lucidité cioranienne a quelque chose de cauchemardesque, un air d'irréalité, une

---

23 « Défaite », « déroute », « banqueroute », « faillite », « fiasco », parmi d'autres.

24 Richard Rorty dit « final vocabulary » ; Cioran à son tour dirait « vocabulaire essentiel » : « Tous les êtres humains ont avec eux un ensemble de mots qu'ils emploient afin de justifier leurs actions, leurs croyances et leur vie. Ce sont les mots dans lesquels nous chantons les louanges de nos amis et disons le mépris de nos ennemis, formulons nos projets à long terme, nos doutes les plus profonds au sujet de nous-mêmes et nos espoirs les plus hauts. Ce sont les mots dans lesquels nous racontons, tantôt prospectivement, tantôt rétrospectivement, l'histoire de notre vie. Pour désigner ces mots, je parlerai du "vocabulaire final" d'une personne. » Richard Rorty, Contingence, ironie et solidarité, trad. P.-E. Dauzat, Paris, Armand Colin, 1993, p. 111.

25 Dans son étude sur le concept d'ironie, Kierkegaard postule une ironie post-fichtéenne, assez critiquée par Hegel, qui se caractérise par l'infinité, par la prétention d'être absolue et sans bornes (par opposition à l'ironie didascalique de Socrate), de telle sorte qu'elle ne laisserait aucune place à la vérité objective, à la communication, au sérieux. Nous pourrions peut-être comprendre le problème philosophique abordé par Kierkegaard, impliquant la simple possibilité de l'ironie, comme un problème concernant les liens dangereux entre l'ironie et le nihilisme (un concept que Kierkegaard n'emploie pas). Cf. Søren Aabye Kierkegaard, The Concept of Irony with Continual Reference to Socrates, part II, « The World-Historical Validity of Irony, the Irony of Socrates », trad. H. V. Hong and Edna H. Hong, Princeton / New Jersey, Princeton University Press, 1989, p. 269-270.

« phosphorescence » sinistre. La lucidité, ou la conscience de « l'universalité du tourment[26]. »

Tel que nous lisons « Hantise de l'Essentiel », la hantise en l'occurrence est propre au Raté cioranien, philosophiquement considéré du point de vue de la lucidité. C'est le principe et la condition d'une forme toute spéciale d'échec ou *a fortiori* de ratage, même si l'auteur n'y emploie pas ces mots (« échec », « ratage », « raté »). Le Grand Échec, c'est une question de vocation, d'ambition, voire de nécessité, mais non de hasard ; il ne dépend pas de la société ni du regard d'autrui, et subsisterait même si rien n'avait jamais été…

« L'ESSENTIEL », QU'EST-CE QUE C'EST ?

De quoi s'agit-il ? Rien ne saurait être plus vague, plus incertain. En dernière analyse, la notion d'*essentiel*, forme adjective du concept philosophique d'*essence (ousía)*, renverrait à la métaphysique classique ou antique (platonisme, néoplatonisme, voire aristotélisme). Néanmoins, Cioran est à l'antipode des philosophies essentialistes, des appareils métaphysiques et des éthiques traditionnelles, trop éloigné de Platon, Aristote et compagnie (et apparemment du néoplatonisme aussi). Une autre référence, plus proche, est Léon Chestov.

« Hantise de l'Essentiel » est un texte assez « chestovien » (mais pas seulement). Cioran partage avec le philosophe russe d'origine juive l'obsession de ce qui serait spirituellement *l'essentiel* : notion qui éloigne et Chestov et Cioran de l'existentialisme d'un Sartre, en conférant aux pensées de ces auteurs solitaires un certain accent religieux ou plutôt mystique. Cioran y permet de saisir son affinité inouïe avec l'auteur des *Révélations de la mort* (1923), qu'il fit rééditer chez Plon où il occupa le poste de directeur de collection. Dans ce livre essentiel pour comprendre une grande partie de la pensée (existentielle) de Cioran, Chestov fait appel à Plotin et en reprend la notion mystagogique de *to timiotaton*. À la question « qu'est-ce que la philosophie ? », la meilleure réponse a été donnée, pense-t-il, par l'auteur des *Ennéades*. La notion superlative, avec laquelle

---

26 Cioran, *Le Mauvais Démiurge*, dans *Œuvres, op. cit.*, p. 1224.

Plotin répond à ladite question, désigne « le plus important », « ce qui importe le plus », donc – par contigüité – « l'essentiel » par opposition à ce qui est inessentiel, accessoire, superflu. De cette réponse tautologique surgit une deuxième interrogation : qu'est donc ce *to timiotaton* ? Qu'est-ce que l'essentiel, précisément ? Une réponse possible serait que la tâche essentielle de la philosophie est d'apprendre à discerner, soupeser, séparer ce qui mérite d'être cherché, cultivé, de ce qui ne le mérite pas.

Dans *Cartea amăgirilor*, où la « hantise de l'Essentiel » se trouve déjà posée par une perspective antithétique, celle du « goût des illusions », on lit que « nul ne sait ce qui est l'essentiel », et même en le sachant, « on ne saura cependant pas ce qui l'est le plus[27] ». Chez Plotin, *to timiotaton* pousse à la contemplation de (et à l'*unio mystica* avec) l'Un, ce qui n'est pas du tout le cas chez Cioran, qui n'en possède que la vague nostalgie (l'Un est désormais hors d'atteinte, hors de question[28]). Le rationalisme de la philosophie occidentale moderne, avec sa prétention d'une universalité aussi abstraite que douteuse, en plus de ne pas tolérer le mystique, chasse l'intuitionnisme en tant que tel de la philosophie, devenue de plus en plus professionnelle, politique et bureaucratique. Après des siècles de rêveries et d'insomnies philosophiques, l'Essentiel se trouve dégradé, décomposé, fragmenté, en poussière... En l'absence de tout *fondement*, de critères objectifs, de l'idée (si kantienne) d'un devoir universel, en face de la primauté (si romantique) du *vouloir*, l'expérience angoissante de l'incertitude, notamment à l'égard de ce qui est le plus essentiel, *cela* devient l'essentiel. La démarche, l'itinéraire, l'expérience, la recherche *en soi* est *to timiotaton* ; la hantise l'emporte sur l'Essentiel.

Selon Chestov, la définition plotinienne de la philosophie comme *to timiotaton* « détruit, sans y songer même, semble-t-il, les barrières qui, depuis l'antiquité déjà, séparaient la philosophie des sphères voisines de la religion et de l'art : l'artiste, le prophète cherchent en effet, eux aussi, "ce qui importe le plus[29]". » Cioran, lecteur de Chestov, est lui aussi favorable à cette (ré)union ; il essaie de cultiver, dans son « œuvre » inclassable, cette trinité essentielle de l'esprit oubliée par la philosophie moderne. Philosophe, écrivain, mystique : voilà la triple caractérisation

---

27 Cioran, *Le Livre des leurres*, trad. G. Klewek et T. Bazin, dans *Œuvres*, *op. cit.*, p. 248.
28 Cioran, *Histoire et utopie*, *op. cit.*, p. 1022.
29 Léon Chestov, *Les Révélations de la mort*, trad. B. de Schœlezer, *Les Cahiers Jérémie*, 2011, p. 38 : https://joaocamillopenna.files.wordpress.com/2020/03/chestov-les-recc81vecc81la-tions-de-la-mort.pdf (consulté le 15 novembre 2021).

de l'auteur du *Précis*. La définition de Plotin, affirme Chestov, « non seulement ne soumet pas la philosophie au contrôle et à la direction de la
science, mais elle oppose les deux[30]. » En étant objective et indifférente
à ce qui est singulier, personnel (toujours irréductible a un seul principe
rationnel, abstrait), la science ne se préoccupe guère de ce qui est ou n'est
pas « essentiel » (ce qui est toujours subjectif, à la limite subordonné à
la singularité psychophysique de chaque individu). D'ailleurs, la science
traite avec la *nécessité* en obéissant aux principes de la *reinen Vernunft* (la
« raison pure »), alors que le philosophe chestovien aspire à une liberté
vertigineuse au-delà des cadres de la Raison. L'auteur des *Révélations
de la mort* va encore plus loin pour avancer qu'en ce qui concerne la vie
de l'esprit, *to timiotaton* doit « nécessairement s'opposer à la science et
précisément lorsqu'il s'agit de sa souveraineté[31]. »

Cioran partage avec Chestov cette révolte contre les rationalismes
et le scientisme en plein essor avec les temps modernes. Cette attitude
existentielle tenace, d'une apparente misologie, peut être interprétée à la
lumière du romantisme qui, selon Isaiah Berlin, a bouleversé la structure
et les fondements mêmes de la pensée occidentale (n'oublions pas que le
nihilisme et le romantisme sont contemporains, synchroniques). Si les
philosophes les plus rationalistes ont chassé l'imagination, l'intuition
et la mystique de la sphère de la connaissance positive, les romantiques,
à leur tour, ont chassé l'objectivisme et l'universalisme du domaine de
l'esthétique, voire de l'éthique, tout en les limitant aux mathématiques,
à la physique et à d'autres domaines théoriques et pratiques particuliers[32]
(ce qui explique, dans une certaine mesure, la persistance de Dieu dans la
poétique cioranienne *après la mort de Dieu*). Les romantiques, qu'ils soient ou
non fiers de l'être, sont des « antimodernes », « des modernes en liberté[33] ».

30 *Ibid.*
31 *Ibid.*
32 « Le romantisme a sapé l'idée qu'en matière de valeur, de politique, de morale, d'esthétique,
    il y a des critères objectifs qu'opèrent effectivement entre les hommes, de sorte que celui
    qui n'emploie pas ces critères est simplement un menteur ou un fou, ce qui peut être vrai
    dans le domaine des mathématiques ou de la physique. Cette divise entre là où la vérité
    objective s'applique encore – en mathématique, en physique, dans certaines régions du sens
    commun – et là où elle a été compromise – en éthique, en esthétique et le reste – est une
    nouveauté qui a créé une nouvelle attitude face à la vie – que ce soit bon ou mauvais, je
    ne veux pas dire. » Isaiah Berlin, *The Roots of Romanticism, op. cit.*, p. 140 (nous traduisons).
33 « Il n'y a pas de moderne sans antimoderne » et « l'antimoderne dans le moderne, c'est
    l'exigence de la liberté. » Antoine Compagnon, *Les Antimodernes. De Joseph de Maistre à
    Roland Barthes*, Paris, Gallimard, 2005, p. 22.

To timiotaton relève non de l'*épistémê*, mais de la *gnose* (à l'instar du *gnôthi seauton* socratique) : c'est une connaissance de soi dans l'expérience intérieure. Et quand Cioran soulève cette objection contre la science : « Ce monde ne *mérite* pas d'être connu[34] », ce n'est pas une déclaration de nihilisme ou de misologie, mais la « persuasion intime, passionnée[35] », qu'une partie de nous échappe au créé, l'affirmation que tous les mondes, tous les paradis et les enfers à parcourir et à connaître se trouvent *dedans*, en nous. La science[36] *essentielle*, peut-être la seule qui compte[37], c'est de savoir que je suis mortel, que je vais mourir, que je meurs sans cesse lorsque je vis, et qu'en vivant, je suis exposé, sans aucune défense, à tous les maux, aux fatalités les plus imprévisibles, inimaginables. D'ailleurs, « pour me "documenter" sur la mort, je n'ai pas plus de profit à consulter un traité de biologie que le catéchisme : pour autant qu'elle me concerne, il m'est indifférent que j'y sois voué par suite du péché originel ou de la déshydratation de mes cellules. Aucunement liée à notre niveau intellectuel, elle est réservée, comme tout problème privé, à un savoir *sans connaissances*[38]. »

La hantise de l'Essentiel est étroitement liée à cette problématique autour de l'insoluble de la mort. Nous voyons dans ces lignes une philosophie existentielle et religieuse hétérodoxe (mystagogique, « méontogogique[39] »), « inconceptuelle » et d'expression plus ou moins lyrique[40] (variante post-métaphysique d'un certain spiritualisme mystico-philosophique de

---

34 Cioran, *Syllogismes de l'amertume*, op. cit., p. 757.

35 Cioran, *Histoire et utopie*, « L'Âge d'or », *op. cit.*, p. 1061.

36 Chez de nombreux penseurs contemporains, la distinction entre *épistème* et *gnosis* est effacée au profit de la première. D'où la thèse soutenue par John Gray (et par d'autres philosophes conservateurs), selon laquelle « la modernité est gnostique » puisque l'homme moderne mise sur la connaissance scientifique comme sur une panacée, un élixir universel, le salut. Plus juste nous semble le point de vue de Hans Blumenberg, pour qui la modernité, en étant originelle et légitime du point de vue historique, représente plutôt une *seconde défaite* de la gnose, dans la mesure où l'athéisme moderne implique, en vertu du procès de sécularisation, la faillite de l'idée même de *transcendance* (d'où le discrédit progressif des explications qui se fondent sur le « surnaturel »). *Cf.* John Gray, *The soul of the marionette : a short enquiry into human freedom*, London, Penguin, 2015 ; à propos de H. Blumenberg (défenseur de la légitimité de la modernité), *cf.* Franco Volpi, *Il nichilismo*, Roma-Bari, Gius, Laterza & Figli, 1996.

37 À l'instar de cette « philosophie des *moments uniques*, seule philosophie ». Cioran, *La Tentation d'exister*, « Le Commerce des mystiques », dans *Œuvres*, *op. cit.*, p. 923.

38 *Ibid.*, p. 960.

39 *Mystagogie* : conduction, invitation, initiation au(x) mystère(s) de l'être ou de l'existence. « *Méontogogie* » : néologisme pour désigner une forme de mystagogie négative (athéiste, nihiliste), soit la conduction, invitation, initiation au *non-être* ou au *néant*.

40 *Cf.* Hans Blumenberg, *Théorie de l'inconceptualité*, trad. M. de Launay, Paris, L'Éclat, 2017.

matrice néoplatonicienne). La philosophie existentielle de Cioran revient – en vertu d'un paradoxe que nous essayons de saisir – à une philosophie de l'Essentiel tragiquement considéré. Selon Chestov, la science nivelle, aplanit, abstrait, mathématise, tout en annulant le sujet individuel et son « intériorité » ; guidée par le principe de nécessité et par la logique de la positivité, de l'efficace et de l'optimisation de tous les processus naturels, on n'attend pas de sa part, si nécessaire qu'elle soit, aucune préoccupation ou sensibilité à l'égard des subtilités et des paradoxes de l'Essentiel. En ce qui le concerne, elle ne nous communique guère.

« Hantise de l'Essentiel » est une expression post-métaphysique et romantique de la *vita contemplativa*, ce qui ne peut que paraître – aux yeux de la société capitaliste, bourgeoise – d'une oisiveté injustifiable et d'une complète folie. C'est juste une perte de temps (et le temps, comme l'on sait, c'est de l'argent). Ce n'est que rêverie, divagation, luxe intellectuel de romantique qui vit dans la fantaisie. Dans une civilisation frénétique et tarée, le philosophe contemplatif (tout comme le poète et le mystique) est voué à l'insuccès, à la marginalité, à l'ombre, s'il ne les cherche volontiers, même inconsciemment. Il est regardé (et il le *sait*, s'il ne le *veut* pas) comme un raté, un paria, un réprouvé.

> En effet, tout est *métier* ici-bas : professionnels du temps, fonctionnaires de la respiration, dignitaires de l'espérance, un *poste* nous attend avant de naître : nos carrières se préparent dans les entrailles de nos mères. Membres d'un univers officiel, nous devons y occuper une place, par le mécanisme d'un destin rigide, qui ne se relâche qu'en faveur des fous ; eux, au moins, ne sont pas astreints à avoir une croyance, à adhérer à une institution, à soutenir une idée, à poursuivre une entreprise. [...] On vous pardonne tout, pourvu que vous ayez un métier, un sous-titre à votre nom, un sceau sur votre néant. Personne n'a l'audace de s'écrier : « Je ne veux rien faire » ; – on est plus indulgent à l'égard d'un assassin que d'un esprit affranchi des actes[41].

Voilà l'expression d'un « romantisme débridé » (*unbridled Romanticism*) selon le mot de Berlin : la révolte, le refus, la négation. Il s'agit d'affirmer radicalement soit la liberté, l'éloge du dilettantisme, de la frivolité, de l'inactivité et du caprice, de « l'esprit affranchi des actes » par opposition aux « *professionnels* de l'existence », la critique de l'idolâtrie du succès et du renom, du dogmatisme et du fanatisme, soit le besoin d'adhérer à telle ou telle croyance, vérité définitive, vision de monde « officielle », ou bien encore

---

41 Cioran, « L'Architecte des cavernes », *Précis de décomposition*, dans *Œuvres, op. cit.*, p. 717.

le besoin d'occuper tel ou tel secteur à l'intérieur du système productif, bref, c'est la lucidité comme but d'une philosophie de l'Échec « toujours *essentiel* », contre les pièges des sirènes du monde moderne (succès, célébrité, pouvoir, voire bonheur). Selon Peter Sloterdijk, Cioran a été le « dernier véritable cynique » contemporain (et avant lui, Nietzsche), en menant une « vie monastique informelle[42] », comme s'il était « le moine d'un désespoir privé[43] ». Et quand Sloterdijk décrit la philosophie cynique (*Kynismus*) comme le *refus* de se leurrer en croyant que « le bonheur n'est pas aussi éloigné, aussi transcendant[44] », comme le refus de « se dissoudre dans le bonheur[45] », cela veut dire que l'idée conventionnelle du « bonheur » est, aux yeux de Cioran (et du Cynique en tant que tel), non seulement quelque chose de suspect, de douteux, mais aussi une nuisance, une entrave à la connaissance et à la vraie liberté (toujours abyssale, vertigineuse), facteur de trouble pour l'esprit, loin de la plénitude du *vide* prônée par Cioran[46].

FLUCTUATIONS, DÉRIVE, HAMLÉTISME

> À la dérive dans le Vague, je m'accroche
> au moindre chagrin comme à une planche
> de salut[47].

Chestov représente, à l'époque moderne, le paradigme du philosophe idéal aux yeux de Cioran : une sorte de « Dostoïevski philosophe[48] »

---

42 Peter Sloterdijk, « Le scandaleux », entretien avec Élisabeth Lévy (*Le Point*, 14 février 2003), en ligne : http://1libertaire.free.fr/sloterdijk04.html (consulté le 15 novembre 2021).

43 *Ibid.*

44 *Ibid.*

45 *Ibid.*

46 Cioran conçoit le vide et la vacuité dans une optique crypto-bouddhiste, non pas comme quelque chose de négatif, déprimant, débilitant (comme c'est le cas pour la psychologie occidentale, essentialiste, substantialiste), mais plutôt comme quelque chose de positif, salutaire, en termes sotériologiques (bouddhiques), à l'instar de la notion orientale de *sunya* : « vide » en sanskrit, d'où aussi *sunyata*, « vacuité ». Cioran, « Entretien avec Léo Gillet », dans *Entretiens, op. cit.*, p. 70-72.

47 Cioran, *Syllogismes de l'amertume*, « Le Cirque de la solitude », *op. cit.*, p. 776.

48 Cioran, « Entretien avec Lea Vergine », dans *Entretiens, op. cit.*, p. 134.

influencé par Nietzsche et Kierkegaard. Cependant, Chestov est encore
philosophe dans un sens où Cioran ne l'est pas (et ne veut l'être). L'auteur
des *Révélations de la mort* fait de la philosophie de façon argumentative,
dialectiquement en grande partie, articule une poignée de concepts, muni
de citations en grec, alors que Cioran dit son « Adieu à la philosophie[49] »
pour se dédier à une « philosophie lyrique[50] » dont l'essayisme et le
prosaïsme prévalent sur le concept, le souci du système, de l'unité et de
l'objectivité. Le discours logico-argumentatif, le procédé dialectique, la
conceptualité, rien de cela ne l'intéresse. Il entend faire de l'*autobiographie
philosophique*[51], des *confessions* spirituelles, se vouer à une *écriture de soi*
ayant des vertus thérapeutiques : c'est la « démiurgie verbale[52] » – *logologie*,
autopoïesis – comme *pharmakographie*. Cette conception du travail intellectuel
nous semble éminemment romantique à en juger par Isaiah Berlin, selon
qui l'existentialisme et le nihilisme modernes sont issus de l'atmosphère
culturelle du romantisme européen, et particulièrement de l'allemand[53].

Cioran s'identifie à Chestov parce qu'il voit en lui un mystique et
à la fois un esprit tragique, un penseur existentiel de type religieux
(adogmatique). Cioran porte en lui-même cette dualité : son âme est
mystique, alors qu'il est un douteur (sceptique) et un négateur (pessimiste,
nihiliste) par l'esprit : le penseur d'une lucidité tragique et désabusée.
« La passion de l'absolu dans une âme sceptique[54] ! » Il s'agit, chez
l'auteur du *Précis*, d'un conflit non pas entre le philosophe et le poète,
mais entre le *mystique* (ascétisme) et l'homme de lettres (« écrire est l'acte
le moins ascétique qui soit[55] »). Même s'il est avant tout *philosophe* (de
formation, de vocation), Cioran, penseur d'une lucidité nocturne, est
déterminé à faire un autre genre de chose qui n'est pas de la logique,
de l'épistémologie, de l'histoire de la philosophie ou n'importe quelle

---

49 Cioran, *Précis de décomposition*, « Adieu à la philosophie », *op. cit.*, p. 622.
50 Cioran, « Un monde où rien n'est résolu », *Sur les cimes du désespoir*, trad. A. Vornic, dans
    Œuvres, op. cit., 45.
51 À la différence du portrait, l'écriture autobiographique est mouvante, changeante, diachronique
    (une question d'*ipséité*, plutôt que d'identité). *Cf.* Jean Starobinski, « Le style de l'autobiographie »,
    Poétique – Revue de Théorie et d'Analyse Littéraire, n° 3, septembre 1970, p. 257.
52 Cioran, *La Tentation d'exister*, « Démiurgie verbale », *op. cit.*, p. 942.
53 « Le sermon central de l'existentialisme est essentiellement romantique, à savoir qu'il
    n'y a dans le monde rien sur lequel s'appuyer. » Isaiah Berlin, *The Roots of Romanticism*,
    op. cit., p. 142 (nous traduisons).
54 Cioran, *Des larmes et des saints*, *op. cit.*, p. 320.
55 Cioran, *De l'inconvénient d'être né*, *op. cit.*, p. 1325.

spécialisation académique. Il s'agit de se spécialiser *en soi* : seule initiation au Néant et au « *ridicule d'être vivant*[56]. »

La lucidité n'affranchit le domaine de la dualité – où règnent la contradiction et l'absurde – que pour aboutir au *vide* ; elle [la lucidité] ne détruit les apparences que pour les manquer tout de suite, car en dehors de son empire rien ne se passe, rien ne marche, rien n'est effectif, « réel » (*wirklich* en allemand, d'où *Wirklichkeit*, « effectivité », « réalité »). Cela dit, le « goût des illusions » est la contrepartie vitale de la « hantise de l'Essentiel », comme il ressort du *Livre des leurres*. Plus on avance dans une direction, plus forte devient la *hantise* de l'opposé. Les essences et les illusions se mélangent, se confondent. Le désir secret de l'homme, c'est qu'elles se fondent dans une réalité idéalement vraie, pure et angélique. La dualité prévaut. « Cela tient aux réalités ultimes d'être ambivalentes et équivoques. *Être avec la vérité contre elle* n'est pas une formule paradoxale, parce que quiconque comprend ses risques et ses révélations ne peut pas ne pas aimer et haïr la vérité. Qui croit en la vérité est naïf ; qui n'y croit pas est stupide. La seule bonne route passe sur le fil du rasoir[57]. »

Voilà la conclusion *positive* de la lucidité, le point limite de son itinéraire gnoséologique : non pas l'Un (Plotin), mais cette dualité ultime. C'est une défaite de l'esprit, de ne pouvoir choisir entre la vérité (« les essences ») et les illusions. L'être bercé d'illusions ne voit pas de raisons d'en faire les louanges, de les défendre avec acharnement ; il les tient pour acquises. La lucidité, en revanche, « résulte d'un amoindrissement de la vitalité, comme l'absence d'illusion. Se rendre compte ne va pas dans la direction de la vie ; *être au clair* avec quelque chose encore moins. On est tant qu'on ne sait pas qu'on est. Être signifie se tromper[58] ».

La hantise de l'Essentiel est pénible, dangereuse, et pourtant impérative, nécessaire. Grâce à elle, l'esprit « se perd et s'annule dans le vague de l'Essentiel », il se fourvoie dans un domaine étrange aux « doutes habituels » et aux « interrogations convenues », dans un « espace sans horizon », sans questions, ni réponses[59]. Il s'expose ainsi à la « stérilité », à la « faillite », à la « banqueroute », au « vide », bref, à un grand Échec – virtuellement infini – dans l'Essentiel. Cioran joue avec les mots (à

56   Cioran, *Précis de décomposition*, « Variations sur la mort », *op. cit.*, p. 590.
57   Cioran, *Le Livre des leurres*, « Le Goût des illusions », *op. cit.*, p. 256.
58   Cioran, *Le Crépuscule des pensées*, *op. cit.*, p. 424.
59   Cioran, *Précis de décomposition*, « Hantise de l'Essentiel », *op. cit.*, p. 652-653.

commencer par le « Vide », avec une majuscule[60]), il inverse et déplace leur sens, de même que les valeurs traditionnelles et les critères objectifs de jugement (positif en négatif, négatif en positif) ; dans son hamlétisme, il nourrit une aspiration comme si celle-ci était un inconvénient, il en fait l'éloge comme s'il la regrettait, la regrette comme s'il en faisait les louanges. La fluctuation, l'indéfinition, l'interrogation infinie, tout cela est représentatif de l'hamlétisme programmatique de Cioran, dont l'esprit se trouve à la dérive entre l'Essentiel et le trivial, ou – tel que l'on découvre un peu plus loin dans le texte – entre le Vide et l'existence.

L'Essentiel ne se réduit pas à la pure contemplation, il ne s'y épuise pas. Si c'était le cas, à quoi bon écrire ? L'expression verbale deviendrait obsolète et il n'y aurait aucun besoin thérapeutique d'écrire *et* de publier ; l'Essentiel se réduirait à une philosophie parfaitement agraphique (non-écrite), comme chez Socrate ou Pyrrhon. À l'opposé de la recherche de la vérité (toujours cachée, mystérieuse, insaisissable), il y a la recherche de l'expression, l'ambition de l'écrivain. Quoique Cioran ressente ce désir, cette « tentation d'*agraphie* » pour ainsi dire, la vérité c'est qu'il a besoin de l'artifice des mots, ces « semblants de réalité[61] », comme d'une espèce de *pharmakographie* sans laquelle il aurait succombé à la magie de la folie ou à celle du suicide.

L'*AUTOPOÏETIQUE* D'UN « VIRTUOSE DU FIASCO »

Pour conclure, voyons de quelle manière la hantise de l'Essentiel revient à l'obsession d'un Échec essentiel comme exigence irréalisable (et absurde) de la lucidité. Une autre référence est Stéphane Mallarmé, explicitement mentionné dans le texte. Même si son influence stylistique sur Cioran peut être mise en question, le rapport entre la vie et l'œuvre poétique de Mallarmé (et, entre eux, la méditation sur le langage) n'est pas sans importance pour l'auteur du *Précis*.

---

60 Parmi tous les termes associés par l'auteur à la notion de l'Essentiel, et de manière implicite à la pensée de l'Échec, c'est « le Vide » (le premier vocable à paraître dans le texte, avant même « l'Essentiel »). « Vide » et « Essentiel » apparaissent trois fois ; « stérilité », deux fois.
61 Cioran, *Syllogismes de l'amertume*, *op. cit.*, p. 746.

En proie à ses obsessions, Cioran a besoin d'écrire pour s'en libérer. L'autopoïétique (« démiurgie verbale ») lui sert de *pharmakographie*. Une raison autobiographique explique pourquoi Mallarmé figure dans la « Hantise de l'Essentiel ». Deux ans avant la parution du *Précis*, Cioran écrivait encore en roumain, même s'il était installé en France depuis presque dix ans, et il traduisait Mallarmé en roumain. C'était à Dieppe et, à un certain moment, il *réalisait* « l'absurdité et l'inutilité totale » de son entreprise. « Ma patrie avait cessé d'exister, ma langue de même... À quoi bon continuer d'écrire dans un idiome accessible à un nombre infime de compatriotes, en réalité à une vingtaine tout au plus[62] ? » Si, comme l'affirme Jules Renard, « Mallarmé est intraduisible même en français », d'autant moins en roumain ! Mais ni cela, ni l'inaccessibilité de la langue roumaine ne sont les seuls facteurs de ladite décision. Il y a au fond une volonté de rupture radicale avec soi-même, son passé, sa « *românitate* ». Cioran avorta cette entreprise de traduction pour devenir un écrivain de langue française.

Quels parallèles peut-on établir entre Cioran et Mallarmé ? Plus qu'un écrivain, le premier est un philosophe existentiel aux allures romantiques, tandis que le second est un poète post-romantique (dans la dialectique entre héritage et rupture par rapport au romantisme). Malgré les différences d'expression, de style, leurs affinités doivent être cherchées, chez Cioran aussi bien que chez Mallarmé, dans le rapport entre l'écrit et le vécu. Le poète, hanté par l'Idée – fréquemment celle du Néant –, subit de terribles crises d'angoisse métaphysique, et donc de stérilité. Il devient incapable de se vouer à son œuvre ambitieuse. Il y a dans leur vie une étroite corrélation entre maladie, pensée et création. Un autre parallélisme est la question de la « mort de l'auteur[63] ». « Je suis parfaitement mort », Mallarmé écrit à son ami Henri Cazalis, convaincu que son *moi*, le Stéphane d'autrefois, est à jamais disparu, sorti de scène pour donner la place, la parole, et une voix, aux rythmes impersonnels et ineffables de l'Univers[64]. L'auteur du *Précis* écrit des choses similaires : « Autrefois j'avais

---

62 Cioran, *Cahiers. 1957-1972*, Paris, Gallimard, 1997, p. 821.

63 D'après Roger Pearson, « Mallarmé est devenu la quintessence de la "mort de l'auteur", et pour beaucoup il est toujours le poète de la tour d'ivoire de la légende symboliste, "sculptant sa propre tombe" (OC, II, 700) au mépris aveugle de la facture de gaz et les derniers résultats de football. » Roger Pearson, *Stéphane Mallarmé*, London, Reaktion Books, 2010, p. 14 (nous traduisons).

64 Stéphane Mallarmé, « Lettre à Henri Cazalis », 14 mai 1867 : http://www.lyriktheorie. uni-wuppertal.de/texte/1867_mallarme.html (consulté le 15 novembre 2021).

un moi ; je ne suis plus qu'un objet… Je me gave de toutes les drogues de la solitude ; celles du monde furent trop faibles pour me le faire oublier. Ayant tué le prophète en moi, comment aurais-je encore une place parmi les hommes[65] ? » Finalement, on peut évoquer la question de la grande Œuvre idéalisée par Mallarmé, et à jamais inachevée. Le Libérateur du vers songe à un *Poème des poèmes* contenant virtuellement *tout* : l'être et le néant, l'infini et l'achevé, le hasard et la nécessité, l'expression et le silence, toutes les possibilités et les impossibilités…

Cioran s'identifie avec cette ambition « démiurgique » irréalisable. Il y reconnaît, par expérience personnelle, le signe d'une exigence infinie et par là-même absurde, vouée à l'Échec. Pour lui, Mallarmé est l'Artiste de l'Inachèvement *par excès de rigueur* : « Celui qui est *difficile* dans ce qu'il fait – dans sa besogne ou dans son aventure – n'a qu'à transplanter son exigence du fini sur le plan universel pour ne plus pouvoir achever son œuvre ni sa vie[66] ». À l'instar de Mallarmé, Cioran est *difficile* dans ce qu'il fait, sans pouvoir achever son œuvre ni sa vie. L'angoisse métaphysique, facteur de complicité entre eux, « relève de la condition d'un artisan suprêmement scrupuleux dont l'objet ne serait autre que l'*être*[67]. » Le drame de ce *démiurge de l'Échec* est que, « à force d'analyse, il en arrive à l'impossibilité de composer, de parfaire une miniature de l'univers. L'artiste abandonnant son poème, exaspéré par l'indigence des mots, préfigure le désarroi de l'esprit mécontent dans l'ensemble existant[68]. » Cioran lui-même se reconnaît dans cet *artisan* « suprêmement scrupuleux », si exigeant qu'il donne une impression de nihilisme. L'acte créateur devient négation créatrice, exercices négatifs, « méditation poétique du malheur », de la grande Défaite de l'artiste hanté par l'Essentiel. « Devant l'univers, l'esprit trop exigeant essuie une défaite pareille à celle de Mallarmé en face de l'art. C'est la panique devant un objet qui n'est plus objet, qu'on ne peut plus manier, car – idéalement – on en a dépassé les bornes[69] ».

Cioran parle de lui-même par le détour chez Mallarmé. Les deux figures se juxtaposent dans ce texte en vertu de l'expérience négative et révélatrice de l'*angoisse métaphysique*. Comme le poète, l'écrivain roumain est un Artiste du Verbe qui, incapable de parfaire son œuvre

---

65 Cioran, *Précis de décomposition*, « L'Anti-prophète », *op. cit.*, p. 585.
66 Cioran, « Hantise de l'Essentiel », *ibid.*, p. 653.
67 *Ibid.*
68 *Ibid.*
69 *Ibid.*

idéale (impossible), se consacre soit à l'absurde, soit au silence. Esprit trop exigeant, doué des « *scrupules d'un cynique*[70] », Cioran fait – à l'instar de Mallarmé devant l'art – l'expérience de la « défaite » s'agissant de sa prétendue « démiurgie verbale ». C'est le lot de ceux qui, « sans pouvoir s'endormir dans une foi[71] », « à défaut d'un appui solide[72] », ne peuvent que se consacrer à l'*autopoïesis* (autrement dit la « démiurgie verbale »), car en dehors du langage on ne trouve que des « semblants de réalité[73] ». L'*Échec-Cioran*, dans toute son ambivalence, est l'expression *logologique* d'une écriture qui engendre l'absurde qu'elle dénonce et qui à son tour se manifeste dans l'écriture[74]. Selon Sylvie Jaudeau, l'acte littéraire serait non seulement le symptôme, mais la cause de ce que nous appelons l'Échec-Cioran[75]. La poétique cioranienne répète, à son niveau, « la chute dont elle est le produit. L'écrivain la perpétue en s'érigeant à son tour en "démiurge verbal[76]". » Toujours selon Jaudeau, « le nihilisme de Cioran s'origine dans ce rapport vicié à la langue », et sa hantise de *l'inanité des mots* « fait état de cette prolifération anarchique du mot qu'il compare à un cancer qu'active notre manie verbale. [...] Dans ce principe d'autonomie de la langue se loge le ferment d'une réflexion critique que Cioran porte à ses ultimes conséquences[77]. »

Nous disions que la « démiurgie verbale » de Cioran, en tant que philosophe-poète gnostique, consistait à *singer* le démiurge (Raté) d'en haut. Voici « l'essentiel » en matière de *pharmakographie*, d'écriture auto-biographique et thérapeutique, car « une autobiographie doit s'adresser à Dieu et non aux hommes[78]. » De plus, « concurrencer Dieu, le dépasser même par la seule vertu du langage, tel est l'exploit de l'écrivain, spéci-men ambigu, déchiré et infatué qui, sorti de sa condition naturelle, s'est livré à un vertige superbe, déconcertant toujours, quelquefois odieux[79]. » L'auteur roumain compte mimer la « Création bâclée », les êtres et les

---

70 « *Les scrupules d'un cynique* – ce serait plus qu'un titre de livre, ce serait l'enseigne de ma carrière. Tiraillements dans l'équivoque. » Cioran, *Cahiers, op. cit.*, p. 402.
71 Cioran, *Syllogismes de l'amertume*, « Atrophie du verbe », *op. cit.*, p. 746.
72 *Ibid.*
73 *Ibid.*
74 Sylvie Jaudeau, *Cioran ou le dernier homme, op. cit.*, p. 57.
75 *Ibid.*, p. 56.
76 *Ibid.*, p. 70.
77 *Ibid.*, p. 87.
78 Cioran, *Le Crépuscule des pensées, op. cit.*, p. 371.
79 Cioran, *Exercices d'admiration*, « Confession en raccourci », dans *Œuvres, op. cit.*, p. 1625.

choses, et surtout *l'homme*, « ce point noir de la création[80]. » Il préfère être « plutôt dans un égout que sur un piédestal[81] », par contraste avec la vaine gloire des hommes. Et pour comprendre les raisons pour lesquelles il a cherché à devenir « l'homme-en-dehors-de-tout[82] », il suffit de lire « Portrait du civilisé[83] » et « Le Mauvais Démiurge ». Cioran, *l'écrivain*, est *l'appât* de l'autre Cioran, le « mort-né[84] », le mystique[85].

« L'écriture est la revanche de la créature et sa réponse à une Création bâclée[86] », écrit-il dans sa *confession en raccourci*. Cioran n'a pas écrit pour le succès, mais pour se délivrer de ce qui le hantait. La hantise de l'Essentiel s'avère une hantise du Grand Échec, « comme il faut ». Ce n'est pas sans ironie qu'on peut l'appeler un « Virtuose du Fiasco » : il qualifie lui-même Dieu comme tel. Rien n'est plus paradoxal, ambigu, que l'Échec-Cioran. Son œuvre est un ensemble d'exercices négatifs, de ruminations autour de cette *hantise essentielle* qu'est l'Échec, condition du devenir et de l'être lui-même, dans ce monde d'illusions qui se décomposent. Entre l'Essentiel et l'inessentiel, Cioran a cherché en lui-même son propre modèle ; « pour ce qui est de l'imiter, je m'en suis remis à la dialectique de l'indolence. Il est tellement plus agréable de ne pas *se* réussir[87] ».

Rodrigo INÁCIO R. SÁ MENEZES
Pontifícia Universidade Católica
de São Paulo

---

80   Cioran, *Le Mauvais Démiurge*, *op. cit.*, p. 1176.
81   Cioran, *De l'inconvénient d'être né*, *op. cit.*, p. 1342.
82   Cioran, *Le Mauvais Démiurge*, *op. cit.*, p. 1217.
83   Cioran, *La Chute dans le temps*, *op. cit.*, p. 1084.
84   Cioran, *De l'inconvénient d'être né*, *op. cit.*, p. 1275.
85   *Cf.* Sylvie Jaudeau, *Cioran ou le dernier homme*, « Écrire pour se défasciner – une discipline de la stérilité », *op. cit.*, p. 200-208.
86   Cioran, *Exercices d'admiration*, « Confession en raccourci », *op. cit.*, p. 1626.
87   Cioran, *Syllogismes de l'amertume*, *op. cit.*, p. 766.

DE L'IMPOSSIBILITÉ DE L'ÉCHEC
CHEZ EMIL CIORAN

Tout critique qui essaie de développer une analyse systématique d'un concept élaboré tout au long des œuvres de Cioran risque de tomber à l'eau, d'échouer dans son effort de présenter une telle analyse précisément parce que la pensée cioranienne refuse volontairement tout aspect systématique. Une perspective universalisante y rivalise avec un ton personnel où la pensée énumérée dans un aphorisme semble dépendre d'un certain contexte, d'un certain moment, susceptible au changement d'aphorisme en aphorisme, de sorte que chaque aphorisme construit son propre monde clos avec sa logique particulière et située même dans le cas d'une absence de toute particularité spatio-temporelle. Et pourtant, on pourrait quand même affirmer l'importance centrale de l'échec dans les œuvres de Cioran, où le penseur semble hanté et en même temps fasciné par sa présence constante. Dans cet essai, nous tenterons de montrer que l'échec, bien qu'il soit inévitable et même désirable dans la pensée cioranienne, s'avère en fin de compte impossible, au moins dans les termes selon lesquels l'on comprend habituellement l'idée. Dans un premier temps, nous indiquerons les avantages de l'échec selon Cioran, notamment dans le domaine de la lucidité et de la nouveauté qu'elle entraîne et que la réussite sert à bloquer.

Une fois que la lucidité figure dans la considération de l'échec, la question se complique parce que la lucidité cioranienne risque de nous priver des moyens de continuer à vivre et à fonctionner dans la vie quotidienne. En quoi cette non-participation, jamais pleinement réalisable de toute façon, représente-t-elle un échec ou une réussite à l'intérieur de la logique cioranienne ? Il deviendra plus évident qu'il est impossible d'établir une distinction claire et nette entre la réussite et l'échec chez Cioran et que l'échec existe dans un rapport dialectique avec son supposé contraire, ce qui rend impossible la sorte d'affirmation catégorique de l'échec que Cioran semble vouloir avancer. Il y a même une possible réversibilité des deux, dès lors peut-on encore savoir à quoi renvoie le mot « échec » dans les contextes changeants du champ textuel et conceptuel cioranien ? Ces considérations nous mèneront à une analyse de l'aphorisme « Adage du raté » qui met en jeu toutes ces questions de l'universel et du personnel et de l'aspect dynamique et dialectique de l'échec chez Cioran.

Selon Nicole Parfait, Cioran oriente son travail vers « une métaphysique de l'échec », ce qui va lui permettre, ainsi que son esthétique de la cruauté et son éthique de l'élégance, « de se libérer de toutes les entraves qui le rattachent encore au monde[1] ». Nous tenterons d'avancer l'idée que, loin de lui permettre de se débarrasser du monde, cette métaphysique de l'échec l'inscrit encore plus dans le monde auquel il aspire à échapper. S'agit-il alors de l'échec de l'échec ?

Énumérons d'abord les raisons pour lesquelles l'échec s'avère désirable selon Cioran. Avant tout, l'échec est un véhicule de cette lucidité que Cioran met souvent en valeur, au moins dans le cas de la connaissance de soi : « On reconnaît à ceci celui qui a des dispositions pour la quête intérieure : il mettra au-dessus de n'importe quelle réussite l'échec, il le cherchera même, inconsciemment s'entend. C'est que l'échec, toujours *essentiel*, nous dévoile à nous-mêmes, il nous permet de nous voir comme Dieu nous voit, alors que le succès nous éloigne de ce qu'il y a de plus intime en nous et en tout[2]. »

Ouvrons une parenthèse pour indiquer l'importance capitale que la lucidité joue dans la pensée cioranienne[3]. Pour lui, la lucidité est aussi essentielle que pénible : « La lucidité : un martyre permanent, un inimaginable tour de force[4] ». Sous forme de stérilité, l'échec mène à la lucidité, dans une situation que Cioran identifie comme étant celle de l'écrivain mais que l'on pourrait généraliser au niveau de toute action

---

1   Nicole Parfait, *Cioran ou le défi de l'être*, Paris, Desjonquères, 2001, p. 171.
2   Cioran, *De l'inconvénient d'être né*, dans *Œuvres*, éd. N. Cavaillès, en collab. avec A. Demars, Paris, Gallimard, coll. « Bibliothèque de la Pléiade », 2011, p. 744.
3   Nous développons plus longuement les conséquences de la lucidité chez Cioran dans Joseph Acquisto, *The Fall out of Redemption. Writing and Thinking Beyond Salvation in Baudelaire, Cioran, Fondane, Agamben, and Nancy*, New York, Bloomsbury, 2015, p. 139-170. *Cf.* aussi Joseph Acquisto, « Cioran entre la tentation, la poésie et la lucidité », dans Aurélien Demars et Mihaela-Gențiana Stănișor (dir.), *Cioran, archives paradoxales – nouvelles approches critiques*, t. V, Paris, Classiques Garnier, 2020, p. 107-119.
4   Cioran, *Aveux et anathèmes*, dans *Œuvres, op. cit.*, p. 1046.

productrice : « La stérilité rend lucide et impitoyable. Dès qu'on cesse
de produire, on trouve sans inspiration et sans substance tout ce que
font les autres. Jugement sans doute vrai. Mais il fallait le porter avant,
lorsqu'on produisait, lorsque justement on faisait comme les autres[5] ».
Si la lucidité est désirable chez Cioran, son côté martyrisant complique
tout désir de l'affirmer sans qualification. Cioran le dit de manière on
ne peut plus claire dans un entretien avec Michael Jacob : « On doit
être lucide en tant qu'individu tout en sachant que l'excès de lucidité
rend la vie insupportable. La vie n'est supportable que si l'on ne tire pas
les dernières conséquences[6] ». En quoi consisterait la réussite et l'échec
dans ce cas ? Sommes-nous condamnés à une vie insupportable si on
suit ce qui semble s'annoncer comme un devoir de poursuivre la lucidité ? Est-ce que la réussite dans ce cas se marquerait par une stérilité
paralysante ? Comme l'indique Sylvie Jaudeau, chez Cioran « l'homme
déchu peut se prévaloir de l'incomparable privilège de vivre en toute
conscience son destin mortel » :

> C'est à sa conscience qu'on le reconnaît, cette conscience qu'implique assez
> paradoxalement la perte de mémoire [...]. Caractérisée par la lucidité, elle
> oublie les illusions immanentes au temps et reconsidère l'histoire en la privant
> de son aura. Elle l'envisage du point de vue du « dernier homme », cette espèce
> nouvelle qui a cessé de confondre devenir et absolu, qui a cessé de sacraliser
> le temps historique comme le faisaient les anciens en le rendant complice de
> l'intemporel ou d'un absolu transcendant qu'ils plaçaient dans le paradis, la
> fin des temps, ou dans d'autres utopies[7].

De même, Patrice Bollon constate que

> c'est presque tout Cioran qu'il faudrait citer pour rendre compte de cette
> position inclassable et proprement intenable qui affirme dans le même mou-
> vement – quand ce n'est pas à *l'intérieur d'une même phrase* – l'exigence de la
> lucidité la plus éclairante *et* la nécessité de l'illusion la plus obscurantiste [...].
> Comme si coexistaient en permanence en lui et à tout propos l'affirmateur et
> le négateur, l'idéologue et le contestataire, le plaideur et son juge, dans un
> éternel soliloque contradictoire, un infini dialogue avec soi, entre les parties
> divisées et sa personnalité[8].

---

5   Cioran, *Écartèlement*, dans *Œuvres, op. cit.*, p. 948.
6   Cioran, *Entretiens*, Paris, Gallimard, 1995, p. 311.
7   Sylvie Jaudeau, *Cioran ou le dernier homme*, Paris, José Corti, 1990, p. 40-41.
8   Patrice Bollon, *Cioran, l'Hérétique*, Paris, Gallimard, 1997, p. 150.

Il en va de même pour le rapport dialectique et perpétuellement irrésolu entre l'échec et la réussite, jusqu'au point où les termes risquent de perdre toute signification stable et identifiable. On serait même tenté de dire que l'échec d'établir définitivement la notion de l'échec à l'intérieur d'une pensée qui veut la mettre au centre de tout représente un échec au deuxième degré, ne fût-ce le cas que la lucidité entraînée par cette réalisation pourrait être considérée comme une réussite dans une approche de la pensée où la lucidité est prisée. Cioran se réserve la possibilité que son statut de détrompé n'est peut-être qu'une illusion de plus : « Chacun sa démence : la mienne est de me croire l'homme le plus détrompé qui fut jamais. L'excès de cette prétention en prouve l'irréalité. N'empêche que parfois j'ai la sensation que personne n'est ni ne pourra être moins dupe que je ne l'ai été à certains moments, à certains moments seulement. Car tout est chez moi occurrence, date, instant, *sensation* précisément[9]. »

Si la lucidité prétendue n'est peut-être qu'une démence, il n'est pas exclu qu'une certaine réversibilité s'établisse entre la réussite et l'échec, ce qui nous mène à mettre en question la possibilité même de l'échec.

L'échec est une source de richesse à laquelle la réussite résiste tout en provoquant une forme d'oubli indésirable : « Toute réussite, dans n'importe quel ordre, entraîne un appauvrissement intérieur. Elle nous fait oublier ce que nous sommes, elle nous prive du supplice de nos limites[10] ». Cette énergie se traduit par une sorte d'orgueil qui accompagne le moment de l'échec et qui nous sort momentanément de la honte : « Au plus vif d'un échec, au moment où la honte menace de nous terrasser, tout à coup nous emporte une frénésie d'orgueil, qui ne dure pas longtemps, juste assez pour nous vider, pour nous laisser sans énergie, pour faire baisser, avec nos forces, l'intensité de notre honte[11]. »

De plus, l'échec porte un intérêt et une nouveauté que la réussite ne saurait égaler : « L'échec, même répété, paraît toujours nouveau, alors que le succès, en se multipliant, perd tout intérêt, tout attrait. Ce n'est pas le malheur, c'est le bonheur, le bonheur insolent, il est vrai, qui conduit à l'aigreur et au sarcasme[12]. »

---

9   Cioran, *Cahiers. 1957-1972*, Paris, Gallimard, 1997, p. 878.
10   Cioran, *De l'inconvénient d'être né, op. cit.*, p. 870.
11   *Ibid.*, p. 758.
12   *Ibid.*, p. 749. Comparons pourtant cette remarque à propos du risque d'échouer dans l'invention d'une contribution originale à l'échec perpétuel que l'humanité vit depuis

Le triomphe de la lucidité et cette indication de la nouveauté constamment renouvelée de l'échec est pourtant en tension avec une autre conception de l'échec qui mène à une sorte d'acédie qui nous bloque la possibilité de vivre, ainsi que l'on pourrait le voir dans cet aphorisme : « Celui-là est exposé à l'échec, qui, engagé dans le combat de chaque jour, a découvert l'éternité. Pour lui, que peut-il encore y avoir d'important ? On ne rate que par incapacité à choisir, à *préférer* quelque chose, à hiérarchiser les apparences selon son désir ou quelque système. Il résulte du concept vide de l'éternité un assèchement intérieur. Pour *vivre*, l'homme n'aurait pas même dû découvrir le Temps[13]. »

On commence à se rendre compte que la notion même d'échec se renouvelle régulièrement chez Cioran. Ces premiers exemples nous incitent à admettre soit qu'il y a des contradictions fondamentales dans sa conception de l'échec, soit que les textes révèlent au moins une ambivalence dans la conception de ce qui est préférable à « vivre », soit qu'ils renversent activement les idées reçues sur ce que c'est que de vivre et d'échouer. Il est fort possible que la lucidité qu'entraîne l'échec annule la conception généralement acceptée d'une vie réussie comme étant pleine de mouvement. Si l'on peut considérer l'échec plutôt comme forme de réussite à l'intérieur d'une nouvelle logique de la lucidité, est-il toujours possible de parler d'échec ?

Le renouvellement de l'échec qui « paraît toujours nouveau » permet « une existence constamment transfigurée par l'échec[14] », d'où une conception de l'échec en tant que moteur de la différence et de la négation de la stase. Est-il pourtant désirable pour un penseur tel que Cioran selon lequel le mouvement n'est pas préférable à son contraire[15] ? Cioran effectue un renversement de la valeur comparative de l'échec et de

---

Adam : « L'expérience homme a raté ? Elle avait déjà raté avec Adam. Une question pourtant est légitime : aurons-nous assez d'invention pour faire figure d'innovateurs, pour *ajouter* à un tel échec ? ». Cioran, *Syllogismes de l'amertume*, dans *Œuvres, op. cit.*, p. 249.

13 Cioran, *Fenêtre sur le Rien*, trad. N. Cavaillès, Paris, Gallimard, 2019, p. 133.

14 Cioran, *De l'inconvénient d'être né, op. cit.*, p. 769.

15 Pour Cioran, l'homme est voué à la dualité et à la contradiction. Voir les remarques de Sylvain David : « Que ce soit par le biais de références à la mythologie, à l'Ancien Testament ou à la pensée gnostique, il bâtit une forme de "pandémonisme" qui confirme sa propre conception d'un homme divisé à la fois avec soi (la conscience le coupe de ses instincts), avec Dieu (il a voulu l'égaler mais son échec l'a coupé du paradis, auquel il aspire en vain à retourner) et avec le monde (il n'*est* pas dans la réalité, comme une plante ou un animal, mais il pense la réalité, en fait une abstraction par le biais de l'angoisse) ». Sylvain David, *Cioran – Un héroïsme à rebours*, Montréal, Presses de l'Université de Montréal, 2006, p. 130.

la réussite. De manière paradoxale, là encore, il affirme que c'est l'échec
qui nous distingue des bêtes, ce que la réussite ne saurait accomplir :
« Seuls les peuples ratés s'approchent d'un idéal "humain" ; les autres,
ceux qui réussissent, portent les stigmates de leur gloire, de leur bestialité
dorée[16] ». Et pourtant, à d'autres moments, Cioran est prêt à avouer que
la bestialité est après tout recommandable :

> L'homme n'aurait pas dû se vouer à l'acte mais se plonger dans la passivité,
> ne rien changer au néant établi, commencer et finir par un détachement
> non pareil. [...] Ceux qui idolâtrent l'avenir sont solidaires de ces héritiers
> d'Adam, dont la superbe s'est révélée source de ruine. [...] Quand j'y repense,
> au bout d'une vie, je trouve [...] qu'au fond la « civilisation » est une erreur
> et que l'homme aurait dû vivre dans l'intimité des animaux, à peine distinct
> d'eux. [...] La conclusion d'une vie se ramène au fond à un constant d'échec[17].

Tout chemin mène alors à l'échec : plus on échoue, plus on s'approche
d'un idéal humain, le succès humain serait défini par le degré d'échec
atteint. Mais si l'animalité est préférable à l'état humain, le succès par
rapport à l'idéal humain est en réalité un échec en ce qu'il nous mène
plus loin de la bestialité. L'échec se confond avec la réussite si une réussite
peut être redécrite comme échec.

Chez Cioran, l'échec est parfois lié à la question de la volonté, comme
l'a remarqué Mihaela-Genţiana Stănişor lorsqu'elle constate, déjà dans
les écrits roumains de Cioran, « la volupté de l'échec et la volonté de
pouvoir, combinées au désespoir d'un *carpe diem* inutile[18] ». La volonté
cioranienne est impossible à réduire au silence, ce qui signifie que la
tentative de le faire est voué à l'échec : « Je ne suis rien, c'est évident,
mais, comme pendant longtemps j'ai voulu être quelque chose, cette
volonté, je n'arrive pas à l'étouffer : elle existe puisqu'elle a existé, elle
me travaille et me domine, bien que je la rejette. J'ai beau la reléguer
dans mon passé, elle se rebiffe et me harcèle : n'ayant jamais été satisfaite,
elle s'est maintenue intacte, et n'entend pas se plier à mes injonctions.
Pris entre ma volonté et moi, que puis-je faire[19] ? »

---

16   Cioran, *Syllogismes de l'amertume*, op. cit., p. 247.
17   Cioran, *Urgence du désert et autres textes*, dans Laurence Tacou et Vincent Piednoir (dir.),
      Cahier de l'Herne Cioran, Paris, L'Herne, 2009, p. 195.
18   Mihaela-Genţiana Stănişor, *La Moïeutique de Cioran. L'expansion et la dissolution du moi
      dans l'écriture*, Paris, Classiques Garnier, 2018, p. 18.
19   Cioran, *De l'inconvénient d'être né*, op. cit., p. 854. De même Cioran affirme-t-il un peu plus
      loin : « Toutes mes pensées sont tournées vers la résignation, et cependant il ne se passe

La volonté entraîne ainsi un double échec, puisque le sujet cioranien se trouve incapable à la fois de réduire la volonté à rien et de satisfaire cette même volonté, d'où résulte l'affirmation de la part de Cioran que l'échec fait partie de son essence : « Mieux que personne je connais le danger d'être né avec une soif de tout. Un cadeau empoisonné, une vengeance de la Providence. Ainsi grevé, je ne pouvais arriver à rien, sur le plan spirituel s'entend, le seul qui importe. Nullement accidentel, mon échec se confond avec mon essence[20]. »

Ici encore, l'impossibilité de supprimer la volonté compte-t-elle comme échec ou comme réussite ? Comme l'échec se confond avec l'essence d'un être humain, ou même de l'être humain en général, en poussant l'échec jusqu'au bout, nous nous conformons à notre nature, ce que l'on pourrait décrire comme réussite tout en affirmant l'échec en même temps. Plus on suit Cioran dans les chemins de l'échec, plus on éprouve de la difficulté à maintenir une distinction claire et nette entre la réussite et l'échec, ce qui nous révèle la possibilité de l'échec de l'échec, que l'on pourrait qualifier à tour de rôle, ou simultanément, d'échec et de réussite.

Une tentative de définition de l'échec nous mène vers toute une série d'autres termes tels que « volonté », « résignation », « vide », etc., ce qui suggère l'impossibilité d'identifier précisément en quoi consiste l'échec, étant donné surtout que ce que Cioran qualifie parfois d'échec compterait également comme réussite, ainsi qu'on l'a déjà vu dans le cas d'un échec qui aurait l'air d'une réussite puisqu'il correspond mieux à l'essence humaine. L'acte de définir l'échec cioranien mène à un déplacement potentiellement infini et suggère l'impossibilité d'établir ce que serait que l'échec de manière claire et nette.

L'« à quoi bon » cioranien met en question toute notion de réussite ou d'échec, bien que Cioran ait souvent recours à ces deux termes. Si l'échec « nous dévoile à nous-mêmes », l'« à quoi bon » risque de pousser la lucidité au degré où l'échec même disparaît à la lumière d'une lucidité au deuxième degré. Dans *Aveux et anathèmes*, nous lisons ceci :

> Il existe un indéniable plaisir à savoir que tout ce qu'on fait n'a aucune base réelle, que c'est tout un de commettre un acte ou de ne pas le commettre.

---

pas de jour que je ne concocte quelque ultimatum à l'adresse de Dieu ou de n'importe qui », *ibid.*, p. 875.

20 *Ibid.*, p. 868.

> Il n'en demeure pas moins que dans nos gestes quotidiens nous composons
> avec la Vacuité, c'est-à-dire que, tour à tour et parfois en même temps, nous
> tenons ce monde pour réel et irréel. Nous mélangeons là vérités pures et véri-
> tés sordides, et cette mixture, honte du penseur, est la revanche du vivant[21].

Une fois arrivée à la conscience de l'irréalité de tout, nous sommes
vraisemblablement hors de la portée de la logique de l'échec et de la
réussite. Même si nous n'arrivons pas à supprimer la volonté tout à fait,
l'affirmation intellectuelle de l'égalité entre agir et ne pas agir risque
de rendre inopérante la distinction entre échec et réussite. La lucidité
qu'entraîne l'échec finit par dévorer le concept même de l'échec.

L'aphorisme « Non-résistance à la nuit » qui figure dans *Précis de
décomposition* met en scène ce que l'on pourrait qualifier au premier
abord d'échec : « Au début, nous croyons avancer vers la lumière ; puis,
fatigués d'une marche sans but, nous nous laissons glisser : la terre, de
moins en moins ferme, ne nous supporte plus : elle s'ouvre. En vain
chercherions-nous à poursuivre un trajet vers une fin ensoleillée, les
ténèbres se dilatent au-dedans et au-dessous de nous[22]. »

Mais un simple changement de perspective transforme cet échec en
objet d'affection :

> Et, naguère amoureux des sommets, puis déçus par eux nous finissons par
> chérir notre chute, nous nous hâtons de l'accomplir, instruments d'une exé-
> cution étrange, fascinés par l'illusion de toucher aux confins des ténèbres,
> aux frontières de notre destinée nocturne. La peur du vide transformée en
> volupté, quelle chance d'évoluer à l'opposé du soleil ! Infini à rebours, Dieu qui
> commence au-dessous de nos talons, extase devant les crevasses de l'être et soif
> d'une auréole noire, le Vide est un rêve renversé où nous nous engloutissons[23].

Ce qui avait été considéré comme échec se transforme ainsi en objet
de prédilection, ce qui rend problématique la notion d'échec telle que
nous la comprenons habituellement. Si nous finissons par chérir notre
chute, aura-t-on le droit de parler de réussite plutôt que d'échec dans ce
cas ? Rien n'est moins sûr, mais ce que cette réversibilité souligne, c'est
qu'il est peut-être impossible de préserver la notion d'échec chez Cioran
et que ce qu'il évoque à tant de reprises sous ce nom s'avère impossible.

---

21 Cioran, *Aveux et anathèmes*, dans *Œuvres, op. cit.*, p. 1042.
22 Cioran, *Précis de décomposition*, dans *Œuvres, op. cit.*, p. 51.
23 *Ibid.*

La situation n'est pourtant pas si simple, car la suite de l'aphorisme suggère un mouvement dialectique entre la possibilité et l'impossibilité de cette chute :

> Et pourtant cette chute – à part quelques instants de pose – est loin d'être solennelle et lyrique. Habituellement nous nous enlisons dans une fange nocturne, dans une obscurité tout aussi médiocre que la lumière... [...] Rien ne prouve que nous sommes plus que rien. Pour ressentir continuellement cette dilatation où nous rivalisons avec les dieux, où nos fièvres triomphent de nos effrois, il faudrait nous maintenir à une température tellement élevée qu'elle nous achèverait en quelques jours. Mais nos éclairs sont instantanés ; les chutes sont notre règle[24].

La vie est donc une hésitation entre la chute et un enlisement dans la fange, ponctuée par des moments de fièvre. N'oublions pas que c'est par lucidité que nous avions pu, selon l'aphoriste, surmonter l'ancien amour des sommets pour voir l'illusion d'être plus que rien comme étant effectivement une illusion. L'échec de nos aspirations est réinscrit comme le triomphe de la lucidité, ce qui rend possible l'amour de la chute et force une réévaluation de l'échec que nous aurions pu identifier au début de la chute.

Tournons notre attention vers l'« Adage du raté », aphorisme où Cioran fait le portrait du raté comme type général et où le lecteur est donc implicitement invité à évaluer les prises de position que le raté annonce.

> Ayant tout acte en horreur, il se répète à lui-même : « Le mouvement, quelle sottise ! » Ce ne sont pas tant les événements qui l'irritent que l'idée d'y prendre part ; et il ne s'agite que pour s'en détourner. [...] C'est un Ecclésiaste de carrefour, qui puise dans l'universelle insignifiance une excuse à ses défaites. [...] Il extrait sa liberté de l'immensité de ses inaccomplissements ; c'est un dieu infini et pitoyable qu'aucune création ne limite, qu'aucune créature n'adore, et que personne n'épargne. Le mépris qu'il a déversé sur les autres, les autres le lui rendent. [...] Mais à la fin, en guise de consolation, et au bout d'une vie sans titres, il porte son inutilité comme une couronne[25].

Comme c'est souvent le cas dans les aphorismes de Cioran, le ton général et le manque voulu de contexte incite le lecteur à se poser des questions à propos de l'homme décrit ici et de notre rapport au texte en tant que lecteur. S'agit-il d'un type généralisé ? D'un cas particulier ? De l'auteur lui-même ? Selon qui cette figure est-elle un raté ? Se déclare-t-il

---

24 *Ibid.*, p. 51-52.
25 *Ibid.*, p. 81.

tel ? L'auteur impose-t-il cette étiquette ? Est-ce une indication d'un
jugement extérieur au « raté » lui-même, une imposition de la société
qui juge de manière péjorative un être qu'elle n'arrive pas à comprendre
et qu'elle vise à exclure tout en le condamnant ? Il y a des échos dans cet
aphorisme à « L'Étranger » de Charles Baudelaire[26], qui refuse point par
point les valeurs communes que son interlocuteur évoque et des figures
littéraires de l'inopérativité telles que le Bartleby de Herman Melville et
son éternel « *I would prefer not to*[27] ». Le dédain de l'aphoriste tombe-t-il
plutôt sur la foule qui rend au raté son mépris ou sur le raté lui-même
qui ne monte pas plus haut que le statut péjoratif d'un « Ecclésiaste
de carrefour » ? Le raté est-il admirable par son refus, pitoyable par son
incapacité de fonctionner à l'intérieur de la société ? Se définit-il lui-
même comme raté ou cette étiquette est-elle imposée de l'extérieur ? Ce
que l'aphoriste affirme ailleurs à propos de l'universelle insignifiance est
tournée en dérision dans ce passage, servant d'« excuse » au raté.

Et pourtant il est libre non pas malgré ses échecs mais précisément
grâce à eux puisqu'ils lui permettent de se retirer de manière d'autant
plus complète des normes d'une société consacrée à la réussite. Le raté
couronné de son inutilité fait-il figure de bouffon ou de héros illuminé
ou, pour utiliser un terme cher à Cioran, de détrompé ? Le texte nous
laisse très peu d'indices pour guider notre lecture de ce portrait sincère
ou ironique du raté. S'il s'agit bel et bien d'une sorte d'autoportrait à la
troisième personne, nous n'avons recours qu'à un mélange de perspectives dans le corpus cioranien qui ouvre la possibilité d'une haine de
soi aussi bien que celle d'un dédain par rapport à un public incapable
de voir les avantages de l'échec par rapport à la réussite tels que Cioran
les esquisse dans les passages que nous avons déjà cités.

Le deuxième paragraphe de l'aphorisme sert de contrepartie au premier. On note tout d'abord le changement de la troisième personne du
singulier à la première personne du pluriel :

(« À quoi bon ? » – adage du Raté, d'un complaisant de la mort… Quel stimulant
lorsqu'on commence à en subir la hantise ! Car la mort, avant de trop nous y
appesantir, nous enrichit, nos forces s'accroissent à son contact ; puis, elle exerce

26 Charles Baudelaire, *Œuvres complètes*, éd. Cl. Pichois, Paris, Gallimard, coll. « Bibliothèque
    de la Pléiade », 1975, t. I, p. 277.
27 Herman Melville, *Bartleby the Scrivener: A Story of Wall Street* dans *Selected Tales and Poems*,
    éd. R. Chase, New York, Holt, Rinehart and Winston, 1950, p. 101.

sur nous son œuvre de destruction. Ainsi cette obsession nous incite à devenir tout et rien. Normalement elle devrait nous mettre devant le seul choix possible : le couvent ou le cabaret. Mais, quand nous ne pouvons la fuir ni par l'éternité ni par les plaisirs, [...] elle nous transforme en cette espèce de héros décomposés qui permettent tout et n'accomplissent rien : oisifs s'essoufflant dans le Vide ; charognes verticales, dont la seule activité se réduit à penser qu'ils cesseront d'être[28]...)

La possibilité du raté considéré comme bouffon semble définitivement abandonnée ici avec ce portrait du raté en héros non-conventionnel. La question que le premier paragraphe avait suscitée à propos du raté comme être singulier ou général semble résolue en faveur de la deuxième possibilité avec le « nous » collectif des êtres humains conscients des effets de la mort. Ratés, nous le sommes tous, et la distinction en jeu ici serait celle entre ceux qui en sont conscients et ceux qui ne le sont pas. Il y a une tension dans ce passage comme dans les écrits de Cioran en général entre la règle et l'exception quant au portrait qu'il fait de l'humanité au sens le plus large. Dans les *Cahiers*, Cioran évoque l'« à quoi bon » en termes plutôt personnels : « Je n'ai triomphé de la colère et surtout de ses suites que par le recours bienfaisant à l'*à quoi bon ?* ». Il y est question d'être naturellement prédisposé à ce sentiment : « Avoir l'*à quoi bon ?* dans le sang, être né avec. Il y a une lumière *tarée* dans cette question, et dans celui qui la pose[29] ». S'agit-il alors dans « Effigie du raté » d'une réflexion personnelle, d'un autoportrait anonyme ? L'aphoriste fait-il cause commune avec les autres ratés qui sont personnellement adonnés à l'« à quoi bon » ? Cet aphorisme souligne l'hésitation cioranienne entre l'expérience personnelle et l'universalisation de cette expérience.

La métamorphose que la mort accomplit dans le deuxième paragraphe de cet aphorisme change le raté en héros en transformant en même temps la notion même de ce que c'est qu'un héros dans ce portrait de « charognes verticales ». C'est-à-dire que le raté troque sa participation à la vie humaine contre la lucidité d'une créature consciente du vide et du néant. Si Cioran met en valeur la lucidité, on aurait du mal à affirmer qu'il s'agit d'un échec dans le cas de ce raté qui arrive, par la route de l'échec même, à cette lucidité. Ce genre d'échec serait désirable pour qui se veut détrompé. Si le raté arrive à ce degré de lucidité voulue, on pourrait dire que l'échec cesse d'en être un et que l'échec, poussé à l'extrême, cesse

---

28 Cioran, *Précis de décomposition, op. cit.*, p. 81.
29 Passages cités dans Cioran, *Œuvres, op. cit.*, p. 1328-1329, n. 66.

d'être possible si la lucidité est ce que le sujet cioranien prise au-delà de tout. Étrange victoire peut-être que celle des êtres qui « se rédui[sent] à penser qu'ils cesseront d'être », mais elle nous permet de repenser non seulement la définition mais la possibilité même de l'échec dans la pensée cioranienne. Selon cette logique, l'échec, qui revient de manière quasi-obsessionnelle chez l'aphoriste, établit sa propre impossibilité, ce qui fait que le terme lui-même risque de tomber, comme la figure du raté, dans le vide d'un non-sens, au moins si on ne conçoit pas le rapport échec-réussite en termes dynamiques et dialectiques plutôt qu'oppositionnels.

Pour conclure, notons qu'afin de dire quelque chose de définitif sur les avantages de l'échec selon Cioran, on aurait besoin d'imposer une conception statique de l'humanité qui va à l'encontre, pour le meilleur ou pour le pire, de ce que suggère Cioran à propos de l'impossibilité de la part des humains de se retirer entièrement de la vie afin de vivre pleinement toutes les conséquences de la lucidité. L'échec ne réussit pas, pour ainsi dire, à nous mener tout à fait au fond du vide. S'agit-il alors de l'échec de l'échec, d'une sorte de réussite par une double négation, ou plutôt de son impossibilité ? On serait peut-être tenté d'accuser Cioran d'une certaine incohérence dans sa caractérisation de l'échec, mais un tel geste n'accorderait pas une attention suffisante à l'interdépendance qui se développe entre la notion de l'échec et de la réussite dans ses écrits. Ce qui paraît assez simple à première vue, avec les déclarations catégoriques de le part de l'aphoriste, cache un terrain plus vaste et plus riche qui ne mène pas après tout au vide du néant et du silence mais plutôt au dia-logue textuel auquel nous sommes condamnés d'une certaine manière, un dialogue qui ouvre le langage à une enquête où les mots, tout en risquant de perdre leur sens en route, finissent par nous laisser mettre en question notre évaluation du particulier et du collectif ainsi que les idées reçues à propos des inconvénients non seulement d'être né mais aussi d'affirmer soit la réussite soit l'échec sans prendre en charge en même temps la façon dont ils sont interdépendants et dont cette tension entre les deux avance la cause de la lucidité et sert de moteur à l'écriture cioranienne.

Joseph ACQUISTO
University of Vermont

ÉCRIRE L'ÉCHEC
OU COMMENT EXISTER POUR CIORAN
DANS LE CHAMP LITTÉRAIRE ?

LA QUESTION DE L'ÉCHEC CHEZ EMIL CIORAN

En adoptant une démarche nourrie de l'analyse du discours et de la socio-logie littéraire, il est possible d'évoquer la façon dont le discours de Cioran sur l'échec participe d'une entreprise littéraire de « *figuration de soi*[1] », tant cette topique se voit largement exploitée dans son œuvre, ses écrits privés, ses entretiens et, plus globalement, dans les modalités de son existence sur la scène littéraire. C'est à cette dernière approche que va s'attacher la présente étude, dont la démarche implique de prendre en compte le fait que, par ses pratiques d'écriture et par son discours sur ses pratiques, mais encore par sa trajectoire et sa place dans le champ littéraire, Cioran construit ce que Ruth Amossy et Dominique Maingueneau ont nommé une « image d'auteur[2] » pour laquelle l'échec joue un rôle structurant majeur. Autrement dit, indépendamment de la réalité et de l'ampleur de ses « échecs », Cioran met explicitement en scène et en récit, à la fois cathartiquement et straté-giquement, ce qu'il présente comme étant son constant insuccès en tant qu'élément constitutif d'une posture littéraire[3], soit d'une manière singulière

---

1 Laurent Jenny, « La Figuration de soi », 2003 : https://edu.ge.ch/moodle/pluginfile. php/531051/mod_resource/content/0/La%20figuration%20de%20soi%20%28Laurent%20 Jenny%29.pdf (consulté le 15 novembre 2021).

2 Soit le produit d'une interaction entre le ou les producteurs et médiateurs d'un texte et le public, *cf.* Ruth Amossy, *La Présentation de soi. Ethos et identité verbale*, Paris, PUF, 2010, et Dominique Maingueneau, « Auteur et image d'auteur en analyse du discours », *Argumentation et Analyse du Discours*, n° 3, 2009 : https://doi.org/10.4000/aad.660 (consulté le 15 novembre 2021).

3 *Cf.* Jérôme Meizoz, *Postures littéraires. Mises en scène modernes de l'auteur*, Genève, Slatkine, 2007. Sans connotation négative, cette notion désigne la présentation de soi d'un écrivain,

d'exister et d'occuper une position dans le champ littéraire. De fait, l'une des spécificités du domaine littéraire est, comme le rappelle Denis Saint-Amand, « sa capacité à se prendre lui-même pour objet, à se commenter de façon plus ou moins lucide, à se mettre en scène et à forger en cela une part importante des représentations qui circulent à son propos[4] ».

Tout en énumérant ses nombreux insuccès[5], Cioran célèbre l'échec par différentes voies. Au sein de ses textes, des confessions d'échec et un discours sur les vertus de l'échec sont omniprésents, en Roumanie d'abord, puis en France où l'échec fait même partie du vocabulaire cioranien dans sa plus pure expression. À travers ses aphorismes comme dans ses essais fragmentaires, Cioran ne cesse – malgré son ton parfois gnomique – de se poser en sujet de son écriture et, le plus souvent, en sujet malheureux, voire maudit. À le croire, tout ce qu'il n'a jamais eu ne serait-ce que pour projet d'entreprendre échoue inévitablement et lamentablement. Il confie à l'occasion d'un entretien accordé à Michael Jakob : « En fin de compte, l'expérience de la vie, c'est l'échec[6]. » Reste à définir les modalités exactes et la portée de ce que désigne, chez Cioran, ce vocable fétiche d'apparence trop souvent définitive.

C'est en effet la fréquence à laquelle le discours de Cioran recourt au motif de l'échec, ainsi que l'importance qu'il lui accorde, qui doivent retenir notre attention. Bien sûr, l'échec et la malédiction constituent de manière séculaire des topiques communes au sein du discours littéraire. Ces topiques appartiennent au répertoire moderne des scénographies auctoriales[7] et des postures littéraires qui peuplent l'inconscient litté-raire collectif au moins depuis Jean-Jacques Rousseau[8] dans son illustre

---

dans ses discours et dans ses conduites littéraires publiques. Être écrivain implique, selon Meizoz, d'exister publiquement à travers le prisme d'une posture référée à l'ensemble historique des positions du champ littéraire.

4   Denis Saint-Amand, « Fictions de l'échec littéraire », COnTEXTES, n° 27, 18 juillet 2020, § 7 : https://doi.org/10.4000/contextes.8981 (consulté le 15 novembre 2021).

5   Comme l'explique Sara Danièle Bélanger-Michaud, « Cioran travaille fort à se dépeindre comme un être oisif, inoccupé, désœuvré, improductif. À répétition, il met en scène ce qu'il appelle son "échec" et, ainsi, ne nous permet pas un seul instant d'oublier qu'il appartient à ce groupe sélect des "ratés". » Sara Danièle Bélanger-Michaud, Cioran ou Les Vestiges du sacré dans l'écriture, Montréal, XYZ Éditeurs, 2013, p. 188.

6   Cioran, « Entretien avec Michael Jakob », dans Entretiens, Paris, Gallimard, coll. « Arcades », 1995, p. 315.

7   Cf. José-Luis Diaz, L'Écrivain imaginaire. Scénographies auctoriales à l'époque romantique, Paris, Champion, 2007.

8   Cf. Jérôme Meizoz, Le Gueux philosophe (Jean-Jacques Rousseau), Lausanne, Antipodes, 2003.

Rousseau juge de Jean-Jacques (1782), et ont ensuite été réinvesties par la célèbre figure du « poète maudit » des romantiques, elle-même reprise et consacrée par les avant-gardes poétiques du XXᵉ siècle[9]. Même s'il n'est pas le seul auteur à avoir bâti son œuvre à partir d'un sentiment ou d'un constat d'échec[10], l'usage que fait Cioran de la thématique de l'échec dans ses diverses auto-figurations[11] textuelles paraît si central et abondant qu'il mérite qu'on s'y attarde particulièrement.

Pour ce faire, on commencera par s'interroger sur ce que le terme d'« échec » à propos d'un écrivain ou d'une œuvre peut signifier en matière de littérature. Est-il simplement l'inverse de la « réussite », voire de « la gloire » ? Ou cette opposition binaire mérite-t-elle d'être nuancée et pensée de façon plus systémique et scalaire ? On procédera ensuite à une analyse de cas, en esquissant un bref panorama des différents types d'échecs évoqués par Cioran dans ses écrits, afin de montrer en quoi, malgré ce qui apparaît *a posteriori* comme une trajectoire littéraire réussie, ce dernier se forge — notamment en France — une image d'éternel perdant et d'irrémédiable raté en réactualisant le genre de « la prophétie de malheur[12] ». On s'interrogera enfin sur le rôle de cette posture d'échec, tant en fonction des dynamiques du champ littéraire que d'un point de vue plus intime, car la mise en scène de l'échec chez Cioran semble répondre à une nécessité aussi bien externe qu'interne une fois en France. La question de l'échec, en ce qui concerne Cioran, nous intéressera donc surtout sur le plan des représentations.

---

9   *Cf.* Pascal Brissette, *La Malédiction littéraire. Du poète crotté au génie malheureux*, Montréal, Presses de l'Université de Montréal, 2005 ; Pascal Brissette et Marie-Pier Luneau (dir.), *Deux siècles de malédiction littéraire*, Liège, Presses Universitaires de Liège, 2014.

10   Il existe en effet une tradition et une mythologie de l'échec dans la littérature francophone. Il n'est que de penser à *Mon Cœur mis à nu* de Baudelaire ou encore aux œuvres de Céline, de Beckett et, d'un point de vue plus contemporain, à celles de Houellebecq et de Chevillard.

11   Par le terme de « figuration », il faut entendre, à la suite des travaux du GREMLIN (Groupe de recherche sur les médiations littéraires et les institutions), « une représentation caractérisée par la construction sémiotique d'un sujet individualisé, qui ne relève ni d'un *habitus* ni d'une catégorie abstraite (*les* écrivains, *les* hommes de lettres, etc.). » (Björn-Olav Dozo et Anthony Glinoer, « Présentation », *Textyles*, n° 46, 2015, p. 8.)

12   Pierre Bourdieu, *Les Règles de l'art. Genèse et structure du champ*, Paris, Seuil, 1998, p. 353-354.

APPROCHER L'ÉCHEC LITTÉRAIRE
D'UN POINT DE VUE CRITIQUE

Évoquer le problème de l'échec en littérature revient en général à se poser de façon détournée celui de la valeur littéraire – notion historiquement et socialement construite, qui doit être abordée de manière éminemment relationnelle et relativiste. Depuis la fin du XVIIIe siècle, « malédiction », « malheur » et « échec » riment dans le champ littéraire avec légitimité, selon la fameuse logique du qui-perd-gagne qui structure depuis lors le champ, en reposant notamment, selon Pierre Bourdieu[13], sur la double opposition du capital symbolique au capital financier et de la légitimité au succès. Proclamer son échec, comme Cioran, trahit selon cette logique une aspiration déçue à un degré supérieur de reconnaissance, l'échec étant « donc avant tout un sentiment d'échec[14] ».

D'un point de vue critique, l'étude du discours d'échec comporte un potentiel heuristique : plus qu'un état de fait à considérer en tant que tel, l'échec est une question qu'on (se) pose ou un sentiment à comprendre. L'étudier en tant que donnée permet de sortir du sentiment subjectif de l'échec et de l'objectiver de façon historique, sociologique, voire phénoménologique. Il sera, dans ce cadre, intéressant d'aborder le sentiment cioranien de l'échec. Car, en littérature, l'échec est toujours l'objet d'un discours ou d'une mise en scène et constitue un thème stratégiquement mobilisable par un agent du champ littéraire à l'instar de Cioran. L'échec doit ainsi être constamment ramené à un discours inscrit dans un cadre diachronique et synchronique clair afin d'éviter de simplement reproduire la mythologie propre à notre imaginaire social moderne qui fait le plus souvent de l'échec un simple opérateur de sympathie. Valérie Stiénon précise en effet très justement à ce sujet : « L'échec gagne à être considéré autrement que par défaut, comme une absence de réussite, tout particulièrement en littérature. Il y connaît d'ailleurs une rentabilité particulière, selon les époques et les configurations du champ, qui peuvent opérer un renversement et motiver

13   *Cf. ibid.*, p. 355-356.
14   Christophe Bertiau, « Introduction », *COnTEXTES*, n° 27, 18 juillet 2020, § 15 : https://journals.openedition.org/contextes/9173 (consulté le 15 novembre 2021).

une lecture valorisante de réhabilitation ou de redécouverte[15]. » Reste à étudier la manière dont se construit la revendication cioranienne d'un échec total et constant, en n'oubliant pas qu'il est avant tout un objet de représentation, puisque « la notion d'échec est purement sociale et varie selon les époques[16] ».

L'ÉCHEC DANS LE DISCOURS
ET LA TRAJECTOIRE DE CIORAN

Cioran se considère comme un « raté[17] ». Dans ses *Cahiers*, il écrit de manière révélatrice : « Il faudrait que j'explique un jour pourquoi je passe d'échec en échec[18]. » Il le fera de bien des manières au fil de ses textes. Pour lui, « le succès n'appelle pas forcément le succès ; mais l'échec appelle toujours l'échec. Destin est un mot qui n'a de sens que dans le malheur[19]. » Dans ses écrits, Cioran étend d'ailleurs son constat d'échec à l'entier de la création, de sorte que l'on peut esquisser une typologie panoramique des différents types d'échecs qu'il évoque.

Le thème de l'échec se décline chez lui d'abord en tant que modalité première d'expérience du monde et du temps : « Chaque instant qui passe est un échec. Je crois que l'essence du temps est échec, et c'est pourquoi le temps est si prenant, si entraînant aussi. On ne sait quelle forme prendra cet échec, on en ignore le visage. Et cette ignorance fait le "charme" de la vie[20]. » Une seule certitude donc : celle de l'échec. Dans *De l'inconvénient d'être né*, Cioran précise : « Sans l'idée d'un univers raté, le spectacle de l'injustice sous tous les régimes conduirait même

15   Valérie Stiénon, « Banalité, délégitimation, oubli : des conditions du ratage en littérature », *COnTEXTES*, n° 27, 18 juillet 2020, § 1 : https://journals.openedition.org/contextes/8957 (consulté le 15 novembre 2021).

16   Anne Simonin, « Esquisse d'une histoire de l'échec. L'histoire malheureuse *Des Réputations littéraires* de Paul Stapfer », *Mil neuf cent*, n° 12, 1994, p. 11.

17   Cioran, *Syllogismes de l'amertume*, « Lettre sur quelques impasses », dans *Œuvres*, éd. N. Cavaillès et A. Demars, Paris, Gallimard, coll. « Bibliothèque de la Pléiade », 2011, p. 337.

18   Cioran, *Cahiers. 1957-1972*, Paris, Gallimard, 1997, p. 277.

19   *Ibid.*, p. 25.

20   *Ibid.*, p. 667.

un aboulique à la camisole de force[21]. » Seule l'hypothèse d'un ratage universel permet ainsi de supporter l'absurdité de l'existence. Chez Cioran, le sentiment d'échec traduit au fond l'incompréhension qu'a l'homme de l'univers et de sa place en son sein, mais aussi le besoin de consolation qui en découle :

> Triomphes et échecs se succèdent d'après une loi inconnue qui a nom destin, nom auquel nous recourons lorsque, philosophiquement démunis, notre séjour ici-bas ou n'importe où nous paraît sans solution et comme une malédiction à subir, déraisonnable et imméritée. Destin – mot d'élection dans la terminologie des vaincus… Avides d'une nomenclature pour l'irrémédiable, nous cherchons un allégement dans l'invention verbale, dans des clartés suspendues au-dessus de nos désastres. Les mots sont charitables : leur frêle réalité nous trompe et nous console[22]…

En ce qui concerne Cioran, la consolation passe par l'écriture, même si l'homme paraît en quelque sorte par essence « prédisposé à l'échec[23] ». Cioran expose d'ailleurs l'une des raisons possibles du caractère irrémédiable de l'échec dans un texte mettant ironiquement en scène Dieu et sa créature ratée : « Œuvre d'un virtuose du fiasco, l'homme a été raté sans doute, mais raté magistralement. Il est extraordinaire jusque dans sa médiocrité, prestigieux lors même qu'on l'abomine. À mesure que l'on réfléchit sur lui, on conçoit néanmoins que le Créateur se soit "affligé dans son cœur" de l'avoir créé[24]. »

Fruit d'une création défectueuse, l'être humain ne saurait selon Cioran se départir de ses tares originelles et resterait de la sorte tragiquement condamné au ratage, même si celui-ci peut être sublime dans la mesure où il est vécu avec lucidité. Mais la prédestination humaine à l'échec se lit également chez lui d'un point de vue théologique : « Toute forme d'impuissance et d'échec comporte un caractère positif dans l'ordre métaphysique. / Rien ne pourra m'ôter de l'esprit que ce monde est le fruit d'un dieu ténébreux dont je prolonge l'ombre, et qu'il m'appartient d'épuiser les conséquences de la malédiction suspendue sur lui et sur son œuvre[25]. »

---

21 Cioran, *De l'inconvénient d'être né*, dans *Œuvres, op. cit.*, p. 830.
22 Cioran, *Précis de décomposition*, dans *Œuvres, op. cit.*, p. 38.
23 Cioran, *La Chute dans le temps*, dans *Œuvres, op. cit.*, p. 531.
24 *Ibid.*, p. 533.
25 Cioran, *Le Mauvais Démiurge*, dans *Œuvres, op. cit.*, p. 694.

Il en va de même d'un point de vue historique : « L'histoire ? – Chance offerte aux peuples pour se discréditer à tour de rôle[26]. » Cioran précise ce constat en soulignant que « la malédiction qui nous accable pesait déjà sur notre premier ancêtre, bien avant qu'il se tournât vers l'arbre de la connaissance[27] ». L'échec est avant tout héréditaire. Quant à la race humaine, elle semble, dans son ensemble, vouée à l'échec d'un point de vue anthropologique, ainsi que l'illustre ce récit comique d'une visite au musée d'histoire naturelle :

> Plus proche de nous, cet orang-outan, ce gorille, ce chimpanzé, on voit bien que c'est en pure perte qu'ils ont peiné pour se tenir droits. [...] Nous serions encore comme eux, nul doute là-dessus, sans la chance que nous eûmes de faire un pas décisif en avant. Depuis, nous nous escrimons à effacer toute trace de notre basse extraction ; de là cet air provocant si particulier à l'homme. [...] Comme ses véritables revers ne font que commencer, il aura le temps de s'assagir. Tout laisse prévoir que, revenant à sa phase initiale, il rejoindra ce chimpanzé, ce gorille, cet orang-outan, qu'il leur ressemblera de nouveau [...]. Arrivé au seuil de la sénilité, il se *resingera*, car on ne voit pas ce qu'il pourrait faire de mieux[28].

Cioran peut ainsi être considéré en tant que penseur de l'existentialisme tragique. Sa conception de l'existence se révèle en effet essentiellement nihiliste et désenchantée : le monde est chez lui absurde, la vie cruelle et sans but. L'échec équivaut donc à « l'évidence de l'inutilité de tout effort, et cette sensation de cadavre futur s'érigeant déjà dans le présent, et emplissant l'horizon du temps[29] ». Chez Cioran, vivre revient à expérimenter diverses sortes d'échecs, jusqu'à cet échec définitif qu'est la mort. Dans ce cadre, « l'homme *sécrète* du désastre » et tout ce qu'il « entreprend se retourne contre lui », quand « la vie est un miracle que l'amertume détruit[30] ».

Cioran développe une philosophie pessimiste de l'existence dans laquelle, s'il peut excuser le fait individuel, l'échec agit paradoxalement comme un révélateur salvateur, en ce sens qu'il n'y a, devant l'évidence de l'échec, aucune autre certitude que celle de l'échec même. En tant

---

26 Cioran, *L'Élan vers le pire*, dans *Œuvres, op. cit.*, p. 1295.
27 Cioran, *La Chute dans le temps, op. cit.*, p 523.
28 Cioran, *Le Mauvais Démiurge, op. cit.*, p. 647.
29 Cioran, *Précis de décomposition, op. cit.*, p. 81-82.
30 Cioran, *Syllogismes de l'amertume, op. cit.*, p. 245 ; *Solitude et destin*, trad. A. Paruit, Paris, Gallimard, 2004, p. 223 ; *Précis de décomposition, op. cit.*, p. 164.

qu'expérience la plus intense possible de désillusion, l'échec est dans
cette perspective un antidote à la mauvaise foi et force à voir le raté que
l'on est et que l'on a, de fait, toujours été condamné à être. Pour Cioran,
la condition humaine se définit dans et par l'échec. Il stipule d'ailleurs :
« Une des choses justes que j'ai écrites se rapporte au succès et à l'échec
(comme de bien entendu). Alors que dans le premier nous sommes tels
que nous nous voyons, dans le second, nous sommes tels que Dieu nous
voit[31]. » Or, c'est bien cette possibilité d'adopter un regard extérieur et
surplombant que permet l'échec, facteur qui réduit toute vanité à néant.
Autrement dit, l'échec renvoie l'homme à sa nature de création imparfaite
et force à l'humilité sinon au désespoir. Cioran précise en ce sens : « Il
ne s'agit nullement ici de la fascination de l'échec pour lui-même mais
de cette chose capitale que dans l'échec se révèle l'essence, la vérité d'un
être. C'est là qu'il est réellement lui-même, et non dans l'illusion et
l'arrogance de la réussite[32]. » En effet, Cioran trouve des vertus éthiques
à l'échec et, dans l'observation du tragique de la condition humaine
permise par l'échec, une paradoxale voie de salut spirituel : « l'échec,
toujours essentiel, nous dévoile à nous-mêmes, il nous permet de nous
voir comme Dieu nous voit, alors que le succès nous éloigne de ce qu'il
y a de plus intime en nous et en tout[33]. »

En interview, Cioran explique ainsi à propos de l'expérience de l'échec :

> C'est une leçon extraordinaire, mais il y a beaucoup de gens qui ne la sup-
> portent pas, et cela à tous les niveaux, chez les domestiques comme chez les
> gens « importants ». En fin de compte l'expérience de la vie, c'est l'échec. Ce
> sont surtout les ambitieux, ceux qui se font un plan de vie, qui sont touchés,
> ceux qui pensent à l'avenir. C'est pour cela que j'envoie les gens au cimetière
> et ce n'est pas faux du tout ; il suffit de voir les résultats. C'est la seule façon
> de minimiser une situation tragique, c'est évident[34]...

Lire les moralistes, observer une vanité du XVIIᵉ ou échouer revient
ainsi presque au même : vanités et illusions se dissipent. En d'autres
termes, chez Cioran, « l'échec est une expérience philosophique capitale
et féconde », puisque « nous ne sommes nous-mêmes que par la somme

---

31 Cioran, *Cahiers*, *op. cit.*, p. 902.
32 *Ibid.*, p. 664.
33 Cioran, *De l'inconvénient d'être né*, *op. cit.*, p. 744. Idée déjà exprimée dans l'article « Du
    succès » [1931], repris dans *Solitude et destin*, *op. cit.*
34 Cioran, « Entretien avec Michael Jakob », *op. cit.*, p. 315.

de nos échecs[35] ». Elle est d'autant plus capitale que l'échec empêche, en somme, de se prendre trop au sérieux ou d'oublier sa condition, comme le révèle cette anecdote à propos des visites de cimetières. Que deviennent en effet l'ambition, l'amour propre ou la croyance au progrès face à la promesse de la nullité finale de l'existence ? Cioran précise son idée lors d'un entretien avec Sylvie Jaudeau de façon éclairante : « Les enthousiastes commencent à devenir intéressants quand ils sont confrontés à l'échec et que la désillusion les rend humains. Celui à qui tout réussit est nécessairement superficiel. L'échec est la version moderne du néant. Toute ma vie j'ai été fasciné par l'échec. Un minimum de déséquilibre s'impose. À l'être parfaitement sain psychiquement et physiquement manque un savoir essentiel[36]. » En plus d'une philosophie de l'échec, Cioran dresse donc un véritable éloge du ratage en tant qu'expérience éthique, de sorte que, selon lui, « notre "niveau spirituel" est proportionné à nos défaites. Qui dit intériorité dit nécessairement échec dans la "vie[37]" ». Cette idée d'un échec qui serait gain et succès – selon une axiologie inversée, dans la droite tradition du mythe dix-neuviémiste de la malédiction littéraire – constitue un véritable *leitmotiv* dans les écrits de Cioran[38]. Elle se voit d'ailleurs déclinée tant comme vérité générale – on vient de le constater – que sur le plan de l'expérience la plus intime. Il confie par exemple de manière autobiographique : « Si j'ai compris quelque chose dans la vie, j'en suis redevable à ma qualité de vaincu. L'échec, sur le plan philosophique, c'est tout profit. » Et ailleurs : « Bénis soient mes échecs ! Je leur dois tout ce que je sais[39]. »

Sur un plan plus personnel, l'échec constitue ainsi l'un des éléments centraux du travail de figuration de soi dans les écrits cioraniens qui, bien que non fictionnels, restent centrés sur un sujet lyrique qui énonce

---

35 Cioran, « Entretien avec Luis Jorge Jalfen », *ibid.*, p. 105 et *Précis de décomposition*, dans *Œuvres*, *op. cit.*, p. 58.

36 Cioran, « Entretien avec Sylvie Jaudeau », dans *Entretiens*, *op. cit.*, p. 220.

37 Cioran, *Cahiers*, *op. cit.*, p. 824.

38 En écrivant par exemple dans ses *Cahiers* « Dès que quelqu'un réussit, il est menacé. Aboutir, c'est échouer – presque toujours. On ne résiste pas au succès, cette épreuve, la plus grande qu'un homme puisse subir. L'échec peut mener au salut ; la réussite, rarement sinon jamais. » (*ibid.*, p. 470) ; ou encore dans *La Tentation d'exister* : « Seul mérite confiance celui qui s'astreint à perdre la partie : s'il y réussit, il aura tué le monstre qu'il était tant qu'il s'employait à agir, à triompher » (dans *Œuvres*, *op. cit.*, p. 955).

39 Cioran, *Cahiers*, *op. cit.*, p. 353 et p. 424.

son rejet du monde et son inadéquation à la vie. De ce point de vue, sa prédestination à l'échec échoit en partie selon Cioran à ses origines roumaines, car « dans leur essence, les Balkans sont un spasme raté, un dynamisme stoppé, une pitoyable stérilité[40] ». Il confie : « J'appartiens à une nation où l'échec est endémique[41]. » Inspiré par sa lecture de Spengler, Cioran lit l'histoire des cultures et des nations dans un cadre vitaliste où le caractère mineur sur un plan historique de la Roumanie la condamne à l'anonymat et à la nullité. La Roumanie n'étant jamais parvenue à devenir selon lui une nation de premier plan, elle représente par son anémie le pays de l'échec politique et idéologique par excellence. C'est d'ailleurs la thèse qui est à la base de son pamphlet nationaliste *Transfiguration de la Roumanie*, dans lequel il écrit de manière auto-prophétique : « Quand on regarde un Roumain de vingt ans, on est prêt à le prendre pour un génie ; soyez sûrs qu'à trente ans il sera un raté[42]. » Ou encore : « qui se détache de sa nation devient un raté, cela s'est toujours vérifié », car « les individus qui veulent s'échapper d'une roumanité déficiente seront condamnés tôt ou tard à l'échec[43] ». Difficile, en l'occurrence, de ne pas penser à Cioran lui-même avec ces extraits, puisqu'il est passé du statut de jeune premier en Roumanie à celui d'inconnu une fois établi en France. Dans cette logique, son destin se fond en partie avec celui de sa patrie.

Il n'est par ailleurs pour lui « pas d'être plus enclin à l'échec que le Roumain », de sorte que « le nihilisme approximatif des Roumains trouve dans l'échec sa conclusion naturelle[44] ». Or, Cioran a exposé dans plusieurs textes au cours des années 1930 son désir de voir la Roumanie rejoindre la France ou l'Allemagne au rang des grandes puissances politiques et culturelles européennes. Ce faisant, il s'est cependant doublement placé du mauvais côté de l'histoire, en soutenant, d'une part, un parti antisémite d'extrême droite appelé la Garde de fer et, d'autre part, en s'opposant par là même aux communistes qui s'emparent du pouvoir en Roumanie en 1945. Une fois installé à Paris, son rapport à son pays d'origine est ainsi marqué par son propre échec et ses erreurs. Après son engouement nationaliste des années 1930 dont témoigne la *Transfiguration*, Cioran use souvent de cette représentation de la Roumanie comme nation de ratés,

40 Cioran, *Transfiguration de la Roumanie*, trad. A. Paruit, Paris, L'Herne, 2009, p. 323-324.
41 Cioran, *Cahiers, op. cit.*, p. 681.
42 Cioran, *Transfiguration de la Roumanie, op. cit.*, p. 239.
43 *Ibid.*, p. 131 et p. 157.
44 *Ibid.*, p. 238.

en faisant découler ses propres failles de celles de son pays d'origine et de son « penchant national à l'échec[45] », mais la Roumanie représente surtout pour lui l'échec de son engagement idéologique au regard de l'histoire. D'un autre côté, en tant que cité cosmopolite et babélique, Paris – second pôle de l'existence de Cioran – représente également « la ville des ratés[46] », soit de ceux qui, comme lui, ont quitté leur patrie pour sombrer dans l'anonymat le plus complet. Lorsque Cioran revient sur sa trajectoire et son exil, tout converge donc vers l'échec.

Si, à l'époque de la rédaction de la *Transfiguration de la Roumanie*, alors qu'il est empli de l'espoir de voir son pays rejoindre le camp des vainqueurs de l'histoire, Cioran se montre encore sévère à l'égard des ratés[47], son attitude se modifie néanmoins une fois en France. L'expérience du déracinement transculturel et du translinguisme n'est sans doute pas étrangère à ce changement d'attitude. Devant les difficultés que rencontre un écrivain exilé, l'éloge de l'échec semble constituer un palliatif évident. Son premier livre écrit en français[48], le *Précis de décomposition*, contient d'ailleurs un texte intitulé « Effigie du raté » à la lecture duquel il est difficile de ne pas penser à Cioran lui-même :

> Ayant tout acte en horreur, il se répète à lui-même : « Le mouvement, quelle sottise ! » Ce ne sont pas tant les événements qui l'irritent que l'idée d'y prendre part ; et il ne s'agite que pour s'en détourner. Ses ricanements ont dévasté la vie avant qu'il n'en ait épuisé la sève. C'est un Ecclésiaste de carrefour, qui puise dans l'universelle insignifiance une excuse à ses défaites. [...] à la fin, en guise de consolation, et au bout d'une vie sans titres, il porte son inutilité comme une couronne[49].

---

45 *Ibid.*, p. 237-238.
46 Cioran, « Entretien avec Branka Bogavac Le Comte », dans *Entretiens*, *op. cit.*, p. 279. *Cf.* aussi Cioran, « Fragments de Quartier latin » [1938] et « Un Paris provincial... » [1940], repris dans *Solitude et destin*, *op. cit.*
47 Il explique en effet qu'« il existe une catégorie d'hommes – la lèpre de l'humanité – qui sont des naufrageurs, des passionnés de la chute et de la périphérie. Les ratés du genre humain ne sont dignes d'aucune considération. Un raté riche s'appelle un imbécile ; un raté pauvre, un mendiant. » (Cioran, *Transfiguration de la Roumanie*, *op. cit.*, p. 257-258.)
48 Qui concentre – ce n'est pas un hasard – une grande partie du discours de Cioran sur l'échec et sur le raté. Il explique d'ailleurs : « dès mon arrivée en France en 1937, la tentation de la mystique s'éloigne, je suis envahi par la conscience de l'échec et je comprends que je n'appartiens pas à la race de ceux qui trouvent mais que mon lot est de me tourmenter et de me morfondre. Le *Précis* représente l'aboutissement de cette période. » (Cioran, « Entretien avec Sylvie Jaudeau », *op. cit.*, p. 221.)
49 Cioran, *Précis de décomposition*, *op. cit.*, p. 81.

À partir du moment où l'échec est transvalué chez Cioran parce que lui-même se sent condamné, la figure du raté s'assimile alors à celle du sage désabusé, du gagnant du renoncement à qui il échoit désormais de narrer ses défaites pour s'en guérir. De ce point de vue, se réapproprier son destin en conformant le récit de ses échecs à un certain nombre de scénarios types tirés de la tradition de la malédiction paraît être une formule efficace pour conjurer, en quelque sorte, une trajectoire existentielle et littéraire décevante et créer une œuvre française placée sous le signe d'un échec, afin de susciter de la sympathie chez son lectorat.

AUTOPORTRAITS DE L'AUTEUR EN « ECCLÉSIASTE DE CARREFOUR »

Au fil de ses textes, on trouve maints autoportraits de Cioran en « Ecclésiaste de carrefour », portant son échec à la boutonnière. Il révèle ainsi avoir été un raté dès le plus jeune âge : « Lorsque j'avais vingt ans, ma mère était évidemment désespérée d'avoir un fils qui à trois heures du matin quitte la maison pour aller se promener en ville comme ça. Qui ne fout rien, qui lit. Mais ça n'avait aucun sens : enfin, j'étais un échec complet. J'étais un type qui avait promis énormément et qui n'avait rien tenu[50]. »

Dans *De l'inconvénient d'être né*, il précise : « Mieux que personne je connais le danger d'être né avec une soif de tout. Un cadeau empoisonné, une vengeance de la Providence. Ainsi grevé, je ne pouvais arriver à rien, sur le plan spirituel s'entend, le seul qui importe. Nullement accidentel, mon échec se confond avec mon essence[51]. »

Après avoir échoué à transfigurer la Roumanie et réalisé l'erreur qu'a été son engagement idéologique auprès de la Garde de fer dans les années 1930, après avoir changé de pays et de langue d'écriture, Cioran se fixe un objectif. Pour lui, désormais, « une seule chose importe : apprendre à être perdant[52] ». Or, cet apprentissage passe notamment

---

50 Cioran, « Entretien avec Léo Gillet », dans *Entretiens, op. cit.*, p. 88.
51 Cioran, *De l'inconvénient d'être né, op. cit.*, p. 868.
52 *Ibid.*, p. 829.

par une figuration littéraire moqueuse et ironique de ses divers échecs qui le transforme en véritable « littérateur de l'échec[53] ».

Toujours empreint de philosophie vitaliste, il explique, à partir de la fin des années 1940, que « tous les penseurs sont des ratés de l'action et qui se vengent de leur échec par l'entremise des concepts[54] ». En tant que figure opposée à celui qui agit et fait l'histoire, « l'*intellectuel* représente la disgrâce majeure, l'échec culminant de l'homo sapiens[55] » – et Cioran en est assurément un. Or, selon lui, « toute défaite fait boule de neige[56] ». Une fois en France, il semble ainsi particulièrement se plaire à dépeindre son échec en tant qu'écrivain – quand bien même son premier livre écrit en français est publié chez Gallimard, l'un des éditeurs les plus prestigieux du siècle, et salué par le prix Rivarol dont le jury est constitué du Gotha littéraire du moment (Jean Paulhan, André Gide, Jules Romain, Jules Supervielle, André Maurois). Certes, on pourrait penser qu'être un auteur peu lu, mineur ou raté ne gêne pas, dans l'absolu, Cioran, puisqu'il ne cesse parallèlement de décrier ceux qui sont à la recherche du succès en littérature et refuse à plusieurs reprises des prix littéraires[57]. Mais il revient trop souvent sur son « existence constamment transfigurée par l'échec[58] » pour y être réellement indifférent. Dans le fond, son rapport à l'échec est profondément contradictoire : s'il se résout à faire l'éloge de l'échec en général, il ne cesse pas d'aspirer au succès.

Lorsqu'il évoque ses goûts et ses dégoûts littéraires, il écrit par exemple : « Essayé de relire *Faust*, après plus de trente années. C'est toujours la même impossibilité : je n'entre pas dans le monde de Goethe. Je n'aime que les écrivains malades, atteints d'une façon ou d'une autre. Goethe demeure pour moi froid et compassé, quelqu'un à qui on ne pense pas à faire appel dans un moment de détresse. Ce n'est pas de lui, c'est d'un Kleist que nous nous sentons plus près. Une vie sans échecs majeurs, mystérieux ou suspects ne nous séduit guère[59]. » Ou encore :

---

53 Cioran, *Précis de décomposition, op. cit.*, p. 77.
54 *Ibid.*, p. 142.
55 Cioran, *Syllogismes de l'amertume*, dans *Œuvres, op. cit.*, p. 220.
56 Cioran, *Cahiers, op. cit.*, p. 517.
57 Il accepte le prix Rivarol en 1949 pour des raisons financières, mais refuse entre autres le Grand prix de littérature Paul Morand décerné par l'Académie française, ainsi que le Prix Sainte-Beuve du journal *Combat* et le Prix Roger Nimier.
58 Cioran, *De l'inconvénient d'être né, op. cit.*, p. 769.
59 Cioran, *Cahiers, op. cit.*, p. 163.

« D'une œuvre m'intéresse plus que les préliminaires, les échecs, les restes[60]. Cioran établit ainsi un lien explicite entre échec, malheur et valeur de l'œuvre littéraire. Quand il revient sur son œuvre en évoquant le tardif et relatif succès des *Syllogismes de l'amertume*, il précise qu'il n'en était rien lors de sa parution : « Le livre fut un échec total. Il est sorti en 1952 et en vingt ans on n'en a vendu que deux mille exemplaires et il ne coûtait que quatre francs, une bêtise ! C'est un livre qui passa pour un mauvais livre et moi-même j'ai fini par en convenir. Vingt-cinq ans après, il est paru en livre de poche et c'est actuellement mon livre le plus lu en France et en Allemagne. On peut prévoir le destin d'un homme, mais non celui d'un livre[61]. »

Cioran se montre donc conscient qu'une situation d'échec est relative en littérature et peut s'inverser avec le temps. Il explique que s'il a opté pour l'écriture fragmentaire, c'est par « déficience de talent », se révélant incapable d'« aller au-delà d'une suite d'ébauches » et ne publiant que « des demi-livres[62] » – ce que soutiennent par ailleurs à sa suite des critiques comme Nicolas Cavaillès et Susan Sontag[63]. À travers une écriture qui s'épanouit de manière évidente dans l'expression de son échec, Cioran se révèle tourmenté par ses difficultés à écrire et à être reconnu, de sorte que pour lui « le style est la prérogative et comme le luxe de l'échec[64] ». Cette facette positive du ratage existentiel et littéraire ne se développe vraiment qu'à partir du moment où Cioran est installé en France – sans doute à cause de son changement de langue d'écriture, de son changement de statut, de lectorat et des difficultés qui en découlent. Recommencer une carrière littéraire à partir de zéro, après avoir été reconnu dans son pays d'origine, se révèle en effet difficile, l'expérience de la transculturalité pouvant mener à repenser sa vocation.

---

60 *Ibid.*, p. 946.
61 Cioran, « Entretien avec Léa Vergine », dans *Entretiens, op. cit.*, p. 138.
62 Cioran, *Cahiers, op. cit.*, p. 386, p. 196 et p. 292.
63 Cavaillès voit le fragment comme le signe de l'inachèvement et de l'échec chez Cioran (Nicolas Cavaillès, *Le Corrupteur corrompu*, Paris, Éditions Le Manuscrit, 2005, p. 90). Quant à Sontag, elle explique que « chez Cioran, le style aphoristique est moins un principe ontologique qu'un principe épistémologique : il manifeste que la destinée de toute idée profonde est d'être rapidement mise "en échec" par une autre, dont l'existence était implicitement contenue dans la première » (Susan Sontag, *Sous le Signe de Saturne*, trad. P. Blanchard, R. Louit, B. Legars, Paris, Seuil, 1985, p. 57).
64 Cioran, *Exercices d'admiration*, dans *Œuvres, op. cit.*, p. 1171.

Avant de s'installer en France, l'échec de Cioran était donc essentiellement d'ordre spirituel – même si, subsistant à Paris, cet aspect de l'échec se voit renforcé par son déracinement – et se confondait avec celui de la race humaine et du peuple roumain. Il se décrit encore dans ses *Cahiers* en 1968 comme « un raté du Doute et un raté de l'Extase », expliquant « avoir réussi assez bien ce double échec[65] ». Mais, une fois ancré en France, Cioran accentue la singularité de son statut de raté en contextualisant davantage son échec et en le rapportant à son changement de langue d'écriture, de culture et de pays ainsi qu'à l'échec de son engagement politique en Roumanie. Dans ses *Cahiers*, il confie même avoir été personnellement prédestiné à l'échec sur un plan spirituel : « Je connais mieux que personne le malheur d'être né avec une soif de vie presque morbide. C'est un cadeau empoisonné, une vengeance de la Providence. Dans ces conditions, je ne pouvais arriver à rien, sur le plan spirituel s'entend, le seul qui importe. Nullement accidentel, mon échec se confond avec mon être, il m'est consubstantiel[66]. »

Avec férocité et jubilation, il se plaît en effet à décrire « l'échec inévitable[67] » de tout ce qu'il entreprend, n'hésitant pas à recourir à l'idée de destin, comme pour se faire excuser. Rien de surprenant à cet aveu d'échec toutefois, si l'on se rappelle que les mystiques constituent le principal modèle spirituel auquel il ne cesse de se comparer. Il confie en interview avoir toujours été fasciné par les figures mystiques, quitte à en souffrir : « Parce que je ne pouvais pas être comme eux. Sur ce plan, je suis un raté, comparé à eux. Vous comprenez, ils me fascinaient parce qu'ils ont fait un pas en avant, plus qu'un pas, évidemment[68]. » Cioran considère ainsi n'être « pas abouti au plan spirituel », et avoue : « je ne suis pas un mystique. Au fond, l'échec de ma vie c'est que je ne suis pas allé jusqu'au bout. J'ai été fasciné par la mystique, je suis allé jusqu'à un certain point, mais je n'ai pas abouti[69]. » Mais, dans son discours : « sans échec, point d'accomplissement spirituel[70] ». L'échec littéraire constitue chez Cioran une expérience capitale et un gain d'un point de vue spirituel, alors que l'échec spirituel et politique peut devenir un gain d'un point de vue littéraire.

65 Cioran, *Cahiers*, *op. cit.*, p. 641.
66 *Ibid.*, p. 984.
67 *Ibid.*, p. 229.
68 Cioran, « Entretien avec Branka Bogavac Le Comte », *op. cit.*, p. 266-267.
69 *Ibid.*, p. 267.
70 Cioran, *Cahiers*, *op. cit.*, p. 956.

Dans un texte sur Roger Caillois, il explique d'ailleurs : « Nous sommes
tous, il va de soi, des ratés de quelque aspiration mystique, nous avons tous
enregistré nos limites et nos impossibilités au cœur de quelque expérience
extrême[71]. » Chez Cioran, la pratique de la littérature s'intègre donc à un
dispositif qui transvalue et valorise l'expérience de l'échec d'un point de
vue spirituel et littéraire, conformément à la tradition dix-neuviémiste
de la malédiction en littérature.

UN ÉCHEC MIS EN SCÈNE,
UN ÉCHEC TRANSFIGURÉ ?

Comme le souligne Denis Saint-Amand, « une succession d'échecs
ne garantit pas forcément *l'échec*, définitif et irrésoluble[72] ». Tout au long
de sa trajectoire, Cioran connaît plusieurs périodes difficiles, tant personnelles que littéraires, notamment marquées par l'inaboutissement de
son engagement en Roumanie, son exil physique et linguistique (changement de pays, de culture et de langue d'écriture), la longue attente
d'une reconnaissance littéraire publique en France, etc. Mais, dans le
cas de Cioran, il paraît particulièrement intéressant d'aborder l'échec
sur le plan des représentations, en tant que posture[73] et thématique
littéraire à visée compensatoire. Marquée par une première période de
succès en Roumanie, puis par une seconde sur le tard en France – sa
trajectoire effective semble *a posteriori* avoir été sinueuse plutôt que ratée.
Plus que strictement empirique, l'échec revêt une valeur déclarative
chez Cioran, qui a en effet incorporé la logique du qui-perd-gagne[74].

---

71 Cioran, *Exercices d'admiration, op. cit.*, p. 1213.
72 Denis Saint-Amand, « Fictions de l'échec littéraire », art. cité, § 1.
73 La notion de « posture » à laquelle nous recourons n'implique en effet aucune imposture et
    peut être comprise de manière existentielle, comme dans le cas de Cioran : les modalités de
    son autofiguration littéraire en tant que raté répondent ainsi à des nécessités interne et externe
    dictées par sa trajectoire, et objectivables par le biais d'une approche de type sociologique.
74 « Bourdieu l'a montré depuis longtemps : ce qu'il désigne comme "sous-champ de pro-
    duction restreinte" se fonde sur la logique économique alternative du *"qui perd gagne"* et
    accorde davantage de prestige à l'écrivain esthète incompris du grand public, misant sur
    l'accumulation du capital symbolique en quasi-vase clos » (Denis Saint-Amand, « Fictions
    de l'échec littéraire », art. cité, § 1).

S'inscrivant par ses pratiques d'écrivain et son discours dans ce que Bourdieu nomme « le sous-champ de production restreinte », Cioran reprend à son compte, faute de mieux, sa logique d' « inversion des principes fondamentaux du champ du pouvoir et du champ économique », en condamnant dans son discours « la poursuite des honneurs et des grandeurs temporelles[75] » au profit d'une production esthète destinée à un public restreint et choisi. Plutôt que de se lamenter à propos de ses difficultés, il choisit paradoxalement de s'en enorgueillir et d'en faire les marques d'une forme de valeur littéraire alternative, ne cessant de redéfinir positivement l'échec au sein de son discours, surtout dans les années les plus difficiles de sa carrière – soit lors de son entrée dans le champ littéraire français et de son abandon du roumain. C'est bien ce qu'il faut par exemple entendre lorsqu'il évoque son œuvre en France dans ses *Cahiers* en remettant sa réussite à un éventuel avenir posthume : « J'ai écrit en français cinq livres ; à part le premier, aucun n'a marché. Mais l'échec, je m'en suis à peine aperçu. C'est que le destin d'un livre ne se décide pas en une soirée. Immense avantage[76]. » L'auteur d'*Aveux et anathèmes* semble ainsi plus laconique sur l'échec que celui du *Précis de décomposition* ou de *Syllogismes de l'amertume*, et pour cause : la situation de Cioran en France est bien mieux établie sur le plan du capital symbolique et relationnel en 1986 qu'au tournant des années 1940-1950. Ami de Beckett, intime de Ionesco et de Michaux, Cioran a par ailleurs toujours pratiqué différentes formes de socialités littéraires et sa place chez un éditeur aussi renommé que Gallimard dès son premier livre francophone est, de ce point de vue, essentielle : il a certes été un auteur marginal et confidentiel de son vivant, mais en aucun cas un laissé de côté ou un auteur définitivement ignoré et oublié.

En faisant de l'échec l'une des principales thématiques de ses textes et en se mettant de façon répétée en scène en tant que raté, Cioran se crée une posture[77] à dessein à la fois stratégique (susciter de la sympathie) et cathartique (se consoler en rêvant d'une gloire à venir). Ce faisant, il bute sur un certain nombre de contradictions, car même s'il fait l'éloge

---

75 Pierre Bourdieu, « Le champ littéraire », *Actes de la Recherche en Sciences Sociales*, n° 89, 1991, p. 7.

76 Cioran, *Cahiers, op. cit.*, p. 350.

77 Ce qui s'observe aussi en dehors des textes, lorsque Cioran se met en scène publiquement ; les anecdotes qu'il ne cesse de répéter en entretien sur sa chambre de bonne à Paris et ses repas à la cantine universitaire jusqu'à 40 ans le prouvent.

explicite de l'échec, on comprend entre les lignes qu'il s'agit d'une stratégie de fortune et de repli. Il écrit en ce sens : « J'accepte que ma vie soit un échec total, selon le monde. Mais alors pourquoi ces accès de désespoir[78] ? » En plus de constituer une attitude commune sur la scène littéraire depuis le XIXᵉ siècle, revendiquer son échec en tant que gain et réussite représente une sorte de consolation pour un auteur qui a toujours aspiré à davantage de reconnaissance. Il confie en effet : « Toute ma vie, j'ai prétendu au détachement ; je ne l'ai jamais éprouvé véritablement. Il n'empêche que j'y ai aspiré avec ardeur, et que, pour camoufler mon échec, j'ai fait semblant d'être supérieur à tout[79]. » Même s'il prône l'échec d'un point de vue éthique et spirituel, Cioran s'attriste au fond de ses insuccès et n'est jamais réellement sincère quand, en dévoilant un orgueil blessé, il loue ironiquement son infortune, comme pour s'en convaincre, en prétendant par exemple :

> Très sincèrement, je pense qu'il n'y a pas de défaite plus grave que le succès, l'approbation, le consentement, le bravo, d'où qu'il vienne, même des solitaires. Je ne connais pas d'humiliation pire que celle d'être reconnu. Plutôt au fond d'un égout que sur un piédestal.
> (C'est pourquoi je ne me pardonne pas quand je conçois la moindre amertume à cause du silence qu'on fait autour de mes activités – imperceptibles, je dois le reconnaître[80].)

Formulée à la première personne du singulier et énoncée sur le ton de la confidence, la première partie de cet extrait est marquée par l'exagération et l'hyperbole. Les contradictions de Cioran y affleurent ; l'aveu de son « amertume » tranchant au fond avec le reste de sa déclaration. N'ayant pas réussi aussi bien qu'il l'espérait, il se voit réduit à faire l'éloge du ratage, ce qui est après tout une façon comme une autre d'exister de manière singulière dans le champ littéraire de son temps. Mais seul celui qui espère toujours beaucoup peut se voir réduit à faire l'éloge de l'échec.

Cette stratégie semble *a posteriori* avoir fonctionné. Même s'il a changé de langue d'écriture et de public, a tardé à être reconnu du public en France et n'a jamais obtenu la pleine reconnaissance d'un Valéry, d'un Sartre ou d'un Camus – sans doute en raison de son changement de langue

---

78 Cioran, *Cahiers, op. cit.*, p. 688.
79 *Ibid.*, p. 729.
80 *Ibid.*, p. 740.

et de pays et de la nécessité de se reconstruire un capital symbolique en France –, force est de constater que Cioran n'appartient pas aux catégories de l'écrivain mineur, amateur, occasionnel ou du « fou littéraire[81] ». Il occupe une position significative dans l'histoire littéraire en France et en Roumanie. Cioran a par ailleurs connu une trajectoire littéraire plutôt réussie d'un point de vue qualitatif[82] – l'obtention du prix Nimier en 1949 en témoigne – dont le point d'orgue reste son entrée posthume dans la prestigieuse Bibliothèque de la Pléiade[83] en 2011 en un volume célébrant notamment en introduction « l'élégance de son style[84] ». Ses premiers livres écrits en français ont ainsi été publiés chez Gallimard et par extraits dans la *NRF* – institutions prestigieuses dans le champ littéraire français du milieu du XXe siècle où l'entrée de Cioran consacre symboliquement sa réussite littéraire en tant qu'écrivain translingue. Un recueil de ses œuvres a d'ailleurs été publié pour la première fois en 1995, soit l'année même de sa disparition, chez Gallimard. En plus d'avoir été le sujet de l'émission de télévision *Apostrophes* de Bernard Pivot[85], Cioran est de son vivant l'objet d'un nombre croissant de travaux universitaires à partir de la fin des années 1980 (thèses, mémoires, articles, monographies, recueils, colloques) et son nom figure dans la plupart des histoires littéraires du XXe siècle français. Son décès, le 20 juin 1995, a même été annoncé au téléjournal de la chaîne de télévision *France 3*. Parallèlement, Cioran figure sur la page Wikipedia consacrée à la littérature roumaine dans ses versions française et roumaine. Depuis plusieurs années, il est également sujet de nombreux travaux universitaires en Roumanie, où

81 Dans un article où elle cherche à définir les conditions générales de ce que serait le ratage en littérature, Valérie Stiénon évoque ces différents types de figures d'auteurs qui se situent à la frontière de l'échec (*cf.* Valérie Stiénon, « Banalité, délégitimation, oubli », art. cité, § 4-12).

82 Si, d'un point de vue quantitatif, une carrière peut être abordée par les chiffres de vente, les revenus, etc., d'un point de vue qualitatif, c'est la réception critique de l'œuvre, les prix (obtenus ou déclinés), mais aussi la place de l'écrivain dans le champ littéraire (éditeurs, amitiés, réseaux éditoriaux et littéraires, marques de reconnaissance symboliques, etc.) qui comptent.

83 Pour une étude de sa fonction patrimonialisante, *cf.* Joëlle Gleize et Philippe Roussin (dir.), *La Bibliothèque de la Pléiade. Travail éditorial et valeur littéraire*, Paris, Éditions des Archives Contemporaines, 2009.

84 Nicolas Cavaillès, « Préface », dans Cioran, *Œuvres, op. cit.*, p. IX.

85 Le 13 février 1987, Jean-Paul Enthoven présente deux livres du philosophe roumain lors de cette émission culturelle de grande audience (Cioran ayant toujours refusé d'y participer, *cf.* Bernard Pivot, « L'esprit d'apostrophes. Bernard Pivot : entretien avec Pierre Nora », *Le Débat*, n° 60, 1990, p. 148).

plusieurs rues portent son nom, que ce soit à Bucarest, Sibiu, Cluj ou encore Răşinari. Cioran a par ailleurs été nommé membre de l'Académie roumaine de manière posthume et plusieurs monuments existent à son effigie à Răşinari et à Bucarest. Au vu de cette liste non exhaustive de marques de reconnaissance symbolique anthumes et posthumes, Cioran occupe une place certaine dans l'histoire littéraire roumaine ou française, puisque, loin d'être resté anonyme, il fait désormais partie des auteurs que l'on retient dans les manuels et les anthologies littéraires du XXᵉ siècle. De l'éloge de l'échec au succès, il n'y avait donc qu'une longue attente.

Cioran a connu les honneurs littéraires sur la scène littéraire roumaine, puis – quoique tardivement[86] – en France, réalisant de cette façon deux « carrières littéraires » relativement indépendantes, mais toutes deux globalement réussies. Dans son cas, l'échec n'est ainsi pas purement celui d'un individu dont l'œuvre n'aurait jamais été achevée, aboutie, publiée et reconnue ou encore qui serait restée totalement anonyme : il a connu, d'un point de vue qualitatif en tous cas, une belle trajectoire littéraire en Roumanie et en France, en acquérant, au fil des ans, un capital symbolique et relationnel non négligeable[87]. Son échec relève en partie d'un autre ordre.

DE LA NÉCESSITÉ CIORANIENNE DE L'ÉCHEC

En systématisant son discours sur la thématique de l'échec et en mettant en lumière son travail discursif et postural en tant que raté, ce sont les dimensions rhétoriques – au sens large – de la nécessité de l'échec qui ressortent chez Cioran. À travers ce cas, on observe une configuration singulière d'un certain nombre de lignes de force observables autour de l'échec au sein du champ littéraire du XXᵉ siècle. En effet, loin de le camoufler ou de le minorer, Cioran revendique son

---

86 Ce sentiment de relégation explique en partie la prégnance de l'échec dans les premiers ouvrages de Cioran écrits en français : il n'est pas facile de passer de jeune premier à inconnu.

87 Ce qui constitue, selon Valérie Stiénon, une partie considérable de ce qu'on entend usuellement par « succès » dans le champ littéraire (voir « Banalité, délégitimation, oubli », art. cité, § 17).

échec et en fait un principe définitoire d'un point de vue éthique et esthétique qui, en reproduisant une version radicale du mythe de la malédiction littéraire, aboutit à une posture d'écrivain consistante lors de son entrée dans le champ littéraire français. Bien sûr, Cioran reste un auteur qui n'occupe pas de position hégémonique ou dominante dans le champ littéraire, et la place de son œuvre dans son époque révèle une singularité inclassable tant par ses thèmes que par sa forme, mais une différence doit être faite entre le raté cioranien et le perdant véritable du jeu littéraire (l'anonyme, l'impublié, l'impubliable, etc.). Comme l'écrit Sara Danièle Bélanger-Michaud, et toute considération spirituelle mise à part, « malgré sa fascination pour les ratés, Cioran n'est pas un raté[88] » ; il est plutôt celui qui fait de l'échec un élément incontournable de son travail littéraire de figuration de soi. Aussi, plus qu'un ratage « confessé » qui témoignerait d'une trajectoire en tous points décevante, on observe dans les textes de Cioran un ratage narré et mis en scène de manière doublement utile. Une fois en France, l'échec devient ainsi le moteur d'une écriture consolatrice par laquelle Cioran se crée un personnage cathartique de raté, une sorte d'*alter ego* d'encre et de papier à travers lequel il magnifie la défaite et le tragique de son existence, comme pour s'en consoler. L'échec joue donc un rôle chez Cioran d'un point de vue stratégique, mais aussi psychologique. Une fois reconnu à la fin de sa vie, Cioran cesse d'ailleurs d'écrire – pour rester, peut-être, cohérent dans sa posture.

Cioran force le trait et surjoue de façon assez évidente sa prédestination et sa condamnation à l'échec – en tout cas dans le domaine littéraire. Aurélie Adler explique d'ailleurs qu'en général « se constituer une posture en rupture avec les valeurs dominantes serait une manière de s'attribuer et de se voir rétribuer une valeur littéraire[89] ». La marginalité (sociale ou littéraire) d'un écrivain qui se présente – à l'instar de Cioran – comme exigeant (du fait de ses pratiques d'écriture) et peu lu constitue un critère de valeur dans la littérature moderne – le cas d'Éric Chevillard le confirme d'un point de vue contemporain[90]. Si une posture

---

88   Sara Danièle Bélanger-Michaud, *Cioran ou Les Vestiges du sacré dans l'écriture, op. cit.*, p. 196.
89   Aurélie Adler, « La fabrique de la valeur », dans Patrick Voisin (dir.), *La Valeur de l'œuvre littéraire, entre pôle artistique et pôle esthétique*, Paris, Classiques Garnier, 2012, p. 420.
90   *Cf.* Léa Tilkens, « "Être invendu ou être un vendu", du chiffre à la valeur littéraire selon Éric Chevillard », *COnTEXTES*, nº 27, 18 juillet 2020 : https://doi.org/10.4000/contextes.9166 (consulté le 15 novembre 2021).

est bâtie afin de répondre à la nécessité pour un écrivain de fournir au public une image de lui-même qui permet de lui attribuer une place singulière dans l'espace littéraire, « l'échec n'est pas l'exact opposé de la consécration[91] » et l'un n'exclut pas l'autre. Même si Cioran reste sans doute plus reconnu que consacré, il ne fait néanmoins pas partie des oubliés de l'histoire littéraire. Son constant travail d'édification d'un capital symbolique et d'autolégitimation mérite de ce fait d'être abordé en tant que rhétorique et stratégie[92], mais aussi en tant que réponse à un intime besoin psychologique de consolation. Une posture n'est en effet pas qu'une façade sociale, elle est également une manière d'exister à travers le regard de l'autre.

En écrivant sur le poète italien Guido Ceronetti, Cioran explique : « Ce qu'on aime surtout chez lui c'est l'aveu de ses échecs. "Je suis un ascète raté", nous confie-t-il quelque peu gêné. Ratage providentiel, car, comme cela, nous sommes sûrs de nous entendre, de faire vraiment partie de la *perduta gente*[93]. » La confession d'échec peut ainsi susciter une lecture compassionnelle, car elle induit une sorte de contre-communauté virtuelle à l'axiologie inversée, celle des perdants et des déçus du jeu social, celle, en somme, des écrivains confidentiels du champ littéraire. Toutefois, malgré l'éloge que fait Cioran de l'échec, sa pratique de la littérature relève d'une nécessité intérieure à laquelle la recherche du succès n'est peut-être finalement pas étrangère. Seul celui qui espère beaucoup se voit aussi déçu que Cioran ; l'échec étant pragmatiquement toujours relatif à un point de vue, une intention et un ou une série d'objectif(s). Il écrit en ce sens :

> Il est évident que si l'on a la conscience du néant, il est absurde d'écrire un livre, c'est ridicule même. Pourquoi écrire et pour qui ? Mais il y a des nécessités intérieures qui échappent à cette vision, elles sont d'une autre nature, plus intimes et plus mystérieuses, irrationnelles. [...] Mais il y a quand même cette vitalité mystérieuse qui vous pousse à faire quelque chose. Et peut-être que c'est ça la vie, sans vouloir employer de grands mots, c'est que l'on fait des choses auxquelles on adhère sans y croire, oui, c'est à peu près ça[94].

---

91 Denis Saint-Amand, « Fictions de l'échec littéraire », art. cité, § 1.
92 Bourdieu, déjà, a mis en évidence le fait qu'« une certaine marginalité fait partie de ces stratégies légitimantes » (voir Aurélie Adler, « La fabrique de la valeur », art. cité, p. 420).
93 Cioran, *Exercices d'admiration*, *op. cit.*, p. 1241.
94 Cioran, « Entretien avec Mickael Jakob », *op. cit.*, p. 318-319.

Devenir écrivain, consiste en effet d'un point de vue pragmatique à être à la recherche d'une adhésion (présente ou différée), car, en dépit de l'imaginaire romantique de la pratique solitaire de la littérature, l'écriture est un acte social de communication qui a pour fin d'être lu. Dans le cas de Cioran, écrire son échec revient donc à essayer de susciter de l'empathie chez son lectorat[95] par une scénographie et un discours orientés tout en tentant, d'un point de vue psychologique, de résister au découragement. Il écrit ainsi : « Dans l'échec et après, il faut adopter une pose de fixité tétanique, les yeux agressifs et provocants, les mains serrées jusqu'à la crampe, et laisser le sang battre avec un volcanisme calculé. Chaque échec doit être utilisé pour vérifier sa force et son mépris[96]. » Autrement dit, d'après Norbert Dodille, « le génie de l'orgueil peut transformer le ratage, l'échec en victoire[97] », car transformer l'échec en un objet esthétique – voire spirituel – par le biais de la littérature à l'instar de Cioran relève de la gageure que s'impose un orgueil blessé : le soulagement et le succès viendront par l'esthétisation de l'échec ou ne viendront pas.

Dans « Valéry face à ses idoles », Cioran confie d'ailleurs : « S'assigner une tâche impossible à réaliser et même à définir, vouloir la vigueur alors qu'on est rongé par la plus subtile des anémies, il y a dans tout cela un rien de mise en scène, un désir de se tromper, de vivre intellectuellement au-dessus de ses moyens, une volonté de légende, et d'échec, le raté, à un certain niveau, étant incomparablement plus captivant que celui qui a abouti[98]. » Il convient de lire ce commentaire comme s'il portait sur Cioran lui-même : le ratage consiste, une fois en France, en un art explicite de la mise en scène et de la mise en texte. En faisant *a priori* une insolite apologie de l'échec et en se construisant une posture de sur-raté, Cioran tente donc de transvaluer les signes de l'échec et de la réussite sociale. En même temps, il essaie de surprendre et de séduire son public en projetant une image à laquelle il tente lui-même d'adhérer, afin de se convaincre des vertus de l'échec – reproduisant,

---

95   Ce qui fonctionne, il est reconnu comme l'un des grands maudits du XXe siècle par Pascal Brissette dans *La Malédiction littéraire, op. cit.*, p. 360-362.

96   Cioran, *Le Livre des leurres*, trad. G. Klewek et T. Bazin dans *Œuvres*, Paris, Gallimard, coll. « Quarto », 1995, p. 241.

97   Norbert Dodille, « Sur Cioran : esquisse de défragmentation », dans Norbert Dodille et Gabriel Liiceanu (dir.), *Lectures de Cioran*, Paris, L'Harmattan, 1997, p. 80.

98   Cioran, *Exercices d'admiration, op. cit.*, p. 1176.

faute de mieux, dans son discours le système de valeurs inversé qui régit le champ littéraire. Cioran tente, en somme, de suggérer qu'il existe une « poésie de l'échec[99] » et de faire de l'expérience du raté un « aphrodisiaque[100] », car, selon lui, « rater sa vie, c'est accéder à la poésie, sans le support du talent[101] ». Cioran explique ainsi dans ses *Cahiers* dans une perspective très nietzschéenne : « Après chaque défaite, je me ressaisis, je reprends goût à la vie. Autoflagellation ininterrompue, ancestrale, – source de vigueur[102]. » Selon lui, en effet, « ce n'est pas la peur d'entreprendre, c'est la peur de réussir, qui explique plus d'un échec[103] ». Postuler que l'échec constitue une nécessité intrinsèque relève par conséquent d'une opération de légitimation d'un point de vue littéraire, mais aussi de consolation d'un point de vue plus intime, car, pour Cioran, tout vaut décidément mieux que de devenir « un raté du renoncement[104] ».

On notera cependant que le discours de Cioran sur les vertus de l'échec prend essentiellement place dans les années les plus difficiles de sa trajectoire, soit lors de son changement de pays et de langue, comme si la mise en scène de son échec personnel lui avait alors paru particulièrement nécessaire, en dépit de la préexistence de son constat d'échec quant à l'existence humaine en général en Roumanie. L'univers reste chez lui de façon pérenne une création ratée et condamnée dans son ensemble à l'échec, même si Cioran révèle dans son dernier ouvrage s'être malgré tout « trémoussé comme tout un chacun dans cet univers aberrant[105]. » Il convient donc d'aborder de manière différenciée l'enjeu d'une représentation de soi en tant que raté et le discours philosophique de Cioran sur l'échec en général. Si, d'un point de vue spirituel, l'échec apparaît tel une certitude à Cioran dès son entrée en littérature en Roumanie, c'est à dessein qu'il évoque les avantages de l'échec une fois en France, tout en admettant parfois qu'il s'agit d'une tentative de se convaincre lui-même. Cette mise en scène littéraire de son échec répond alors à un double enjeu (social et psychologique) qu'une lecture sociologique

---

99 Cioran, *Cahiers, op. cit.*, p. 65.
100 *Ibid.*, p. 782.
101 Cioran, *Syllogismes de l'amertume, op. cit.*, p. 172.
102 Cioran, *Cahiers, op. cit.*, p. 782.
103 Cioran, *De l'inconvénient d'être né, op. cit.*, p. 791.
104 Cioran, *Le Mauvais Démiurge, op. cit.*, p. 673.
105 Cioran, *Aveux et anathèmes, op. cit.*, p. 1128.

permet d'appréhender en partie, à condition de l'accompagner d'une lecture critique dissociant le discours philosophique du discours sur soi. Le discours cioranien sur l'échec se module ainsi en fonction de son besoin de reconnaissance.

François DEMONT
Université de Lausanne /
Fonds national suisse
de la recherche scientifique

CIORAN, PHILOSOPHE RATÉ ?

Il semble évident pour toute personne familière avec la discipline philosophique que Cioran n'est pas un philosophe ; que si on lui attribue parfois ce titre c'est en vertu d'une acception large de la philosophie ; et que ce titre serait avantageusement remplacé par ceux, plus vagues, d'essayiste, de moraliste ou de penseur. Nous savons sur quoi se fonde cette évidence : si Cioran occupe une place dans les histoires littéraires, il n'en tient pour ainsi dire aucune dans les manuels de philosophie. C'est donc d'abord en raison d'une détermination disciplinaire et académique que Cioran est exclu du champ philosophique, et cela malgré sa propre formation universitaire, qui est bel et bien celle d'un philosophe[1]. Il s'agira donc pour nous de revenir sur les modalités de cette exclusion, en tâchant de prendre au sérieux, à travers certaines questions spécifiques, non pas simplement l'imprégnation philosophique de l'œuvre cioranienne (multiple et pour partie bien connue, de la gnose et de la mystique à Spengler, en passant par Pascal, Kierkegaard, Schopenhauer, Nietzsche ou Bergson), mais le traitement spécifique par Cioran de certains problèmes de la philosophie.

L'INSOMNIE

Nous commencerons par ce qui, dans la biographie – qui est aussi bien une mythologie – de Cioran, constitue l'origine proclamée de son œuvre : les crises d'insomnie qui commencèrent de le frapper vers l'âge de vingt-deux ans, et que l'auteur dit n'avoir pu exorciser que par

---

1   Résumée, entre autres, par Gabriel Liiceanu, *Itinéraires d'une vie*, trad. A. Laignel-Lavastine, Paris, Michalon, 1995, p. 23-30.

l'écriture de son premier livre, *Sur les cimes du désespoir*. Or, l'insomnie a connu quelques années plus tard une fortune conceptuelle particulière dans l'œuvre d'Emmanuel Levinas, en tant que phénomène (nous verrons en quoi le terme est impropre) dont l'étude lui permettait de prendre ses distances avec la philosophie d'Heidegger – dont Cioran dit avoir lu *Sein und Zeit* en 1932[2], c'est-à-dire à peu près au moment où il rédigeait son premier livre.

Pour Levinas, un des apports centraux de Heidegger a été de montrer que le *Dasein* se comprend dans une certaine disposition affective (*Befindlichkeit*) : angoisse, joie, ennui, etc. qui, loin de représenter un état psychologique, est constitutif du rapport que la conscience entretient avec son existence[3]. La conséquence en est que l'analyse de telles dispositions ne ressortit pas à une simple phénoménologie descriptive (c'est-à-dire à une simple description de la manière singulière dont des phénomènes comme l'angoisse, etc. apparaissent à la conscience, sont vécus par une conscience déjà présente). Leur analyse est inséparable de l'analyse des conditions d'apparition d'une conscience (et donc des conditions d'apparition de tout phénomène).

C'est la démarche de Levinas dans *De l'existence à l'existant*. Reproduisant le geste heideggérien de séparation entre être et étant (ou existence et existant), Levinas se pose la question de l'apparition possible de cet existant au sein de l'être, depuis cet attribut indéfinissable par quoi il existe. Mais à la différence d'Heidegger, qui exprime la nécessité de retourner à l'être et de pallier le défaut d'être qui caractérise notre époque, Levinas étudie la façon dont l'être s'impose au sujet comme une présence terrifiante (plus terrifiante que l'angoisse de la mort), un trop-plein qui menace de le ruiner[4]. L'insomnie est alors abordée comme le

---

2   Cioran, « Entretien avec Sylvie Jaudeau » [1990], dans *Entretiens*, Paris, Gallimard, 1995, p. 216.

3   Cet apport de Heidegger, Levinas le retient aussi bien au début de son œuvre (Emmanuel Levinas, « Martin Heidegger et l'ontologie », *Revue philosophique de la France et de l'étranger*, juin 1932, p. 416-417) qu'à la fin (Richard Kearney, « De la phénoménologie à l'éthique : entretien avec Emmanuel Levinas », *Esprit*, n° 234, juillet 1997, p. 123).

4   Il poursuit ainsi une réflexion entamée en 1935 avec le court essai *De l'évasion*, où il tentait de caractériser, à travers quelques phénomènes (la honte, la nausée), l'excès d'être, le sentiment obsédant d'être rivé à l'être et le corrélatif besoin d'évasion – ou besoin de sortir. L'excès d'être et l'évasion étaient présentés comme une condition existentielle propre à la modernité. *Cf.* Emmanuel Levinas, *De l'évasion* [1935], Montpellier, Fata Morgana, 1982.

phénomène par excellence de cet excès d'être, être pur, jamais saisissable dans un objet aux contours délimités : « L'impossibilité de déchirer l'envahissant, l'inévitable et l'anonyme bruissement de l'existence se manifeste en particulier à travers certains moments où le sommeil se dérobe à nos appels. On veille quand il n'y a plus rien à veiller et malgré l'absence de toute raison de veiller. Le fait nu de la présence opprime : on est tenu à l'être, tenu à être[5]. »

Ce que Levinas résume par le concept d'*il y a* : dans l'insomnie, *il y a* une présence, *il y a* de l'être sans que rien ne puisse s'ériger en un objet ou un étant saisissable : « La vigilance est absolument vide d'objets. Ce qui ne revient pas à dire qu'elle est expérience du néant ; mais qu'elle est aussi anonyme que la nuit elle-même. » Bien plus, le sujet lui-même s'y ruine en tant que sujet : « Le moi est emporté par la fatalité de l'être. [...] La vigilance de l'insomnie qui tient ouverts nos yeux n'a pas de sujet. [...] Il n'y a pas *ma* vigilance à la nuit, dans l'insomnie, c'est la nuit elle-même qui veille. Ça veille[6]. »

La question que nous nous posons est double. Premièrement, Cioran, écrivain insomniaque, a-t-il proposé de l'insomnie une description telle que celle de Levinas lui fasse rétrospectivement écho ? Et deuxièmement, Cioran, « penseur organique[7] », a-t-il esquissé, à partir d'une expérience personnelle, une réflexion, une conceptualisation ou une phénoménologie de l'insomnie et de ses implications existentielles ?

Nous retiendrons principalement cinq textes, tirés des premiers livres de Cioran. Le premier, « Les bienfaits de l'insomnie », présente l'insomnie comme une expérience d'esseulement où le sujet est confronté à lui-même. Ainsi, elle est caractérisée par l'effacement du monde environnant et par une vigilance sans objet comme chez Levinas, mais aussi par l'accentuation obsessionnelle de la conscience : « les nuits d'insomnie détruisent la multiplicité et la diversité du monde pour vous laisser à vos obsessions. [...] Pendant les veilles, la présence d'une pensée ou d'un sentiment s'impose de manière exclusive[8]. »

---

5   Emmanuel Levinas, *De l'existence à l'existant* [1947], Paris, Vrin, 2004, p. 109.
6   *Ibid.*, p. 110-111.
7   *Cf.* Andreï Minzetanu, « Cioran, un penseur organique », *Littérature*, vol. 179, n° 3, 7 septembre 2015, p. 38-50.
8   Cioran, *Sur les cimes du désespoir* [1934], « Les bienfaits de l'insomnie », trad. A. Paruit, dans *Œuvres*, Y. Peyré (dir.), Paris, Gallimard, 1995, p. 76.

Le second, « L'homme, animal insomniaque », introduit derrière l'insomnie la dimension morale et théologique du désespoir, en même temps que la *lucidité*, « la terrifiante lucidité des veilles[9] ». Si l'on met de côté la commune métaphore de la lumière, cette dimension est tout à fait absente chez Levinas. Chez Cioran, l'insomnie est un des avatars de la connaissance, qui est en même temps une connaissance théologiquement maudite, la connaissance-châtiment du péché originel. De ce point de vue, l'insomnie tend plutôt chez Cioran du côté de l'excès de conscience (cette conscience qui est inlassablement décrite par lui comme la malédiction de l'homme, cet « animal indirect[10] »). C'est notamment là qu'il faut voir la double divergence d'interprétation du phénomène, quand les deux penseurs introduisent la question du sommeil et de l'inconscience. Cioran conserve une approche beaucoup plus psychologique et affective : « Le sommeil fait oublier le drame de la vie, ses complications, ses obsessions ; chaque éveil est un recommencement et un nouvel espoir. La vie conserve ainsi une agréable discontinuité, qui donne l'impression d'une régénération permanente. Les insomnies engendrent, au contraire, le sentiment de l'agonie, une tristesse incurable, le désespoir[11]. »

Pour Levinas, tout d'abord, l'inconscience n'est pas une simple interruption : « L'inconscient en tant que sommeil n'est pas une nouvelle vie qui se joue sous la vie : c'est une participation à la vie par la non-participation, par le fait élémentaire de reposer[12]. » L'inconscience est en fait paradoxalement la première condition de l'affirmation d'un sujet[13] – et non pas une opportune interruption de la malédiction de la conscience.

Ensuite, Levinas – qui nous semble curieusement répondre à Cioran – repousse le caractère anecdotique de l'insomnie physique[14] pour radicaliser la tragédie de la veille :

9   *Ibid.*, « L'homme, animal insomniaque », p. 77. Le terme roumain est le décalque du terme français. Sur la question de la lucidité, nous renvoyons à Aurélien Demars, *Le Pessimisme jubilatoire de Cioran. Enquête sur un paradigme métaphysique négatif*, thèse de doctorat, Lyon, Université Jean Moulin Lyon 3, 2007, en particulier le chapitre « La connaissance et le mal », p. 208-223.
10   Cioran, *Précis de décomposition*, « L'Animal indirect, dans *Œuvres, op. cit.*, p. 601-602.
11   Cioran, *Sur les cimes du désespoir*, « L'homme, animal insomniaque », *op. cit.*, p. 77.
12   Emmanuel Levinas, *De l'existence à l'existant, op. cit.*, p. 118-119.
13   Le phénomène du repos est pour Levinas la recherche d'un lieu où se retirer, fût-ce en s'enroulant sur soi. Ainsi, en se reposant, l'existant se pose d'abord dans un *ici* qui est le préalable à l'apparition de toute conscience.
14   Le défaut de l'article de Cristóbal Cea Bustamante, « Lévinas y Cioran : una experiencia del insomnio », *Intus-Legere Filosofía*, vol. 11, n° 1, 2017, p. 37-49, qui compare ces deux

Le moi retourne fatalement à soi ; – il peut s'oublier dans le sommeil, mais il y aura un réveil. Dans la tension et la fatigue du commencement perle la sueur froide de l'irrémissibilité de l'existence. L'être assumé est une charge. Par là, ce qu'on appelle le tragique d'être, est saisi dans son origine même. *Il n'est pas simplement la traduction des malheurs et des déceptions qui nous attendent et qui nous arrivent au cours de notre existence parce qu'elle est finie.* Il est, au contraire, l'infini de l'existence qui se consomme dans l'instant, la fatalité dans laquelle se fige sa liberté comme dans un paysage hivernal où les êtres transis demeurent captifs d'eux-mêmes[15].

Ce n'est donc pas seulement la veille excessive, mais toute veille qui, en elle-même, est susceptible de constituer un drame pour la conscience, en la ramenant au fait qu'elle est rivée à elle-même.

Le troisième texte, « Le non-sens du devenir », clôt les *Cimes*. Autant que le premier, il énonce l'effacement des étants, mais l'instance de la conscience demeure : « l'absurdité des heures qui passent se double d'une sensation de solitude anéantissante, car – à l'écart du monde et des hommes – vous vous retrouvez seul face au temps, dans un irréductible rapport de dualité. Au sein de l'abandon nocturne, le temps n'est plus en effet meublé d'actes ni d'objets : il évoque un néant croissant, un vide en pleine dilatation, semblable à une menace de l'au-delà[16]. »

Il est particulièrement tentant de lire cette description finale du « vide en pleine dilatation » comme une préfiguration de l'*il y a* lévinassien, préfiguration à laquelle Levinas n'a vraisemblablement pu avoir aucun accès[17] et dont il faudrait chercher un socle commun dans le contexte historique et intellectuel, voire dans l'air du temps, plus que dans un hypothétique *Urtext*. L'*il y a* est en effet cette nuit d'insomnie où « le silence résonne et le vide reste plein[18] ».

---

textes de Cioran au livre de Levinas, nous semble être justement de trop insister sur l'aspect anecdotique de l'insomnie, envisagée comme une « pathologie » dont Levinas ne décrirait en fait qu'une forme plus aiguë. Nous n'avons malheureusement pas pu avoir accès à l'étude de Wim Lamfers, « Cioran și Levinas », *Sæculum*, vol. 43, nᵒ 1, 2017, p. 301-306.

15 Emmanuel Levinas, *De l'existence à l'existant, op. cit.*, p. 134. Nous soulignons.

16 Cioran, *Sur les cimes du désespoir*, « Le non-sens du devenir », *op. cit.*, p. 102.

17 Bien qu'il se soit inspiré très ouvertement de diverses œuvres littéraires pour caractériser l'*il y a*, à commencer par celle de Maurice Blanchot.

18 Emmanuel Levinas, « Préface à la deuxième édition » [1978], dans *De l'existence à l'existant*, *op. cit.*, p. 11. La métaphore sonore elle-même est récurrente chez Cioran qui, dans « Les bienfaits de l'insomnie », évoque « ces mélodies qui jaillissent de vous-même pendant les nuits blanches », et dans « Le non-sens du devenir » écrit : « Dans le silence de la contemplation résonne alors un son lugubre et insistant, comme un gong dans un univers défunt. »

Les deux textes suivants se trouvent dans la première partie du *Crépuscule des pensées* : leur intérêt est justement de radicaliser la description faite jusqu'ici par Cioran de l'insomnie, qui semble à la fois changer son approche du sujet conscient et resserrer conceptuellement le phénomène. Le premier s'attache notamment à cerner les limites du sujet conscient qui se manifestent dans l'insomnie, à voir en quoi celle-ci est une ruine du « je ».

> Après minuit, on pense comme si l'on n'était plus en vie – dans les meilleurs des cas – comme si l'on n'était plus soi-même. On devient un simple outil du silence, de l'éternité ou du vide : on se croit triste, sans savoir qu'ils respirent à travers soi. L'on est victime d'un complot des forces obscures, car une tristesse ne peut naître d'un individu si elle ne peut l'habiter : tout ce qui nous dépasse prend sa source en dehors de nous, autant le plaisir que la souffrance. Les mystiques ont rapporté à Dieu le débordement des délices de l'extase, parce qu'ils ne pouvaient admettre que l'insuffisance individuelle fût capable de tant de plénitude. Il en va ainsi de la tristesse, et du reste. On est seul, mais *avec* toute la *solitude*[19].

La solitude de l'insomniaque est donc non plus la solitude d'un *ego* isolé radicalement, quoique solide dans son unité, comme l'*ego* du *cogito* cartésien, mais bien celle d'un état étrange où c'est la solitude elle-même qui semble faire figure de sujet, ou du moins de présence. En revanche, il faut noter la différence entre Cioran qui caractérise cette solitude comme une instance située *en dehors*, là où Levinas travaille, à travers l'insomnie, une problématique de l'enfermement, dans laquelle tout *en dehors*, sous la figure de l'Autre ou de l'Infini, est une possible rédemption (non dénuée de connotations mystiques[20]).

Le second texte, qui suit de près le premier, complète cette idée d'une expérience qu'on ne peut pas vraiment faire :

> Les nuits blanches – les seules *noires* – font de vous un véritable scaphandrier du temps. [...] La plongée musicale et indéfinie vers les racines de la temporalité reste une volupté incomplète, car on ne peut toucher les limites du temps qu'en *sautant* en dehors de lui. Mais ce saut le rend extérieur à nous : on le

---

19 Cioran, *Le Crépuscule des pensées*, trad. M. Patureau-Nedelco, rev. C. Frémont, dans *Œuvres*, *op. cit.*, p. 345.

20 Ces enjeux sont présents à la fin de *De l'existence à l'existant*, mais la question de l'Infini (entre autres sous la figure cartésienne d'un Infini venant nécessairement de l'extérieur à l'idée du sujet fini) est davantage élaborée dans les ouvrages suivants. *Cf.* Emmanuel Levinas, *Totalité et infini : essai sur l'extériorité* [1961], Paris, LGF, coll. « Le Livre de poche », 1990.

perçoit à la marge, mais sans en avoir proprement *l'expérience*. La suspension le transforme en irréalité et lui ravit le pouvoir de suggérer l'infini – décor des nuits blanches[21].

L'insomnie est ici décrite comme phénomène problématique, comme phénomène qui n'apparaît pas à proprement parler, puisqu'elle déborde les catégories de la perception – et notamment les formes *a priori* de l'esthétique transcendantale kantienne[22]. Il faut noter que, pour Cioran, l'insomnie est essentiellement une confrontation problématique avec le temps. On peut la rapprocher rétrospectivement de l'expérience de l'ennui, définie par Cioran comme « du temps qui ne coule pas[23] » : « j'ai senti le temps se *décoller* de l'existence. Car c'est ça l'ennui. Dans la vie l'existence et le temps marchent ensemble, font une unité organique. On avance avec le temps. Dans l'ennui le temps se détache de l'existence et nous devient *extérieur*. Or, ce que nous appelons vie et acte, c'est l'insertion dans le temps. Nous *sommes* temps. Dans l'ennui nous ne sommes plus dans le temps[24]. »

On pourrait vouloir dire que, d'une certaine manière, le temps joue, dans une phénoménologie cioranienne de l'insomnie, le même rôle que l'être pur chez Levinas : temps figé, sans actes ni objet d'une part, *il y a* sans sujet ni objet de l'autre. Mais justement, on voit bien cette différence irréductible : Cioran ne se pose pas la question du rapport de l'existant à son existence, il ne semble pas opérer de distinction ontologique entre les deux. Ce qui explique sans doute la plus grande difficulté éprouvée par Cioran à contourner l'instance du moi, alors même qu'il cherche, à certains moments sporadiques de son œuvre, à le faire. Le sujet conserve chez lui une robustesse métaphysique. De la sorte, il définit avant tout l'insomnie et l'ennui comme le fait d'un sujet qui n'agit plus – mais pense encore. L'inflexion qui se dessine dans *Le Crépuscule des pensées*, et qui mobilise un cadre de pensée kantien pour le déborder aussitôt, peut donc être compris comme une manière détournée d'approcher d'un

---

21 Cioran, *Le Crépuscule des pensées, op. cit.*, p. 346. Nous soulignons.

22 Au même titre encore une fois que l'extase mystique (*Cf.* par exemple Aurélien Demars, *Le Pessimisme jubilatoire de Cioran, op. cit.*, p. 227).

23 Cioran attribue la définition à Mme du Deffand. Il la distingue de la définition de Chateaubriand, formalisée chez Heidegger, de l'ennui comme perception de l'existant. *Cf.* Cioran, « Entretien avec Léo Gillet » [1ᵉʳ février 1982], dans *Entretiens*, Paris, Gallimard, 1995, p. 69.

24 *Ibid.*, p. 70.

phénomène dont Cioran est convaincu qu'il ne peut en rendre compte sur un mode pleinement rationnel[25].

À vrai dire, le fait que Cioran marque ses distances avec Kant, tandis que Levinas les prend plutôt avec Husserl et Heidegger, est relativement anecdotique. Ce qui est saillant ici est plutôt la nécessité communément éprouvée, face à une expérience singulière, de ne pas la réduire à un objet doté de certaines propriétés, intellectuellement maniable et saisissable par un sujet maître de lui. À ce propos, Levinas évoque les « émotions-chocs » étudiées par la psychologie physiologique : « L'émotion met non point l'existence, mais la subjectivité du sujet en question[26] ». Ses commentateurs caractérisent assez spontanément l'*il y a* de « situation limite ». Cioran, nous l'avons dit, préfère pour sa part évoquer la mystique. Il emploie lui-même le concept de Jaspers dans quelques textes : dans *La Tentation d'exister*, il caractérise ainsi le vertige de l'exil[27] et la mort[28], puis l'utilise à propos de l'œuvre de Beckett[29]. *Le Crépuscule des pensées* ayant été écrit en France autour de 1938, il n'est pas impossible que Cioran et Levinas aient subi l'influence d'un même texte de Gabriel Marcel[30], envers qui Levinas admet avoir une dette philosophique, et dont Cioran devint l'ami. Le concept se trouve aussi bien dans *Être et temps*[31], où Heidegger se réfère directement à Jaspers. En tous les cas, ce sont moins les occurrences *verbatim* du concept qui

---

25 Il faut ici signaler la réticence de Cioran à pousser la langue à ses limites pour exprimer des phénomènes d'une radicale singularité. Cette réticence s'est encore accrue à la fréquentation des auteurs français puis avec le passage à la langue française (ceci fait l'objet d'un chapitre dans notre thèse de doctorat). Il n'est pas impossible qu'entre autres raisons, l'absence de distinction entre être et étant contribue à cette réticence. La réflexion ontologique pousse assez spontanément à produire des énoncés qui sortent du cadre standard de la langue, notamment en sortant le verbe *être* de sa pure fonction de copule.

26 Emmanuel Levinas, *De l'existence à l'existant*, *op. cit.*, p. 121.

27 Cioran, « Avantages de l'exil », dans *Œuvres, op. cit.*, p. 855, texte pré-publié en avril 1952.

28 Cioran, « La Tentation d'exister », *ibid.*, p. 962. La mort « se présente pour nous à la fois comme *situation limite* et comme *donnée directe*. » Cioran mélange de la sorte l'usage heideggérien du concept avec le concept bergsonien.

29 *Cf.* Cioran, « Samuel Beckett » [1976], dans *Exercices d'admiration, op. cit.*, p. 1578 : « la situation limite comme *point de départ* ». Encore une fois, le concept est davantage l'occasion d'un bon mot qu'autre chose.

30 Gabriel Marcel, « Situation fondamentale et situation-limite chez Karl Jaspers », *Recherches philosophiques*, n° 2, 1932-1933, p. 317-348. Il s'agit de la même revue où Levinas publie *De l'évasion* en 1935.

31 Martin Heidegger, *Être et temps* [1927], trad. E. Martineau, Paris, Authentica, 1985, § 62 et 68c.

nous intéressent, que sa présence possible dans certains passages. Ainsi quand Cioran évoque la « limite » que représente Dieu et les « états ultimes » de la mystique :

> [Maître Eckhart] emploie même l'expression, je crois, que dans la déité Dieu s'écoule en Dieu. Et c'est pendant ces nuits d'insomnie que j'ai compris vraiment la mystique, les états ultimes, parce que au fond ce qui est fascinant dans la mystique, c'est qu'elle conçoit les états ultimes, il n'y a plus rien après que la folie. Vous êtes en pleine nuit, tout a foutu le camp, mais ce Dieu qui n'en est pas un surgit, et on a l'impression d'une présence mystérieuse[32].

« Émotion-choc » ou « état ultime », dans les deux cas, il s'agit de rendre compte d'une expérience existentielle dont on ne peut situer ce qui permet à la conscience de la vivre, sinon négativement (chute hors du temps, hors du lieu, hors des étants, etc.), une expérience dont on ne peut faire l'expérience. Et il faut noter que là où Heidegger voit dans la mort la situation limite par excellence, Levinas et Cioran, à partir de l'insomnie, tendent plutôt à contester la primauté existentielle de la mort (et de l'affection fondamentale qu'est l'angoisse de la mort[33]), et à mettre à la place cette expérience de la veille qui justement aspire à la mort comme à une impossible délivrance[34].

Reste donc justement à traiter la question de la sortie de cet état. Le sommeil est une fausse sortie : soit parce que, chez Cioran, une sorte de fatalité vous en prive, soit, comme chez Levinas, parce qu'il ne fait que repousser un réveil qui ramènera le drame de la conscience rivée à elle-même. On connaît assez bien la porte de sortie éthique proposée par Levinas. C'est par autrui que le moi est racheté, et peut refuser le définitif : « La solitude n'est pas maudite par elle-même, mais par sa signification ontologique du définitif. Atteindre autrui ne se justifie pas par soi-même. Ce n'est pas secouer mon ennui. C'est ontologiquement la rupture la plus radicale des catégories mêmes du moi, car c'est pour moi être ailleurs qu'en soi, c'est être pardonné, c'est ne pas être une existence définitive[35]. »

---

32 Cioran, *Entretiens, op. cit.*, p. 89.
33 Martin Heidegger, *Être et temps, op. cit.*, § 50.
34 « Ceux que de tels vertiges n'ont jamais saisis ne sauraient comprendre l'irrésistible fascination du néant qui pousse certains au renoncement suprême. » dans « L'homme, animal insomniaque » (Cioran, *Œuvres, op. cit.*, p. 78).
35 Emmanuel Levinas, *De l'existence à l'existant, op. cit.*, p. 144.

Chez Cioran, il est intéressant de constater que c'est l'amour qui est un temps posé comme seule sortie possible au temps vide, mais que cette rédemption par l'amour disparaît de la traduction française de *Sur les cimes du désespoir*. Radicalisation philosophique du pessimisme cioranien ? Rejet *a posteriori* d'un lyrisme de jeunesse jugé trop niais, ou pas assez français ? Figement de la posture littéraire, qui s'oblige rétrospectivement à lisser l'œuvre ? Quoi qu'il en soit, il faut noter que l'amour ainsi mentionné dans ce texte est un amour pour l'autre, éprouvé par une conscience qui semble en quelque sorte se secouer elle-même pour sortir de sa solitude, et non pas amour de la part de l'autre, qui nous dépasse et nous rachète.

> Que tu aies envie de pleurer lorsque tu penses aux gens, que tu aimes tout d'un sentiment de suprême responsabilité, que tu sois envahi d'une profonde mélancolie en songeant aux larmes que tu n'as pas encore versées pour les autres : voilà donc à quoi correspond le salut par amour, la seule source de l'espérance. [...] Lorsque ton amour ne rencontrera que mépris et indifférence, que tu serais abandonné par tous et que ta solitude deviendrait l'ultime abandon, tous les rayons de ton amour, lesquels ne sauraient plus atteindre les autres afin de les éclairer ou de rendre leur obscurité plus mystérieuse, reviendront inévitablement vers toi, lors du dernier abandon, en t'offrant enfin flammes et lumière[36].

Ce qu'on peut reconstituer de phénoménologie cioranienne n'est pas une phénoménologie de l'altérité. À partir d'une même expérience-limite, l'insomnie, Levinas et Cioran travaillent une intuition similaire, intuition conjointement métaphysique et éthique : l'être est quelque chose qui pèse, et le bien se situe dans une sortie de l'être. Mais là où Levinas pose un primat de l'éthique et propose de penser l'altérité comme cette sortie de l'être, Cioran persiste à penser l'insomnie à travers un sujet qui la vit douloureusement. En quelque sorte, ce « je » qui n'arrive pas à s'effacer ne laisse pas de place à une altérité radicale, et ne trouve de porte de sortie pensable que dans l'extase (et de sortie praticable dans l'exercice cathartique de l'écriture). Enfin, il semblerait que dans la suite de l'œuvre, et notamment l'œuvre française, renonce progressivement à penser l'insomnie comme une expérience métaphysique, ouvrant à une réflexion d'ordre phénoménologique. L'insomnie est alors traitée soit de façon lyrique et littéraire, soit avec un regard analytique, comme un état

---

36 Cioran, *Pe culmile disperării*, dans *Opere*, Bucureşti, F. N. Ş. A., 2012, vol. I, p. 171-172. Je remercie M. Andreï Minzetanu pour sa traduction de ce passage, qui termine presque l'édition roumaine des *Cimes*.

physiologique et affectif comportant un certain nombre de caractéristiques et de conséquences désagréables, mais ne ruinant nullement les
formes de la perception ou la consistance de la conscience[37].

CIVILISATION, PROGRÈS, INTENTIONNALITÉ

Cioran ne renonce pas pour autant à toute affinité avec la phénoménologie. Nous nous proposons de l'étudier à partir des deux premiers
chapitres de *La Chute dans le temps* : « L'Arbre de vie » et « Portrait du
civilisé ». Ce livre est évidemment bien plus tardif, il est écrit en français,
et date d'une période où Cioran semble avoir définitivement renoncé à
la carrière philosophique, si tant est qu'il eût jamais l'intention sérieuse
d'en entamer une. La part littéraire semble donc bien l'emporter largement sur la part philosophique, dans une œuvre qui, par ailleurs, a
toujours refusé de se placer sur le terrain du système et de la cohérence
conceptuelle. Nous souhaitons cependant relever dans ces textes la marque
d'une hésitation, et les vestiges d'un héritage philosophique structurant.
    Commençons par le deuxième. Le « Portrait du civilisé » s'ouvre sur
l'éloge paradoxal de l'illettrisme et la déploration de sa disparition, sous les
coups d'une civilisation s'acharnant à mettre au pas tout ce qui n'est pas
semblable à elle. S'ensuit une réflexion critique sur ladite « civilisation » et sur
le « progrès ». Les deux ne sont jamais nommés « société de consommation » ;
pourtant, il s'agit bien, sous cette critique qui ne vise aucune époque en
apparence, d'attaquer les caractéristiques de la société moderne, son progrès
technique, la multiplication des besoins et des produits qu'elle propose pour
leur satisfaction, le culte de la vitesse, le machinisme[38], etc.

---

37   *Cf.* par exemple « Invocation à l'insomnie » dans le *Précis de décomposition* (*op. cit.*, p. 726-727),
     qui mêle lyrisme (« on ne voit pas impunément dans les ténèbres, on n'en recueille pas sans
     danger l'enseignement ; il y a des yeux qui ne pourront plus rien apprendre du soleil, et
     des âmes malades de nuits dont elles ne guériront jamais… ») et physiologie (en décrivant
     l'irritabilité, les troubles de l'attention, l'hypersensibilité, etc.). L'insomnie inspire aussi
     l'écriture des *caractères* politiques : « Le rôle de l'insomnie dans l'histoire, de Caligula à Hitler.
     L'impossibilité de dormir est-elle cause ou conséquence de la cruauté ? Le tyran *veille* – c'est
     ce qui le définit en propre. », *Le Mauvais Démiurge* [1969], dans *Œuvres, op. cit.*, p. 1235.
38   *Cf.* les imprécations contre la « ferraille haletante », le « défilé d'automates », la « vermine
     motorisée » (Cioran, *La Chute dans le temps*, dans *Œuvres, op. cit.*, p. 1091).

> Tout besoin, en nous dirigeant vers la surface de la vie pour nous en dérober les profondeurs, confère du prix à ce qui n'en a pas, à ce qui ne saurait en avoir. La civilisation, avec tout son appareil, se fonde sur notre propension à l'irréel et à l'inutile. Consentirions-nous à réduire nos besoins, à ne satisfaire que les nécessaires, elle s'écroulerait sur l'heure. Aussi, pour durer, s'astreint-elle à nous en créer toujours de nouveaux, à les multiplier sans trêve, car la pratique généralisée de l'ataraxie entraînerait pour elle des conséquences bien plus graves qu'une guerre de destruction totale[39].

Ce Cioran « décroissant » avant l'heure peut recueillir notre amusement et notre sympathie, et ce d'autant plus qu'il se double aujourd'hui de témoignages sur un Cioran cycliste, campeur et nourri de blé complet[40]. Certes, dans ce passage, il se situe clairement dans le genre de l'essai et de la critique moraliste. Sans se soucier de problématiser trop longuement les valeurs morales, il oppose l'utile et le nuisible, le réel et l'illusoire, les vrais et faux besoins. Mais derrière ce fond stoïco-épicuro-bouddhique vaguement réactionnaire, qui prêche le renoncement aux fausses richesses, le cheminement du propos épouse une forme étonnamment similaire à celle des philosophies de l'existence, et à certaines notions heideggériennes plus particulièrement.

Tout d'abord, à côté des remarques générales sur l'agitation inutile de la civilisation, on voit que les deux traits qui caractérisent le rapport à la société d'abondance sont tirés sinon directement d'Heidegger lui-même, du moins d'une vulgate heideggérienne. Tout d'abord, la multiplication des désirs, entraînée par la multiplication des besoins, produit l'anxiété : « Nos désirs, sources de nos besoins, suscitent en nous une inquiétude constante, autrement intolérable que le frisson éprouvé, dans l'état de nature, devant un danger fugitif. Nous ne tremblons plus par à-coups ; nous tremblons sans relâche. Qu'avons-nous gagné au changement de la peur en anxiété[41] ? »

On reconnaît là la distinction entre *Furcht*, peur devant un objet (étant) déterminé, et *Angst*, angoisse sans objet[42]. La multiplication des objets de

---

39   *Ibid.*, p. 1089.
40   *Cf.* Tiziana Mian, « Entretien avec Simone Boué », dans Yun Sun Limet et Pierre-Emmanuel Dauzat (dir.), *Cioran et ses contemporains*, Paris, P.-G. de Roux, 2011, p. 268. L'entretien a paru à l'origine en 1996 dans *Il Giornale*.
41   Cioran, *La Chute dans le temps*, *op. cit.*, p. 1089.
42   L'angoisse n'a pas d'objet au sein du monde, elle est angoisse de l'être-au-monde lui-même, et donc angoisse de la mort, en tant que finalité de l'être-au-monde. Mais l'angoisse de la mort ne peut pas être confondue avec la peur d'un objet mondain (Martin Heidegger, *Être et temps*, *op. cit.*, § 40).

consommation ferait en quelque sorte disparaître les objets pour ne laisser qu'une angoisse généralisée (nous y reviendrons). Ensuite, Cioran reprend, de façon plus vague, il est vrai, la notion d'horizon : « Préposé aux apparences, chaque désir, en nous faisant faire un pas hors de notre essence, nous cloue à un nouvel objet et limite notre horizon[43]. » On peut y lire une reformulation de l'analyse de la *quotidienneté* et surtout de l'*inauthenticité* : rivé au monde, aux objets et aux affaires du monde, le *Dasein* perd de vue son être (ou l'horizon de l'être), il n'est plus que pour le monde et se trouve tout entier pris dans des rapports sociaux, instrumentaux[44], etc. Cette seconde analyse, moins originale que la première, reste assez strictement fidèle à celle d'Heidegger, quoique celui-ci ne soit jamais nommé, même par allusion (dans un texte qui pourtant abonde en références philosophiques).

Quelle est maintenant l'origine de cette civilisation dans laquelle nous nous engonçons ? Cioran évoque plusieurs causes, dans ce second chapitre, mais aussi dans le précédent (« L'Arbre de vie »). La première que nous pouvons relever est pascalienne : c'est l'anxiété qui produit la civilisation. L'affairement, la production, le progrès technique sont des divertissements pour ne pas penser à la mort, et repousser l'angoisse : « ce besoin de se fuir et de produire pour escamoter sa panique, pour éviter la rencontre avec soi. Il préfère s'abandonner aux actes, mais, en s'y livrant, il ne fait en réalité qu'obéir aux injonctions d'une peur qui le soulève et le fouette, et qui le paralyserait s'il essayait de réfléchir sur elle et d'en prendre une conscience nette[45]. »

Y aurait-il contradiction ? L'homme fuit l'angoisse en produisant la civilisation, qui elle-même engendre l'angoisse… En fait, dans l'anthropologie pessimiste cioranienne, il n'y en a pas : l'homme aime son angoisse et la recherche, tout comme l'animal aime la peur.

> Nous cultivons le frisson en soi, nous escomptons le nuisible, le péril pur, à la différence des animaux qui *aiment* à trembler seulement devant un danger précis, unique moment du reste où, glissant vers l'humain et s'y laissant choir, ils nous ressemblent : car la peur – sorte de courant psychique qui traverserait soudain la matière autant pour la vivifier que pour la désorganiser – apparaît comme une préfiguration, comme une possibilité de conscience, voire comme la conscience des êtres qui en manquent[46]…

---

43   Cioran, *La Chute dans le temps*, *op. cit.*, p. 1089.
44   *Cf.* par exemple Martin Heidegger, *Être et temps*, *op. cit.*, § 9 et § 38.
45   Cioran, *La Chute dans le temps*, *op. cit.*, p. 1075.
46   *Ibid.*

L'homme aime l'angoisse comme symptôme de la conscience. Cioran semble en quelque sorte reprendre Heidegger, mais avec une axiologie inversée. Nos problèmes viennent de notre désir d'être conscients, et la conscience est inséparable de l'angoisse. Nous recherchons l'une pour avoir aussi l'autre, au lieu de fuir les deux et de chercher le détachement et le néant.

La deuxième origine de la civilisation se déploie sous plusieurs formes. Cioran part de l'explication antique et mythologique de la technique par l'inadaptation :

> Tant de superbe ne pouvait naître que dans l'esprit d'un dégénéré, muni d'une charge d'existence limitée, contraint, en raison de ses déficiences, d'augmenter artificiellement ses moyens d'action et de suppléer à ses instincts compromis par des instruments propres à le rendre redoutable. [...] Parce qu'en tout l'homme était un animal *anormal*, peu doué pour subsister et s'affirmer, violent par défaillance et non par vigueur, intraitable à partir d'une position de faiblesse, agressif à cause de son inadaptation même, il lui revenait de chercher les moyens d'une réussite qu'il n'eût pu réaliser ni même imaginer si sa complexion eût répondu aux impératifs de la lutte pour l'existence[47].

Peu importe ici que la source soit platonicienne (le mythe de l'homme oublié par Épiméthée dans le *Protagoras*) ou chrétienne (le péché originel force l'homme à remédier à son imperfection). Ce qui nous intéresse sera d'abord la reformulation successive, en termes plus abstraits et ontologiques, de cette condition. Essentiellement, l'homme est incomplet, il est non-être, il veut être plus qu'il n'est, et tente de le faire par l'action, la production, le progrès. « Nous précipitent vers l'acte le non-être en nous, notre débilité et notre inadaptation[48]. » Ce non-être, Cioran le définit en fonction d'un contexte théologique. « Si Dieu a pu avancer qu'il était "celui qui est", l'homme, tout à l'opposé, pourrait se définir "celui qui n'est pas[49]". » C'est par rapport à Dieu que l'homme se perçoit comme non-être. Cette partie du raisonnement cioranien n'est pas la plus intéressante. En effet, elle sacrifie beaucoup à la psychologie : le moteur du progrès historique et technique serait la jalousie.

> Convaincu que son moment viendra, qu'il lui appartient de rattraper Dieu et de le dépasser, il s'attache – en *envieux* – à l'idée d'évolution, comme si le

47 *Ibid.*, p. 1074-1075.
48 *Ibid.*, p. 1078.
49 *Ibid.*, p. 1076.

fait d'*avancer* dût nécessairement le porter au plus haut degré de perfection. À vouloir être autre, il finira par n'être rien ; il n'est déjà plus rien[50].

Et quelques lignes plus haut :

> De même, en compétition avec Dieu, nous singeons ses côtés douteux, son côté démiurge, cette partie de lui qui l'entraîna à créer, à concevoir une œuvre qui devait l'appauvrir, le diminuer, le précipiter dans une *chute*, préfiguration de la nôtre. [...] L'impossibilité de s'abstenir, la hantise du faire dénote, à tous les niveaux, la présence d'un principe démoniaque. Quand nous sommes portés à l'outrance, à la démesure, au *geste*, nous suivons plus ou moins consciemment celui qui, se ruant sur le non-être afin d'en extraire l'être et de nous le livrer en pâture, se fit l'instigateur de nos futures usurpations[51].

Notons au passage que Cioran radicalise (ou grossit ?) la critique heideggérienne de la technique. Heidegger pense le rapport instrumental comme le fait d'être pris dans le monde, mais accorde toutefois une place à part au pouvoir de création (de *poïèsis*, entendu justement comme ce qui tire l'être du non-être) de la technique, qui l'inscrit dans le destin historique de dévoilement de l'Occident[52]. Chez Cioran, toute forme de faire tombe sous le coup d'une condamnation, et la recherche d'un destin historique mène immanquablement au désastre.

À côté de cette explication psychologique, au fond contingente et philosophiquement peu satisfaisante, Cioran développe un autre argument plus profond. Les leçons de détachement des philosophes antiques ont été selon lui couvertes et effacées par « deux mille ans de sur-nature et de charité convulsive[53] ». Certes, Cioran n'est pas le premier à placer l'origine de la technique dans la religion (ce que fait Jacques Ellul[54]) ou dans le christianisme (ce que fait Giorgio Agamben[55]). Mais si le chris-

---

50 *Ibid.*, p. 1082.
51 *Ibid.*, p. 1081.
52 *Cf.* le commentaire qui est fait de « L'origine de l'œuvre d'art » et de « La question de la technique » dans Giorgio Agamben, *L'uso dei corpi*, Vicenza, Neri Pozza, 2014, p. 99-101.
53 Cioran, *La Chute dans le temps, op. cit.*, p. 1090.
54 Pour Ellul, le rite religieux est une des premières formes de technique. C'est une série de gestes définis strictement, selon une certaine manière de faire, en vue d'obtenir un effet : la « danse de la pluie » en serait un exemple (*cf.* Jacques Ellul, *La Technique ou l'Enjeu du siècle*, Paris, Armand Colin, 1954).
55 Selon Agamben, c'est dans la conception catholique de l'efficacité des sacrements qu'est élaboré pour la première fois le concept moderne de technique, comme processus capable de fonctionner en étant indifférent à qui le met en œuvre (Giorgio Agamben, *L'uso dei corpi, op. cit.*, p. 106-109).

tianisme est par lui mis en cause, c'est en tant que Dieu fait intérioriser à l'homme à la fois l'extériorité et l'infini.

> En faisant de nous des frénétiques, le christianisme nous préparait malgré lui à enfanter une civilisation dont il est maintenant la victime : n'a-t-il pas créé en nous trop de besoins, trop d'exigences ? Ces exigences, ces besoins, intérieurs au départ, allaient se dégrader et se tourner vers le dehors, comme la ferveur dont émanaient tant de prières suspendues brusquement, ne pouvant s'évanouir ni rester sans emploi, devait se mettre au service de dieux de rechange et forger des symboles à la mesure de leur nullité[56].

Dieu, en tant qu'il nous est extérieur, et en tant qu'il existe une sur-nature, nous pousse à nous extérioriser. La production technique est la suite logique de la prière. Non en tant que la prière serait comme chez Ellul une technique, mais inefficace dans son résultat (auquel cas la prière chrétienne ne se distinguerait pas du rite païen) ; mais en tant que le geste de la prière consiste à situer à l'extérieur de nous nos besoins, et à les envisager comme infinis. « Au lieu de s'évertuer à se retrouver, à se rencontrer avec soi, avec son fonds intemporel, [l'homme] a tourné ses facultés vers l'extérieur, vers l'histoire. Les eût-il intériorisées, en eût-il modifié l'exercice et la direction, qu'il eût réussi à assurer son salut[57]. » C'est donc bien dans un certain rapport de la conscience à soi et au monde que se trouve l'origine de la civilisation, du progrès, de la société industrielle, etc. Quant au problème de la civilisation, Cioran prescrit d'y répondre pratiquement par le recours aux différentes philosophies de l'ascèse et du détachement (stoïcisme, épicurisme, bouddhisme).

La particularité de *La Chute dans le temps*, c'est donc d'entamer une critique de la technique qui ne soit pas simplement une déploration des temps présents ou du machinisme, mais aussi plus largement, une réflexion sur l'origine – historique comme métaphysique – du progrès et de la civilisation. À cet égard, Cioran propose d'abord de penser, fût-ce parfois en termes grossièrement psychologiques, le *rapport au monde* (osera-t-on dire comme Husserl la *visée intentionnelle* ?) qui précède l'âge des machines et le conditionne, plutôt que de définir l'attitude morale à adopter face à l'objet technique, sur le mode lénifiant de la distinction entre technique neutre d'une part, bons et mauvais usages qui en sont

---

56 Cioran, *La Chute dans le temps, op. cit.*, p. 1091.
57 *Ibid.*, p. 1078.

faits de l'autre : « De tant de hâte, de tant d'impatience, les machines sont la conséquence et non la cause[58]. »

C'est situer la critique à un niveau de radicalité (au sens étymologique) notable, et qui, dans l'histoire de la philosophie, semble se rencontrer de façon privilégiée chez les phénoménologues. Ainsi, par exemple, chez le Husserl de la *Krisis*, auquel se réfère ensuite très fidèlement Herbert Marcuse, mais que Cioran n'a semble-t-il pas fréquenté[59] ; ainsi, évidemment, chez Heidegger, dont Marcuse cite les *Holzwege*[60]. Dans tous les cas, il s'agit de faire partir la réflexion de la conscience et de l'intention, plutôt que de l'objet. Or, la pensée de Cioran en la matière nous a semblé encore imprégnée de ce cadre phénoménologique, malgré le silence que Cioran garde à propos de Heidegger[61]. Ce qui peut étonner dans ce silence, c'est le fait que Cioran évoque assez continuellement Heidegger, souvent avec mépris, hors de ses livres : dans les *Cahiers*, les entretiens, et dans certains textes non publiés de son vivant[62]. Mais c'est aussi le fait qu'il semble continuer à le lire. Les *Cahiers* font justement état d'une lecture, sceptique mais malgré tout régulière, des *Holzwege* : « Essayé vainement pour la dixième fois de lire en français *Holzwege*. Je me demande ce que peut susciter dans un cerveau "jeune" ce style exaspérant, souvent inintelligible, apparemment profond. En allemand, il ne manque pas de beauté, bien qu'il témoigne d'une démesure et d'une prétention tout à fait insupportables[63]. »

Et Cioran ne renie pas le rapprochement fait entre lui et Heidegger par un de ses interviewers, Georg Carpat Focke :

> G. C. F. : Heidegger voyait la cause de cet état dans l'oubli de l'être et disait que l'époque moderne a désappris à penser originellement. Est-ce que l'homme de nos sociétés dans son « inauthenticité » n'aurait simplement plus de rapport avec cette pensée ?

58 *Ibid.*, p. 1095.
59 *Cf.* Cioran, « Entretien avec Fernando Savater » et « Entretien avec Jean-François Duval », dans *Entretiens, op. cit.*, p. 24 et 55-56.
60 D'ailleurs l'unique occurrence de Heidegger dans l'essai de Marcuse (*cf.* Herbert Marcuse, *L'Homme unidimensionnel* (1964), trad. M. Wittig, Paris, Minuit, 1968, p. 177 et 185).
61 Qui n'apparaît qu'une fois dans l'œuvre française de Cioran, au détour d'un aphorisme d'*Aveux et anathèmes* – et en mauvaise part dans *Œuvres, op. cit.*, p. 1656).
62 Sur ce silence, *cf.* notamment Aurélien Demars, *Le Pessimisme jubilatoire de Cioran, op. cit.*, p. 364 et n. 1405.
63 Cioran, *Cahiers. 1957-1972*, Paris, Gallimard, 1997, p. 438. Le passage date de novembre 1966.

C. : J'en suis profondément persuadé. Pour prendre un exemple tout à fait
banal, qui est d'ailleurs une observation personnelle : quand vous entrez dans
une banque, vous voyez trente à quarante jeunes filles qui du lever du soleil
jusqu'à une heure avancée du soir tapent des chiffres. Penser cela ! Qu'on ait
fait l'histoire jusqu'à ce jour pour finir ainsi ! Si un destin pareil s'appelle la
vie, alors la vie n'a pas de sens[64].

Nous supposons donc que le diagnostic porté sur la modernité technique – diagnostic divergent quant aux causes, mais se rejoignant sur
le résultat et même en partie sur la méthode – est le lieu d'une affinité
persistante avec la philosophie de l'existence et la phénoménologie.

CONCLUSION

Nous avons entamé notre questionnement sur les rapports de Cioran
à la philosophie à partir d'une proximité thématique avec Levinas. Le
phénomène conjointement physiologique et psychologique de l'insomnie
est érigé, par l'un comme par l'autre et malgré la probable absence
d'échange intellectuel, en expérience-limite, caractérisée par une ruine
du monde voire, chez Levinas et peut-être dans le Cioran du *Crépuscule*,
une ruine de la conscience insomniaque elle-même. La poursuite de notre
questionnement, fondée sur un texte entièrement différent, a conduit au
contraire à souligner la différence foncière avec la philosophie de Levinas.
La pensée de Cioran est antagonique à toute éthique de l'extériorité,
pas seulement par misanthropie (misanthropie contingente, en partie
contestée par la biographie, et toujours susceptible d'être réduite à une
posture littéraire) mais parce qu'elle est une pensée entièrement hostile
à l'idée d'extérieur. On le voyait déjà avec le désastre métaphysique de
l'insomnie, qui appelle à être résolu non par l'intervention d'Autrui (qui
libère l'existant de sa conformité à lui-même) mais par un sursaut moral
entièrement individuel. On l'a vu encore dans la critique cioranienne
de la technique, qui situe justement l'origine de nos malheurs dans le
fait que la conscience se tourne vers l'extérieur.

---

64   Cioran, « Entretien avec Georg Carpat Focke », dans *Entretiens, op. cit.*, p. 253-254.

Il est délicat de dire à quel point cette restitution d'une « phéno-ménologie » cioranienne force les textes. Il est clair que la persistance d'un lexique – disons-le : d'un *jargon* – philosophique et phénoménolo-gique a bien souvent un but littéraire, permettant essentiellement une variation de registre supplémentaire, chez un auteur qui a construit sur ces variations son style. Mais s'il est certain que Cioran (en particulier dans son œuvre française) oscille toujours entre la métaphysique et le pamphlet, il serait sans doute injuste et hâtif de ne retenir que celui-ci au détriment de celle-là.

Vincent BERTHELIER
Sorbonne Université

CIORAN ET LE CORPUS JUIF

Une lecture en échec

Dans un hommage à Élie Wiesel, le critique littéraire roumain Ion Mihaïleanu met en parallèle un passage du Talmud, — « Mieux vaudrait ne pas être né », cité par Wiesel — et *De l'inconvénient d'être né*, et ajoute : « Où [Cioran] a-t-il trouvé sa contestation de la création sinon dans certains passages du Talmud[1] ? » Pour le critique, il semble aller de soi que Cioran ait depuis toujours pratiqué le Talmud[2] et qu'il doive à ce livre quelques-uns des thèmes majeurs de son œuvre. Mais l'exemple est-il si bien choisi ? C'est oublier le Job du « Périsse le jour où je suis né[3] », le Sophocle d'*Œdipe à Colonne* (v. 1224 *sq.*), le Kafka du « Ma vie est l'hésitation devant la naissance[4] » ou Mme du Deffand, que Cioran aimait tant : « le fâcheux, c'est d'être né[5] ». Qui plus est, l'on chercherait en vain la moindre référence au Talmud dans *De l'inconvénient d'être né...*, qui, pour ce qui est des références juives, cite une conversation avec Jacob Taubes[6] et un rabbin hassidique d'après les récits de Buber[7]. La contestation de Dieu,

---

1   Ion Mihaïleanu, « Le 'hassid et l'antiprophète », dans Michaël de Saint Cheron (dir.), *Autour de Elie Wiesel. Une parole pour l'avenir*, Paris, Odile Jacob, 1996, p. 257-263, ici p. 262.

2   Si Cioran avait quelques « notions », sa lecture plus attentive (elle reste à démontrer) du Talmud et de la Kabbale semble dater des années 1970. *Cf.* par exemple Bernd Mattheus, *Cioran. Portrait eines radikalen Skeptikers*, Berlin, Matthes & Seitz, 2007, p. 200 et 216.

3   Job 3, 3.

4   Franz Kafka, *Journal*, 24 janvier 1922, cité dans Cioran, *Cahiers. 1957-1972*, Paris, Gallimard, 1997, p. 660. Notons que Kafka fait cette remarque à propos de la théorie juive de la transmigration des âmes, mais Cioran oublie le contexte.

5   Mme du Deffand, *Correspondance complète*, Paris, 1865, t. I, p. 249. Sur Deffand et le Talmud, *cf.* la lettre de Voltaire à Mme du Deffand du 3 octobre 1764, où Voltaire se scandalise qu'on lui impute un petit livre qui cite « le Targum des Juifs » (*sic*), par quoi il faut entendre le Talmud et qui le fait prendre pour « un rabbin » (*Œuvres de Voltaire*, vol. 62 « Correspondance », t. XII, Paris, 1832, p. 34-35).

6   *Cf.* Cioran, *De l'inconvénient d'être né*, dans *Œuvres*, Paris, Gallimard, coll. « Bibliothèque de la Pléiade », 2011, p. 782 et *Cahiers*, juin 1966, *op. cit.*, p. 373.

7   *Cf.* Cioran, *De l'inconvénient d'être né*, *op. cit.*, p. 792 et *Cahiers*, septembre 1966, *op. cit.*, p. 405, d'après Martin Buber, *Les Récits hassidiques*, trad. A. Guerne, Paris, Plon, 1963, p. 231.

avec son corollaire de la pieuse irrévérence, est bel et bien une tradition juive[8] qu'Elie Wiesel a plus d'une fois illustrée au point, notamment, de réécrire le *Ani maamin* des Hassidim pour mettre Dieu en procès[9].

De même peut-on observer, à la suite de Jacqueline Rastoin, maintes affinités entre Cioran et le « rabbi morose » Menahem Mendel de Kotzk (1787-1859), le « Kotzker », et sa protestation contre le monde[10]. Telle était aussi la tradition dans laquelle on pourrait inscrire Piotr Rawicz, juif observant dont Wiesel disait que, « pour lui, tout touchait à la métaphysique, même la dérision[11] » et dont Cioran évoque plus d'une fois la conversation[12]. L'un voulait que son désespoir fût un ultimatum à Dieu, l'autre cédait à la terreur de la décréation et concluait au blasphème nécessaire tout en priant ce Dieu qui, « s'Il n'existait pas [...], serait coupable de Sa non-existence[13] ». Mais de là à inscrire la pensée de Cioran dans cette tradition, il faudrait, sinon qu'il s'en réclame, au moins qu'il en ait eu une connaissance intime au point de s'en nourrir, ce qui reste à vérifier, et qu'il fût prêt à pardonner sinon à Dieu sinon à ceux qui l'ont donné au monde, comme disait André Schwarz-Bart dans *L'Étoile du matin*. Tout au plus peut-on comparer l'humour noir de Cioran, dans *De l'inconvénient d'être né*, à celui d'Albert Cohen[14]. Mais qu'en est-il de sa judéité ?

---

8   *Cf.* Anson Laytner, *Arguing with God. A Jewish Tradition*, Lanham, A Jason Aronson Book, 1990 ; Dov Weiss, *Pious Irreverence. Confronting God in Rabbinic Judaism*, Philadelphie, University of Pennsylvania Press, 2017.

9   Écrit directement en français, le texte est publié dans Elie Wiesel, *Un Juif aujourd'hui*, Paris, Seuil, 1977, p. 205-249. *Cf.* Pierre-Emmanuel Dauzat, « *Ani maamin beviat haMashiah*. Sur la cantate d'Elie Wiesel et Darius Milhaud », dans Danielle Cohen-Levinas et Perrine Simon-Nahum (dir.), *Survivre. Résister, se transformer, s'ouvrir. Nouveaux Colloques des intellectuels juifs 2019*, Paris, Hermann, 2019, p. 65-81. Quelques lettres de Wiesel à Cioran attestent cependant une proximité entre les deux hommes. *Cf.* Laurence Tacou et Vincent Piednoir (dir.), *Cahier de l'Herne Cioran*, Paris, L'Herne, 2009, p. 511-512.

10 *Cf.* Jacqueline Rastoin, *La Torah sculpte le Christ*, Toulouse, Éditions du Carmel, 2013, amitiés avec Cioran, p. 15, 36, 39, 48, 61, 62. Jacqueline Rastoin a pris des notes sur ses conversations avec Cioran : sa connaissance du hassidisme et du rabbi Menahem Mendel de Kotzk permet de présumer de la richesse de ces inédits pour éclairer la compréhension que Cioran pouvait avoir du judaïsme. Sur le Kotzker, *cf.* Abraham Joshua Heschel, *Le Tourment de la vérité*, trad. G. Passelecq, Paris, Cerf, 1976.

11 Elie Wiesel, *... Et la mer n'est pas remplie*, Paris, Seuil, 1996, p. 476.

12 Cioran, *Cahiers, op. cit.*, p. 347, 518, 660 et 730.

13 Piotr Rawicz, *Bloc-notes d'un contre-révolutionnaire, ou La Gueule de bois*, Paris, Gallimard, 1969, p. 172. *Cf.* Christa Stevens, « Le scandale de Piotr Rawicz. *Le Sang du ciel*, la kabbale et l'écriture sacrilège », *Image [&] Narrative*, vol. 14, n° 2, 2013, p. 8-15.

14 *Cf.* Denise R. Goltein-Galperin, *Albert Cohen et la tradition littéraire : filiations et ruptures*, Paris, L'Atelier Albert Cohen, 1992, p. 29.

Dans le même ordre d'idées, le poète et essayiste Arnold Mandel, lecteur de Cioran[15], a évoqué « la dialectique véhémente et subtile du Talmud de Babylone, ses digressions et ses paradoxes, [qui] nourrissent encore de nos jours notre esprit, déterminent encore nos conduites et nos réflexes[16] ». Sans donner la moindre référence, l'un des préfaciers de son ouvrage posthume ne craint pas d'ajouter que « Cioran [...] a écrit à peu près la même chose[17] ». Pour un peu, Cioran serait un « Juif qui s'ignore », fort d'une connaissance innée du Talmud. De là à ranger Cioran parmi les « penseurs qui ont rencontré, au plus profond d'eux-mêmes, leur judéité, sans être forcément juifs – au sens strict – pour autant », aux côtés de Sartre, Dürrenmatt, Klima, Canetti ou Miller, il y a un pas que franchit allègrement Bernard Chouraqui[18], en se fondant sur un seul texte, pour le moins problématique, « Un peuple de solitaires ».

À un niveau de généralité supérieur, quoique moins périlleux, on pourrait penser que la fréquentation de Léon Chestov puis l'amitié de Benjamin Fondane[19] ont pu familiariser Cioran avec les règles du questionnement juif. Évoquant Chestov, le philosophe Alexis Philonenko invente une « méthode talmudique » – définie comme « *forme de pensée* consistant à regarder le même objet selon des perspectives entre-déterminées. Tout ce qui précède détermine tout ce qui suit et tout ce qui suit détermine ce qui le précédait en l'éclairant ». Mais, ajoute-t-il, chez Chestov, cette méthode est « troublée » par l'ironie[20]. Si l'on peut pardonner au philosophe la confusion entre pensée scolastique et « méthode talmudique[21] », on s'étonnera davantage que l'ironie puisse troubler les rabbis du Talmud. Et quand il écrit que, récusant Spinoza repoussant le rire, « le très talmudique Chestov se garde bien de nous indiquer la

15   *Cf.* Arnold Mandel, *Tikoun*, Paris, Mazarine, 1980 ; mais aussi *idem*, « L'âme enchantée du judaïsme », dans Victor Malka, *Être juif*, Paris, Cerf, 1984, p. 11-26, ici p. 25.

16   Arnold Mandel, *Une mélodie sans paroles ni fin : chroniques juives*, Paris, Seuil, 1993, p. 19.

17   Victor Malka, « Préface », *ibid.*, p. 8.

18   Bernard Chouraqui, *La Judéité sauvage*, Paris, La Différence, 2002, p. 251 *sq*. Mais *cf.* aussi Ion Vartic, « "Evreul" Cioran » (2000) [« Cioran juif »], repris dans Ion Vartic, *Cioran naïv și sentimental*, Iași, Polirom, 2011, p. 47-53.

19   *Cf.* Monique Jutrin *et al.*, *Benjamin Fondane à la recherche du judaïsme*, Paris, Lethielleux, 2009.

20   Alexis Philonenko, *La Philosophie du Malheur. 1. Chestov et les problèmes de la philosophie existentielle*, Paris, Vrin, 1998, p. 117-118.

21   Sur les règles de cette méthode, qui ont peu à voir avec ce qu'en dit Philonenko, *cf.* Hermann Leberecht Strack et Günter Stemberger, *Introduction au Talmud et au Midrash*, trad. M.-R. Ayoun, Paris, Cerf, 1986, p. 40 *sq*.

détermination de son rire », Philonenko nous révèle simplement qu'il n'a jamais lu une page du Talmud : l'ironie et le rire font partie de la méthode talmudique[22]… Or, si l'on trouve de l'ironie et du rire chez Cioran, il n'est pas sûr que le Talmud ou les rabbis y soient pour quelque chose. À la limite, Cioran aura retenu de Chestov l'ironie plus que l'hypothétique méthode talmudique que croit reconnaître Philonenko. Le « rabbinage » de Cioran, pour parler comme Pascal, est assez réduit : une dizaine de citations plus ou moins directes qui ne témoignent pas d'une étude assidue du corpus juif, mais sont souvent révélatrices de préoccupations antérieures. Elles illustrent un propos déjà élaboré, voire confirment des préjugés, mais toutes les glanes ne sont pas de même nature.

Une règle de prudence élémentaire, quand on analyse la pensée d'un auteur, serait de ne pas mettre *a priori* sur le même plan, les notes glanées dans la correspondance ou les journaux intimes, voire les cahiers de travail et les passages extraits de l'œuvre publiée. La seule exception paraît être celle des citations, recopiées, le cas échéant commentées, parce que « marquantes ». Ainsi de cette « citation du Talmud » que l'on trouve dans les *Cahiers* : « Une phrase du Talmud, qu'aimait Kafka : "Nous autres Juifs, comme les olives, nous ne livrons le meilleur de nous-mêmes que lorsqu'on nous écrase[23]." » Cioran n'en indique pas la source, mais elle provient des *Conversations avec Kafka* de Gustav Janouch. Dans la version de Lortholary : « L'antisémitisme s'accroît, mais c'est une bonne chose. Le Talmud dit que les Juifs sont comme les olives : c'est quand on nous écrase que nous donnons ce que nous avons de meilleur[24]. » Sans doute Cioran a-t-il d'abord lu Janouch en allemand et en a fait lui-même la traduction. Outre que l'authenticité des « conversations » est pour le moins sujette à caution[25], la citation présente plusieurs anomalies qui invitent à y regarder de plus près : le lien avec l'antisémitisme, l'idée que Kafka « aimait » cette citation et l'attribution au Talmud.

---

22 Sur l'ironie dans le Talmud, *cf.* entre autres Daniel Boyarin, *Socrate and the Fat Rabbis*, Chicago, University of Chicago Press, 1989.
23 Cioran, *Cahiers*, *op. cit.*, p. 161.
24 Gustav Janouch, *Conversations avec Franz Kafka*, trad. B. Lortholary, Paris, Les Lettres Nouvelles, 1978, p. 232.
25 Sur la prudence de rigueur envers Janouch, *cf.* Josef Čermák, *Kafka : Fables et mystifications*, trad. H. Belleto-Sussel, Villeneuve d'Ascq, Presses universitaires du Septentrion, 2010, p. 64 *sq.*

Ce qui frappe d'emblée dans la citation de Cioran, c'est la suppression de la première partie de la phrase attribuée à Kafka : « L'antisémitisme s'accroît, mais c'est une bonne chose. » Selon Janouch, en effet, Kafka aurait prononcé ces mots lors d'une conversation sur le sionisme, en expliquant que, de toute manière, l'oppression nourrit la créativité, comme Borges pouvait dire que « la censure est la mère de la métaphore ». Cioran décontextualise la citation – une conversation sur le sionisme – et en fait une déclaration générale. Mais en même temps qu'il supprime des mots, il en rajoute un : Kafka « aimait » cette citation[26]. On ne voit pas ce qui autorise Cioran à dire que Kafka « aimait » cette phrase. D'après Janouch, il ne fait que citer. Cette double « manipulation » revient à mettre dans la bouche de Kafka un éloge de l'oppression en général en l'imputant au Talmud – fait d'autant plus troublant que l'écrivain avait une réelle connaissance du Talmud et était parfaitement capable de le citer correctement, et de première main[27]. Or, il s'agit d'une pseudo-citation. La comparaison du peuple juif avec l'olivier se trouve chez Jérémie :

> 15. Que ferait mon bien-aimé dans ma maison ? Il s'y commet une foule de crimes. La chair sacrée disparaîtra devant toi. Quand tu fais le mal, c'est alors que tu triomphes !
>
> 16. Olivier verdoyant, remarquable par la beauté de son fruit, Tel est le nom que t'avait donné l'Éternel ; Au bruit d'un grand fracas, il l'embrase par le feu, Et ses rameaux sont brisés.
>
> 17. L'Éternel des armées, qui t'a planté, Appelle sur toi le malheur, À cause de la méchanceté de la maison d'Israël et de la maison de Juda, Qui ont agi pour m'irriter, en offrant de l'encens à Baal[28].

---

26   Accordant un crédit aveugle au passage de Cioran, deux auteurs se laissent prendre au piège : Jean Daniel, *Avec le temps. Carnets 1970-1998*, Paris, Grasset, 1998, en février 1998 ; et Georges Haldas, *Le Monde immobile. Carnets 2000*, Lausanne, L'Âge d'Homme, 2006, p. 186 : « Cette phrase du Talmud citée par Cioran et que Kafka aimait : "Nous autres Juifs, comme les olives, nous ne livrons le meilleur de nous-mêmes que lorsqu'on nous écrase." Mais aujourd'hui que livrent-ils d'eux-mêmes en écrasant les Palestiniens ? » L'effet de « téléphone arabe » est parfait : ici, c'est Cioran qui « cite » le Talmud en prétendant que Kafka aimait cette phrase – tout cela pour réintroduire anachroniquement la question des Palestiniens...

27   *Cf.* David Suchoff, *Kafka's Jewish Languages. The Hidden Openness of Tradition*, Philadelphie, University of Pennsylvania Press, 2012, p. 40, 112-114, 123, 131, 141, 156-157, 159, 162-163.

28   Jérémie, 11, 15-17.

Les rabbis du Talmud n'ont pas manqué d'interroger ce passage. Ainsi lit-on dans le traité *Menahot* 53b du Talmud de Babylone que rabbi Yohanan demande : « Pourquoi Israël est-il comparé à l'olive ? C'est parce que tout comme l'olive ne laisse suinter l'huile que si on la presse, ainsi Israël ne revient dans le droit chemin qu'au prix de souffrances[29]. » Tel est le passage du Talmud le plus proche de la « citation » de Kafka par Cioran. Or, précise l'historien du judaïsme Yosef Hayim Yerushalmi, « ce genre de prédications récurrentes de génération en génération ressortissent à ce que je serai tenté d'appeler les écrits de mise en garde en temps de prospérité [...]. Il n'est pas question de l'existence même d'Israël mais de son comportement moral et ces écrits ne visent qu'à susciter le repentir[30]. » L'idée que la persécution permet aux Juifs de donner le meilleur d'eux-mêmes est plutôt un avatar de la lecture chrétienne traditionnelle du judaïsme, une curieuse transposition du thème du « pressoir mystique » à l'histoire du peuple juif[31].

Il faut dès lors s'interroger sur l'erreur d'attribution. Croyant citer le Talmud, il semble que Cioran, par Janouch interposé, cite Spinoza : « Que la haine des nations soit très propre à assurer la conservation des Juifs, c'est d'ailleurs ce qu'a montré l'expérience[32]. » L'affirmation du philosophe amstellodamois est « révolutionnaire », mais sa similitude avec le passage du Talmud n'est qu'apparente, insiste Yerushalmi. On retrouve ici la thématique du *conatus* et de la persévérance dans l'être, que Cioran a toujours associée au peuple juif. Dans « Un peuple de solitaires », en effet, il évoque le don des Juifs de « persévérer dans leur être » – idée de « leur plus grand philosophe » : « cet être, ils l'ont conquis de haute lutte[33] ». Autrement dit, Cioran lit dans le Talmud, cité par Kafka, cité par Janouch, ce qu'il a lu dans Spinoza[34]. Peut-être cette

29 *Menahot* 53b (nous traduisons).
30 *Cf.* Yosef Hayim Yerushalmi, « Propos de Spinoza sur la survivance du peuple juif », dans Yosef Hayim Yerushalmi, *Sefardica. Essais sur l'histoire des Juifs, des marranes et des nouveaux-chrétiens d'origine hispano-portugaise*, Paris, Chandeigne, 1998, p. 175-206, ici p. 186-187.
31 *Cf.* Nelly Wilson, *Bernard Lazare. Antisemitism and the Problem of Jewish Identity in late nineteenth-century France*, Cambridge, Cambridge University Press, 1978, p. 215.
32 Baruch Spinoza, *Traité théologico-politique*, trad. Ch. Appuhn, Paris, Flammarion, coll. « GF », 1965, chap. III, p. 82.
33 Cioran, *La Tentation d'exister*, dans *Œuvres, op. cit.*, p. 320.
34 Très curieusement, Serge Moscovici définit l'antisémitisme par l'*invidia*, qu'il trouve chez Spinoza et ajoute que l'antisémite est un « jaloux qui espère pouvoir forcer la main de cette minorité pour l'obliger tôt ou tard à renoncer à elle-même ou à lui livrer le secret de sa

confusion de Cioran a-t-elle été aussi facilitée par la lecture de textes hassidiques. Ainsi chez rabbi Moshe, fils du maggid de Koznitz : « Il est écrit : huile d'olive pure battue pour la lumière. Nous devons être battus et contusionnés mais pour plus de lumière[35]. » Mais là encore, ce serait une mélecture flagrante : l'olive est un « fruit de lumière », avec ses deux fleurs pour chaque fruit – seule fructifie l'alliance de deux forces spirituelle et physique. Kafka ne pouvait vouloir dire autre chose. Un autre passage du « Peuple de solitaires[36] » paraît corroborer l'origine de l'erreur. Sans donner sa source, Cioran commence par citer Tacite, puis, dans le même sens, ajoute qu'« un de leurs coreligionnaires » observe : « Les peuples ressentent envers les Juifs la même animosité que doit ressentir la farine contre le levain qui l'empêche de reposer[37]. »

Il semble donc que le même Cioran qui, dans les *Syllogismes de l'amertume*, écrivait « tout commentaire d'une œuvre est mauvais ou inutile, car tout ce qui n'est pas direct est nul », se soit laissé abuser par le commentaire de Janouch sans se donner la peine de vérifier la source de citation, qui était déjà un commentaire[38]. Or, la culture rabbinique est avant tout une culture du commentaire pour « préserver autant que faire se peut un héritage perçu comme continûment menacé de dissolution[39] ».

Si l'on quitte les *Cahiers*, instrument de travail, pour l'œuvre publiée, la question se pose alors de la nature des citations du Talmud que fait Cioran et de leur origine. Totalement absente de la *Transfiguration de la Roumanie*, qui témoigne d'une connaissance du judaïsme de seconde ou

permanence. Le privilège non pas d'être un peuple élu, mais de persévérer dans son être ». Serge Moscovici, *Mon Après-guerre à Paris. Chronique des années retrouvées*, éd. A. Laignel-Lavastine, Paris, Grasset, 2019, p. 305-306. Les mots sont ceux qu'emploie Cioran, que Moscovici tenait pour un « métaphysicien pâteux » pour dire que sa haine se nourrissait de son envie de cette « persévérance » – le fameux *conatus*... *Cf. ibid.*, p. 41-42 ; *cf.* aussi p. 262, 282, 290-291.

35 Cité dans William Silverman, *The Sages Speak. Rabbinic Wisdom and Jewish Values*, London Jason Aronson Inc., 1989, p. 119.

36 Cioran, *La Tentation d'exister, op. cit.*, p. 314.

37 Il cite en fait Moïse Engelson, *Nous autres Juifs*, Genève, [s. n.], 1944, p. 10, cité par Charles Journet, *Destinées d'Israël*, Paris, Egloff, 1945, p. 201, n. 2, cité par Jules Isaac, *Genèse de l'antisémitisme*, Paris, Calmann-Lévy, 1956, p. 31, mais Isaac s'inscrit en faux contre cette façon de généraliser, ce qu'il appelle le thème de « l'éternel antisémitisme », comme si les paroles impropres du Vendredi saint n'étaient pas spécifiquement liées à la version chrétienne de la Passion : celle que retient Cioran en louant la traîtrise de Judas et en restant au thème des Juifs qui ont tué l'un des leurs, Jésus.

38 Cioran, *Syllogismes de l'amertume*, dans *Œuvres, op. cit.*, p. 177.

39 *Cf.* Jean-Christophe Attias, *Penser le judaïsme*, Paris, CNRS Éditions, 2010, p. 34, où l'auteur insiste sur ce contresens de Cioran.

de troisième main, exclusivement fondée sur une idéologie antisémite[40], la « source juive », pour parodier Simone Weil, est à peine plus présente dans « Un peuple de solitaires », avec une vague comparaison des sages hassidiques avec les saints chrétiens[41], une allusion désinvolte à la « législation révélée » de Mendelssohn[42], qu'il ne saurait comprendre puisqu'il a décrété que leur Dieu est un « despote trouillard » et capricieux, et une allusion à « leur plus grand philosophe » (même si Spinoza n'est pas cité nommément). Autant de notations trop rapides, presque caricaturales, qui ont pu faire juger ce texte superficiel par Susan Sontag[43] et beaucoup d'autres. À tout le moins, il y a un refus *a priori* de considérer la tradition juive en dehors de l'espace restreint où le christianisme mais aussi Spinoza ont voulu la cantonner. Autant dire qu'au moment où Cioran opère son « retournement », sa lecture du judaïsme ne fait pour ainsi dire aucune place au corpus judaïque, qu'il s'agisse du Talmud, du Midrash ou du Zohar. Il semble avoir décidé, comme Elie Faure, que « l'âme juive » se déchire entre deux pôles, l'« idéalisme positif » et le « scepticisme invincible[44] », lequel conduit au doute absolu… qui est le sien. *Ergo*, il est « métaphysiquement juif[45] » – mais a-t-il jamais été tenté de lire le Talmud ? aurait demandé son ami juif et frère en métaphysique et en dérision Piotr Rawicz[46], que Cioran lui-même appelait le « plus jovial des détrompés[47] ».

40 Dont les sources sont exposées dans Alexandra Laignel-Lavastine, *Cioran, Eliade, Ionesco. L'oubli du fascisme*, Paris, PUF, 2002, p. 90-91.

41 *Cf.* aussi Armel Guerne, *Lettres de Guerne à Cioran, 1955-1978*, éd. S. Massias, Lectoure, Le Capucin, 2001, p. 375, n. 204 : « J'ai toujours pensé que pour comprendre le Christ réel, le Christ quotidien, il valait mieux pratiquer les rabbins hassidiques que les saints chrétiens. Elie Wiesel est un des rares qui, à l'heure actuelle, sachent parler avec émotion d'un phénomène spirituel unique ».

42 *Cf.* Moses Mendelssohn, *Jérusalem ou Pouvoir religieux et judaïsme*, trad. D. Bourel, préf. E. Levinas, Paris, Les Presses d'Aujourd'hui, 1982, p. 122-123. Sur l'opposition loi révélée et religion révélée, notamment dans le « dialogue » de Mendelssohn avec Spinoza, *cf.* désormais Eli Schonfeld, *L'Apologie de Mendelssohn*, Lagrasse, Verdier, 2018, p. 20-26.

43 *Cf.* Susan Sontag, « Préface » à *La Tentation d'exister*, dans *Sous le signe de Saturne*, Paris, Seuil, 1983 ; et Cioran, *Cahiers, op. cit.*, p. 533.

44 *Cf.* Élie Faure, *L'Âme juive, ou la fureur d'être*, préf. H. Raczymow, Paris, Manucius, 2018, p. 63-64, dont tant de pages rappellent le Cioran des *Cahiers, op. cit.*, p. 467, ou de « Un peuple de solitaires ». Faure réussit le tour de force de disséquer « l'âme juive » sans se référer au corpus proprement judaïque.

45 Cioran, *Cahiers, op. cit.*, p. 254.

46 *Cf.* Piotr Rawicz, *Bloc-notes d'un contre-révolutionnaire, op. cit.*, p. 68 ; *cf.* aussi p. 42.

47 Cioran, *Aveux et anathèmes*, dans *Œuvres, op. cit.*, p. 1073. *Cf.* A. Dayan-Rosenman et F. Louwagie (dir.), *Un ciel de sang et de cendres. Piotr Rawicz et la solitude du témoin*, Paris, Kimé, 2013, p. 22.

Au demeurant, Cioran dit lui-même, quand il évoque son passage du désir d'être juif à la haine puis à la judéophilie, « que sur un point je n'ai jamais varié : j'entends mon attachement à l'Ancien Testament, le culte que j'ai toujours porté à *leur* livre, providence de mes déchaînements ou de mes amertumes. Grâce à lui je communiais avec eux[48] ». Cioran réduit les Juifs à l'Ancien Testament, avec ses « livres frénétiques » : autrement dit, il retient l'Ecclésiaste, texte « entièrement satisfaisant[49] » plutôt que le Cantique des Cantiques ; sa vision reste celle du christianisme, par rapport auquel il ne cesse de penser le judaïsme et son destin. Il semble supposer, en reprenant l'appellation chrétienne du *Tanakh*, que non seulement les Juifs lisent les mêmes textes, mais les lisent comme les chrétiens. L'appellation même d'Ancien Testament plutôt que Torah trahit ce tropisme. Le judaïsme n'est encore imaginé qu'à travers le prisme chrétien. En revanche, on glane quelques « citations » du Talmud et du Zohar dans la suite de l'œuvre, notamment dans *Écartèlement* et dans *Aveux et anathèmes*.

La première citation commence par un singulier « d'après le Talmud », qui mérite qu'on s'y attarde parce que, hormis pour un lecteur rapide qui n'a jamais ouvert le moindre traité du Talmud, l'expression n'a strictement aucun sens. Israël Lévi, qui inaugura la direction d'études sur le judaïsme rabbinique et talmudique à la section des sciences religieuses de l'École pratique des Hautes Études en 1896 avant de devenir grand-rabbin de France, observait en effet : « Renvoyer au Talmud [...], c'est comme si l'on s'en référait au *Journal Officiel*, sans indiquer ni l'année ni la page. Ce défaut de rigueur scientifique est encore plus excusable que le fait de prêter au Talmud une opinion » – ce que fait chaque fois Cioran.

> Or le Talmud est un procès-verbal des dires qui se transmettaient dans les écoles palestiniennes et babyloniennes et des leçons qui se donnaient dans ces académies. Le plus souvent ces dires sont accompagnés du nom de celui qui en est l'auteur. D'autre part, sauf en matière de jurisprudence, la liberté la plus grande règne dans l'exposé des idées. Aussi les contradictions ne sont-elles pas rares. Comment, après cela, faire parler le Talmud ? [...] C'est comme si on invoquait l'opinion du *Journal officiel*[50].

48   Cioran, *La Tentation d'exister*, *op. cit.*, p. 317.
49   Mot rapporté par Piotr Rawicz dans son introduction, « Solitude juive dans la création littéraire », dans J. Halpérin et G. Levitte (dir.), *Solitude d'Israël. Actes du XV⁰ Colloque des intellectuels juifs de langue française*, Paris, PUF, 1975, p. 73-76, ici p. 74.
50   Israël Lévi, *Revue de l'histoire des religions*, vol. 49, 1904, p. 81-94, ici p. 92, dans sa recension de Sylv Karppe, *Étude sur les origines et la nature du Zohar*, Paris, Alcan, 1901.

Cette façon de citer le Talmud fait de Cioran, comme de tant d'autres, qui n'ont pas intégré le « troisième pilier », un digne héritier de l'ignorantin Henri de La Seyne, capucin XVIIᵉ siècle (1627-1701), qui ne craignait pas d'écrire *Ut narrat rabbinus Talmud*[51], « comme le dit le rabbin Talmud ».

Cette précision faite, voici la citation du Talmud par Cioran dans *Écartèlement* : « D'après le Talmud, l'impulsion mauvaise est innée ; la bonne n'apparaît qu'à treize ans. Cette précision, malgré son caractère comique, ne manque pas de vraisemblance, et elle nous dévoile l'incurable timidité du Bien, en face du Mal installé confortablement dans notre substance et y jouissant des privilèges que lui confère sa qualité de premier occupant[52]. » L'édition de la Pléiade renvoie justement au traité *Sanhédrin* (91 b) citant la Genèse (4, 7), « le péché est tapi à la porte » (du sein de ta mère) et à Maïmonide[53]. La précision est un peu trompeuse dans la mesure où elle peut laisser croire que Cioran a consulté ce traité, voire l'œuvre du médecin philosophe du XIIᵉ siècle, et que cette référence épuise le sens du passage. Que Cioran, dans cette notation, ne puisse s'empêcher de juger cette citation « comique » est assurément le signe d'une incompréhension. Selon le traité Berakhot (61 a), les deux « impulsions » sont présentes chez tous les hommes : la *Yetzer hatov*, ou tendance au bien, et la *Yetzer hara*, ou tendance au mal. Par ailleurs, eût-il connu le Midrash Rabba sur la Genèse[54] qu'il se serait méfié d'une lecture précipitée. On y lit en effet, à propos de Genèse (31, 1) : « Dieu vit tout ce qu'il avait fait. Or c'était très bon. » Se pose alors la question : « La mauvaise impulsion est-elle aussi très bonne ? » Réponse : « Sans cette mauvaise impulsion, nul ne pourrait bâtir une maison, épouser une femme, engendrer des enfants ou diriger des affaires humaines. » Un passage du Talmud de Babylone (*Sukkot* 52 a) oppose ainsi le rabbi Dosa à ses contradicteurs convaincus qu'au temps messianique on portera le deuil de la mauvaise inclination[55].

Karppe, on le verra, est au moins de seconde main une source de Cioran.

51   Henricus Seynensis, *Annus Ecclesiasticus cus concionatorius quadripatritus (sic)*, 1677, t. I, p. 261.

52   Cioran, *Écartèlement*, dans *Œuvres, op. cit.*, p. 968.

53   *Cf. Sanhédrin*, 91b citant Genèse 4, 7 : « le péché est tapi à la porte » (du sein de ta mère) ; et Moïse Maïmonide, *Guide des égarés*, trad. S. Munk, Lagrasse, Verdier, 3ᵉ partie, chap. XXII, p. 484.

54   *Midrach Rabba. Genèse*, trad. B. Maruani et A. Cohen Arazi, Lagrasse, Verdier, 1987. *Cf.* aussi Talmud, *Sukkah*, 52a.

55   *Cf.* David C. Mitchell, « Rabbi Dosa and the Rabbis Differ : Messiah ben Joseph in the Babylonian Talmud », *Review of Rabbinic Judaism*, 8/1, 2005, p. 77-90.

Ce que Cioran ne voit pas, parce que sa source est partielle ou partiale et totalement abstraite de la théologie et de l'anthropologie rabbiniques[56], est qu'il s'agit de l'explication rabbinique de la majorité religieuse fixée à 13 ans, l'âge de la *bar-mitsvah*[57], élément décisif de la généalogie du « sujet » rabbinique[58]. Par ailleurs, Cioran s'empare du mot « impulsion », détaché de sa source, pour lui donner une connotation psychologique quand, dans son étude des sources talmudiques de la psychanalyse, le lacanien Gérard Haddad préfère parler de « mauvais principe » plutôt que de penchant ou d'impulsion[59]. En réalité, ces sources rabbiniques sont l'un des fondements de la conception juive du libre arbitre – auquel Cioran, antipélagien, ne croit pas[60]. Malgré l'illusion donnée par « d'après le Talmud », on ne sait pas de quelle source de seconde main Cioran a tiré cet élément. Enfin, Cioran aurait pu corriger son erreur de lecture en rapprochant ce passage du Zohar, Sefer Shemot, parasha Bo (42 a), et sa théorie des quatre éléments, dont on peut conclure qu'aucun élément n'est mauvais en soi, la Kabbale en témoigne[61], tout dépend de l'usage qu'on en fait en fonction de son libre arbitre. Cioran, qui cite le Zohar plus régulièrement que le Talmud, s'en est ici abstenu.

Plus claire est l'origine de la deuxième citation d'*Écartèlement* : la médisance, *lashon hara*, « proclame le Talmud, est un péché aussi

56 Pour une analyse fouillée du *yetzer* et des *yetzarim*, *cf.* désormais Ishay Rosen-Zvi, « Two Rabbinic Inclinations? Rethinking a Scholarly Dogma », *Journal for the Study of Judaism*, 39, 2008, p. 1-27 ; *idem*, « Refuting the *Yetzer*: the Evil Inclination and the Limits of Rabbinic Discourse », *The Journal of Jewish Thought and Philosophy*, vol. 17, n° 2, 2009, p. 117-141 ; idem, « Sexualising the Evil Inclination: Rabbinic "Yetzer" and Modern Scholarship », *Journal of Jewish Studies*, vol. LX, n° 2, automne 2009, p. 264-281.

57 *Cf.* par exemple Abraham Cohen *Le Talmud*, trad. J. Marty, Paris, Payot, 1976, p. 190-191, qui explique la logique du commentaire rabbinique.

58 Ishay Rosen-Zvi, *Demonic Desires. Yetzer Hara and the Problem of Evil in Late Antiquity*, Philadelphie, University of Pennsylvania Press, 2011, p. 65 *sq.* et 127 *sq.* ; Louis Ginzberg, *Les Légendes des Juifs. 1. La Création du monde, Adam, les dix générations, Noé*, trad. G. Sed-Rajna, Paris, Cerf, 1997, p. 81 et 254, n. 14 sur les âges d'apparition du « mauvais penchant ».

59 Gérard Haddad, *Lacan et le judaïsme* précédé de *Les Sources talmudiques de la psychanalyse*, Paris, LGF, coll. « Le Livre de poche », 2004, p. 238 *sq.*

60 *Cf.* Cioran, *Histoire et utopie*, dans *Œuvres*, *op. cit.*, p. 511 et 513, où, il reprend le cliché antipélagien qui fait de Pélage – « un Celte, un naïf », un ancêtre du collectivisme, dont il juge les efforts insensés et dérisoires. *Cf.* Henry Amer, « Cioran, le docteur ès décadences », *La Nouvelle Revue Française*, n° 92, 1ᵉʳ août 1960, p. 297-307, ici p. 299.

61 Alexandru Şafran, *La Cabale* [1960], Paris, Payot, 1979, p. 372, n. 70.

grave que l'idolâtrie, l'inceste et le meurtre ». Si la note de l'édition de la « Bibliothèque de la Pléiade[62] » renvoie à une grande figure du judaïsme français, Edmond Fleg (1874-1963), l'*Anthologie juive* de ce dernier donne deux sources talmudiques : *Arakhin* (15 b) et *Sanhedrin* (102 b[63]). Cioran citant cette édition, il convient alors de préciser que la traduction des passages du Talmud n'est pas de Fleg, mais du rabbin Moïse Schuhl (1845-1911) qui avait établi une anthologie réunie sous le titre de « sentences[64] ». Fleg fait de même, ce qui a pu induire Cioran en erreur, et classe les passages du Talmud de son anthologie sous la rubrique « sentences du Talmud » : or, ce qui vaut pour le *Pirkei Avot* (Maximes des Pères), livre qui ressemble le plus à un recueil d'aphorismes, ne vaut pas pour les autres traités. Lire un extrait du Talmud comme un aphorisme, c'est être assuré de faire de la citation une demi-vérité, pour paraphraser Karl Kraus, plus qu'une vérité et demie. En l'occurrence, pourtant, le sens général de la citation est juste, mais on retrouve le « proclame le Talmud », qui n'a aucun sens. La traduction est couramment acceptée, même si « inceste » est parfois remplacé par « luxure », et que la notion de *lashon hara* va au-delà de celle de médisance. Pour le rabbin Mark-Alain Ouaknin, il s'agit plus généralement d'un « mauvais rapport à la langue[65] ». Cioran en tire une conclusion qui lui appartient, mais qui est légitime : « Par quel subterfuge passer d'un jour à l'autre sans haïr son prochain et se haïr en lui[66] ? » À une « sentence » imaginaire, il répond par un aphorisme.

La dernière citation du Talmud est tirée d'*Aveux et anathèmes* (1987[67]), après une première publication en 1982 dans la *NRF*[68]. La façon de citer le Talmud est la même, sans référence à aucun traité

62   Cioran, *Écartèlement, op. cit.*, p. 1005, et *cf.* p. 1539, n. 95.

63   Edmond Fleg, *Anthologie de la pensée juive*, Paris, J'ai Lu, 1966, « Époque talmudique » III, 5, p. 245 ; réédition de son *Anthologie juive. Des origines au Moyen Âge*, Paris, Gallimard, 1923, puis 1939, p. 243.

64   Moïse Schuhl, *Sentences et proverbes du Talmud et du Midrasch*, Paris, Imprimerie nationale, 1888, p. 270.

65   *Cf.* Marc-Alain Ouaknin, *Concerto pour quatre consonnes sans voyelles*, Paris, Payot et Rivages, 2003, p. 68.

66   Cioran, *Écartèlement, op. cit.*, p. 1005.

67   Cioran, *Aveux et anathèmes, op. cit.*, p. 1073.

68   Cioran, « L'Heure de la Déception », *Nouvelle Revue Française*, n° 358, novembre 1982, p. 25.

ni à aucun rabbi, comme s'il s'agissait d'un traité de morale : « dans le Talmud, une affirmation stupéfiante ». Suit une citation non référencée – « "Plus il y a d'hommes, plus aussi il y a d'images du divin et plus il y a de divin dans la nature." C'était peut-être vrai au temps où fut faite la remarque, démentie aujourd'hui par tout ce qu'on voit et qui le sera plus encore par tout ce qu'on verra. » Le passage retenu est en fait tiré du Talmud de Babylone (traité *Yevamot* 53b) ; la traduction retenue ne permet pas de douter de la source : l'édition de la « Bibliothèque de la Pléiade[69] » renvoie justement à un essai pour le moins controversé sur la Kabbale du philosophe Henri Sérouya (1895-1968[70]). Or, à un mot près, ce dernier cite le Talmud de seconde main en reprenant la traduction donnée par un certain S. Karppe dans son ouvrage de 1901 sur le Zohar[71]. Aucun des deux auteurs n'était un spécialiste du Talmud : le grand spécialiste de la mystique juive, Georges Vajda, a parlé à propos du premier d'« indescriptible chaos » et de « flot intarissable de considérations métaphysiques (?) fuligineuses[72] » ; quant au second, cité par le premier, il est à lui seul une anthologie des erreurs et des approximations de son siècle sur le Talmud et la mystique juive[73]. Il est pour le moins étrange que, s'intéressant à la mystique juive au début des années 1980, Cioran se soit référé à deux des sources les plus controuvées en la matière, au point de ne citer le Talmud qu'à travers des études sur le Zohar (le Zohar ayant lui-même gauchi ses citations du Talmud pour asseoir son autorité) à une époque où le public français non spécialiste disposait d'études rigoureuses aisément accessibles[74].

Dans son livre, Sérouya fait donc suivre l'extrait du traité *Yevamot* de ce commentaire nébuleux : « Se fondant sur le passage de la Genèse

---

69 *Cf.* Cioran, *Œuvres, op. cit.*, p. 1557, n. 26.
70 Cité par Henri Sérouya, *La Kabbale : ses origines, sa psychologie mystique, sa métaphysique*, Paris, Grasset, 1947, chap. 5 « Essai sur le mysticisme du Talmud », p. 100.
71 Sylv Karppe, *Étude sur les origines et la nature du Zohar, op. cit.*, p. 65.
72 Georges Vajda, compte rendu de Henri Sérouya. *La Kabbale. Ses origines, sa psychologie mystique, sa métaphysique*, *Revue de l'histoire des religions*, t. 134, n°s 1-3, 1947, p. 233-234.
73 *Cf.* l'article d'Israël Lévi cité *supra*.
74 *Cf.* Jacques Éladan, *Penseurs juifs de langue française*, Paris, L'Harmattan, 1995, p. 55 et 251. Parmi les études en question, citons Gershom Scholem, *Grands courants de la mystique juive*, Paris, Payot, 1950 ; Alexandru Şafran, *La Cabale, op. cit.* et Georges Vajda, *Recherches sur la philosophie et la Kabbale*, Paris-La Haye, Mouton & Co., 1962 ; *idem*, « La dialectique du Talmud et de la Kabbale », *Diogène*, n° 59, 1967, p. 69-87.

qui fait de l'homme l'image, la ressemblance de Dieu, les mystiques [talmudiques] étendent le divin sur toutes choses au moyen de la forme humaine[75]. » Sans éclairer Cioran sur le sens de cette citation talmudique, cette « précision » passe à côté du sens mystique de cette même idée dans le Zohar. Privée de son contexte, elle incite Cioran à la lire comme un aphorisme.

Bien souvent, on l'a vu, Cioran lit le Talmud à travers le Zohar, ou plus exactement glane ces citations du Talmud dans des ouvrages sur le Zohar. Qu'en est-il donc des citations qu'il fait de l'œuvre maîtresse de la Kabbale ? La première citation apparaît d'abord dans les *Cahiers* avant d'être reprise dans une version légèrement différente dans *De l'inconvénient d'être né* : « Il est dit dans le *Zohar*. "Dès que l'homme a paru sitôt ont paru les fleurs." » D'une version à l'autre, la formulation reste à peu près la même[76], mais c'est la conclusion de Cioran qui change[77]. Celle des *Cahiers* est abrupte, mais elle est presque celle d'un écologiste : « C'est le contraire qui est vrai. Tout homme qui naît, c'est la mort d'une fleur. » Autant dire que la citation est décontextualisée et passe à côté de la poétique du Zohar qui, en l'occurrence, trouve sa source dans le Cantique des Cantiques (2, 12). D'une citation à l'autre, Cioran se ravise : « Je croirais plutôt qu'elles étaient là bien avant lui, et que sa venue les plongea toutes dans une stupéfaction dont elles ne sont pas encore revenues. » Dans le commentaire du Zohar sur la Genèse (2, 5) où s'inscrit cette citation, il s'agit simplement d'expliquer que, avant l'apparition d'Adam, « Dieu retenait la pluie. » Et dans l'interprétation du Zohar, « les fleurs, ce sont les Patriarches qui existaient dans la pensée de Dieu[78] ». Autant dire que Cioran s'empare de l'image des fleurs et oublie le Zohar.

Une autre citation du même recueil reprend un thème déjà abordé dans les *Cahiers* : « Il est dit dans le *Zohar* : "Tous ceux qui font le mal dans ce monde ont déjà commencé dans le ciel à s'éloigner du Saint,

---

75 Henri Sérouya, *La Kabbale : ses origines, sa psychologie mystique, sa métaphysique*, *op. cit.*, p. 100.

76 Dans les *Cahiers*, Cioran cite *verbatim* la traduction de Jean de Pauly, qu'il retouche légèrement dans la reprise dans *De l'inconvénient*, « les fleurs ont paru » devenant « ont paru les fleurs ». *Zohar* I, 97ab, commentant Genèse 2, 5, trad. J. de Pauly [1912], Paris, Maisonneuve et Larose, 1970, t. 2, p. 3.

77 Cioran, *Cahiers*, octobre 1962, *op. cit.*, p. 116 et *De l'inconvénient d'être né*, *op. cit.*, p. 766.

78 *Cf.* Éliane Amado Lévy-Valensi, *La Poétique du Zohar*, Paris, Éditions de l'Éclat, 1996, p. 54 ; *cf.* aussi p. 77, 79, 96 et 101.

dont le nom soit béni ; ils se sont précipités à l'entrée de l'abîme et ont devancer le temps où ils devaient descendre sur la terre. Telles furent les âmes avant de venir parmi nous[79]." » *De l'inconvénient d'être né* reprend sans doute la même édition, mais pour les besoins de sa poétique et de sa métaphysique, modifie la traduction et supprime la référence :

> Le *Zohar* enseigne que tous ceux qui font le mal sur terre ne valaient guère mieux dans le ciel, qu'ils étaient impatients d'en partir et que, se précipitant à l'entrée de l'abîme, ils ont "devancé le temps où ils devaient descendre dans ce monde". / On discerne aisément ce qu'a de profond cette vision de la pré-existence des âmes et de quelle utilité elle peut être lorsqu'il s'agit d'expliquer l'assurance et le triomphe des "méchants", leur solidité et leur compétence. Ayant de longue main préparé leur coup, il n'est pas étonnant qu'ils se partagent la terre : ils l'ont conquise avant d'y être…, de toute éternité en fait[80].

La citation est réduite ; au « il est dit dans le Zohar » est substitué un « le Zohar enseigne », et le « descendre sur la terre » devient « descendre dans ce monde » ; pour finir, le commentaire de Cioran se substitue au contexte conservé dans les *Cahiers* au profit d'une lecture gnostique de cet extrait du Zohar. Il serait difficile, lisant Cioran, de deviner que le contexte est celui de la liberté des âmes et de leur libre arbitre : « C'est précisément pour concilier la liberté avec la destinée de l'âme, précise Adolphe Franck, c'est pour laisser à l'homme la faculté d'expier ses fautes, sans le bannir pour toujours du sein de Dieu, que les kabbalistes ont adopté, mais en l'ennoblissant, le dogme pythagoricien de la métempsycose[81]. » La source indiquée par Cioran ne laisse aucune place au doute sur sa démarche d'écrivain : il recherche moins la source originale et son sens qu'il ne quête un prétexte à réagir et à développer sa gnose, si étrangère soit-elle au texte qu'il cite. Le même refus du libre arbitre qui expliquait la mélecture d'un passage du Talmud explique cette mélecture du Zohar.

Le détournement de contexte est encore à l'œuvre dans la citation suivante, dans *Aveux et anathèmes* (1987) : « Demeurer identique à soi, c'est à cette fin que, selon le Zohar, Dieu créa l'homme et qu'il lui recommanda la fidélité à l'arbre de vie. Lui cependant préféra l'autre arbre, situé dans la "région des variations". Sa chute ? Folie du changement,

---

79 Cioran, *Cahiers*, juin 1963, *op. cit.*, p. 169. Fait inhabituel, Cioran indique sa source : Adolphe Franck, *La Kabbale*, Paris, Hachette, 1892, p. 183.
80 Cioran, *De l'inconvénient d'être né*, *op. cit.*, p. 840-841.
81 Adolphe Franck, *La Kabbale*, *op. cit.*, p. 183.

fruit de la curiosité, cette source de tous les malheurs. – Et c'est ainsi que ce qui ne fut que lubie chez le premier d'entre nous allait devenir pour nous tous loi[82]. »

La traduction est une fois de plus celle de Jean Pauly, pour le moins sujette à caution : en l'occurrence, Pauly condense, extrapole, omet des sources et christianise le texte. Le « demeurer fidèle à soi » (fidèle à Dieu, à l'homme ?) est ambigu ; plutôt que « région des variations », il faut comprendre un « lieu qui change, vire d'une couleur à l'autre, du bien au mal et du mal au bien[83] ». En restant au plus près du texte, le passage retenu par Cioran devrait se lire plutôt ainsi : « Quand le Saint, Béni Soit-Il, a créé Adam [...], il lui a demandé d'être fidèle à Lui, en sorte qu'il soit unique et droit, dans un lieu de fidélité unique, ne changeant ni ne reculant jamais – dans ce lien de foi, auquel tout est lié. [...] Mais ils se sont égarés du chemin de la foi – abandonnant l'arbre unifié pour le lieu qui change[84]. »

Comme dans le passage du Talmud sur les mauvais penchants, il s'agit pour le Zohar de souligner « la nature de la liberté humaine » et de fonder le libre arbitre, que seuls rendent possible les mauvais penchants[85]. Antipélagien, abusé par la traduction christianisante de Jean de Pauly, Cioran détourne le passage en le décontextualisant, pour en faire un des fondements du péché originel quand la tradition juive, sans être forcément pélagienne, en a fait le fondement du libre arbitre. Or, explique le rabbin Israël Lévi,

le péché d'Adam lui a été purement personnel et n'est pas transmissible à ses descendants ; ainsi les enfants naissent exempts du péché et dans une parfaite innocence ; la mort et les souffrances ne sont pas une suite et une peine du péché,

---

82   Cioran, *Aveux et anathèmes, op. cit.,* p. 1071-1072. *Cf.* Zohar III, 107a-b (trad. J. de Pauly, rééd. de 1970, p. 269), cité par Alexandru Şafran, *La Cabale, op. cit.,* p. 373 ; *cf.* Cioran, « Cahiers BLJD, juin 1967, ms. 813, f° 7 », précisent les éditeurs du texte dans la collection de la « Bibliothèque de la Pléiade », *cf.* Cioran, *Œuvres, op. cit.,* p. 1557, n. 24.

83   Sur cette traduction, *cf.* Gershom Scholem, l'historien de la mystique juive, qui n'hésite pas à conclure à des « falsifications volontaires » : Gershom Scholem, *Les Grands Courants de la mystique juive,* trad. M.-M. Davy, Paris, Payot, 2014, p. 311 et 358 ; *cf.* aussi le jugement d'un historien de la gnose dont Cioran suivit les cours au Collège de France, Henri-Charles Puech, recension de *La Cabbale. Pages classées du Zohar,* trad. J. Pauly, *Revue de l'histoire des religions,* t. 132, n°s 1-3, 1946. p. 222-223.

84   *Cf.* par exemple, *The Zohar. Pritzker Edition,* trad. D. Matt, Stanford, Stanford University Press, vol. VIII, 2014, p. 203-204.

85   Alexandru Şafran, *La Cabale, op. cit.,* p. 372-373.

mais la condition primitive de l'homme ; enfin, la nature humaine n'est ni viciée, ni dégradée, mais aussi saine, aussi parfaite, et aussi forte qu'elle l'était dans le premier homme avant sa chute ; en sorte que la grâce n'est pas nécessaire et que les forces de la nature suffisent pour faire le bien et vaincre la concupiscence[86].

Cioran ne saisit pas non plus que, pour les kabbalistes comme pour la tradition juive en général, le problème du mal est d'ordre non pas ontologique ou métaphysique, mais éthique. Le judaïsme part du monde tel qu'il est plutôt que d'une essence du mal[87].

Les mêmes raisons – traduction tronquée, méconnaissance de l'expression de la vision éthique à travers la fusion des formes homilétique et narrative de la rhétorique et christianisation du propos – expliquent la mélecture de la dernière notation d'*Aveux et anathèmes* qui se réfère au Zohar : « Le Zohar nous met dans l'embarras : s'il dit vrai, le pauvre se présente devant Dieu avec son âme seulement, tandis que les autres rien qu'avec leur corps. / Dans l'impossibilité de se prononcer, le mieux est encore d'attendre[88]. » En l'occurrence, le propos de Cioran part d'un passage du Zohar, ainsi commenté dans l'ouvrage de Sérouya sur la Kabbale : « Le pauvre jouit dans la Kabbale d'une grande faveur et implique en soi tout un symbole mystique [...]. R. Siméon [Zohar II, 61a] dit en outre : "Remarquez que les autres hommes paraissent en se présentant à Dieu avec leur corps et avec leur âme, alors que le pauvre ne paraît devant Dieu que par son âme, attendu que son corps est brisé ; or le Saint, béni Soit-Il, est plus près des âmes que des corps[89]." » Sans doute Cioran, comme la plupart des lecteurs frottés de christianisme, y retrouve-t-il un thème traditionnel : celui de l'idéalisation du pauvre qui pourrait refléter l'influence du prosélytisme franciscain[90]. Mais le

---

86 *Cf.* Israël Lévi, *Le Péché originel dans les anciennes sources juives*, 2ᵉ éd., Paris, Librairie Ernest Leroux, 1909, repris dans Israël Lévi, *Le Ravissement du Messie à sa naissance et autres essais*, éd. É. Patlagean, Paris-Louvain, Éditions Peeters, 1994, p. 115-142.

87 *Cf.* Isaïe Tishby, *La Doctrine du mal et de « écorces » dans la cabale lourianique* [1942], Jérusalem, Eshkol, 1963.

88 Cioran, *Aveux et anathèmes, op. cit.*, p. 1088.

89 *Cf.* encore Henri Sérouya, *La Kabbale : ses origines, sa psychologie mystique, sa métaphysique, op. cit.*, p. 391-392, qui cite la traduction de Jean de Pauly. *Cf.* aussi Paul Vuillaud, *La Kabbale juive. Histoire et doctrine*, Paris, É. Nourry, 1923, p. 390. Sur ces trois auteurs et les inflexions personnelles qu'ils font subir au corpus, *cf.* Charles Mopsik, « Les formes multiples de la cabale en France au XXᵉ siècle », dans Pierre Gisel et Lucie Kaennel (dir.), *Réceptions de la cabale*, Paris, Éditions de l'Éclat, 2007, p. 255-282.

90 *Cf.* par exemple Harvey J. Hames, *The Art of Conversion : Christianity and Kabbalah in the Thirteenth Century*, Leyde, Brill, 2000, notamment p. 104-117.

texte du Zohar va bien au-delà de la morale et son registre est celui de l'éthique narrative. Le point de départ, que ne soupçonnent ni Cioran ni certains de ses exégètes[91], est le Psaume 41, 1-2 : « Heureux celui qui s'intéresse au pauvre ! » Suit une question de rabbi Hiyya qui, se référant au psaume 69, 34, demande si Dieu n'écouterait que les pauvres et pas les autres. Rabbi Shimon lui répond par le verset 19 du psaume 51 : « Dieu, Tu ne dédaignes pas un cœur brisé et contrit[92]. » C'est au terme de ce dialogue que le même Shimon ajoute la précision qui « embarrasse » Cioran. En fait, Dieu préfère les pauvres parce qu'ils s'en remettent exclusivement aux forces de la Providence : ce qu'il faut comprendre, c'est simplement qu'éloignés des plaisirs et des conforts du corps, les pauvres peuvent aborder Dieu à travers la pureté de l'esprit, « forme suprême du service religieux ». Cette pauvreté est donc présentée comme un idéal de transcendance corporelle, d'autant que tout au long du Zohar (notamment III, 113 b) court l'idée que la Divinité se lie plus volontiers avec l'âme (*nafsha*) qu'avec le corps (*gufa*). Mieux encore, dans la tradition kabbalistique, vivre dans la pauvreté, c'est prendre exemple sur la *sefirah Shekinah*, qui ne possède rien en propre[93]. Et c'est précisément cet état de dénuement, ce corps brisé, que cherche le kabbaliste pour atteindre la plénitude et la totalité. Ne devinant ni le contexte ni sa dynamique et ne soupçonnant pas la démarche du kabbaliste, Cioran fait une lecture fondamentaliste (il prend à la lettre l'idée du pauvre sans corps au lieu d'y voir le constat d'une transcendance) puis s'abandonne à la tentation de voir dans ce passage une bizarrerie, une curiosité du Jugement dernier. Il en conclut donc, plus chrétien qu'il ne l'imagine, qu'il faut « attendre » : or « attendre » est bien ce dont, tenaillé par les urgences kérygmatiques[94] de sa néantologie, il est viscéralement incapable. N'ayant pas la patience de lire au moins jusqu'au bout les quelques pages du Zohar traitant du « corps du pauvre », il préfère attendre le Jugement dernier. Étrangement, son amour des saints ou de leur folie

91 Par exemple Stéphane Barsacq, *Éjaculations mystiques*, Paris, Seuil, 2011, chap. XXXVII, p. 138-141.
92 Zohar II, 61a. C'est moi qui traduis.
93 Sur le sens de ce passage dans le Zohar et les interprétations juives traditionnelles, *cf.* Eitan P. Fishbane, *The Art of Mystical Narrative. A Poetics of the Zohar*, New York, Oxford University Press, 2018, p. 296-300.
94 Jean-Yves Lacoste, « Urgences kérygmatiques et délais herméneutiques : la théologie et ses contraintes », dans Lacoste, *Le Monde et l'Absence d'œuvre*, Paris, PUF, 2000, p. 129-159.

aurait pu ou dû l'éclairer sur les dimensions ascétiques de la tension entre l'âme et le corps dans « l'exercice de la patience » du kabbaliste[95].

Tout se passe comme si, fidèle à son « intuition » de jeunesse, Cioran en était resté à la conception de la « Cabale » qu'il avait acquise dès ses années d'étude : « À mon avis, la Cabale est un livre [*sic*] qui n'est pas spécifique de l'esprit dans lequel se développe le judaïsme[96]. » Il lui a échappé que la « Cabale » n'est pas un livre, pas plus que « l'Ancien Testament » n'est le « livre des Juifs ». Pour lui, elle était de toute façon trop marquée par des influences orientales qu'il croyait bizarrement prépondérantes à l'époque où elle a été écrite.

On se souviendra qu'une des raisons invoquées par les rabbis pour ne pas coucher par écrit la Torah orale et pour refuser la traduction, c'est le risque d'idolâtrie intrinsèquement lié à l'écrit. Mendelssohn, le père de la Haskala, des « Lumières juives », reprendra explicitement ce thème dans *Jérusalem*[97]. Emmanuel Levinas abonde dans le même sens quand il avertit, « enfermer l'idée dans une formule, c'est la transformer en idole[98] ». Le Talmud et le Zohar sont riches en formules qui demandent à être lues autrement que comme des formules. Elles se présentent en général sous la forme de propos rapportés (*memra*, dans le langage du Talmud) en chaîne, mais toujours en indiquant le nom de l'auteur. Les lire comme des aphorismes anonymes, c'est se tromper sur leur sens réel dans le texte d'origine, ou projeter sur l'extrait retenu une pensée qui lui est étrangère. C'est l'arbre de l'aphorisme qui cache la forêt[99]. « Se méfier des penseurs dont l'esprit ne fonctionne qu'à partir d'une citation[100] », avait pourtant prévenu Cioran.

---

95   *Cf.* Eitan P. Fishbane, *As Light Before Dawn. The Inner World of a Medieval Kabbalist*, Stanford, Stanford University Press, 2009, p. 248-282 ; Elliot Wolfson, *Language, Eros, Being. Kabbalistic Hermeneutics and Poetic Imagination*, Fordham University Press, 2005, p. 307-324 et 564-572.

96   Cioran, « Le théisme comme solution du problème cosmologique (Dissertation sur le néospiritualisme de Bergson) », dans Laurence Tacou et Vincent Piednoir (dir.), *Cahier de l'Herne. Cioran, op. cit.*, p. 131-133, ici p. 131.

97   Moses Mendelssohn, *Jérusalem ou Pouvoir religieux et judaïsme, op. cit.*, 1982, p. 154.

98   Emmanuel Levinas, *Carnets de captivité*, suivi de *Écrits sur la captivité et Notes philosophiques diverses*, Paris, Grasset-IMEC, 2009, p. 253.

99   Elizabeth Shanks Alexander, « Why Study Talmud in the 21st Century: The View from a Large Public University, Or Studying as a Critical Thinker », dans Paul Socken (dir.), *Why Study Talmud in the Twenty-first Century. The Relevance of the Ancient Jewish Text to Our World*, Lanham, Lexington Books, 2009, p. 11.

100 Cioran, *Cahiers, op. cit.*, p. 254.

La citation devient alors simple prétexte, au point de lire dans le passage invoqué exclusivement ce que l'on y projette. Là encore, c'est son intérêt pour le hassidisme, né de la lecture des récits hassidiques de Buber traduits par son ami Armel Guerne, qui l'aura abusé et explique chez Cioran cette propension à ne retenir du judaïsme que des « aphorismes » : la forme de l'aphorisme a en effet sa place dans les textes fondateurs du hassidisme, ainsi chez Nahman de Braslav, avec ses *Liqutim* (recueils) ou *Sefer Hamidot* réunissant textes courts ou aphorismes. En aucun cas, elle ne définit le judaïsme rabbinique, fût-ce au prix d'une lecture impressionniste ou fugitive. Sans doute est-ce une des racines des malentendus autour du « Peuple de solitaires », aux équivoques inépuisables : où l'on attendrait une célébration de ce qui est proprement juif, le Talmud et le Zohar, on retrouve l'Ancien Testament... dans sa lecture chrétienne, mais avec un signe inversé. Quand des vagues citations des textes canoniques juifs affleurent dans sa pensée, elles restent lues de l'extérieur. L'échec n'est pas dans la persistance d'un antisémitisme irréductible, mais tout simplement dans l'oubli ou la méconnaissance de ce que pourrait être une lecture juive.

Pierre-Emmanuel DAUZAT

CIORAN, ÉTHIQUE
ET ESTHÉTIQUE DE L'ÉCHEC

> On reconnaît à ceci celui qui a des
> dispositions pour la quête intérieure :
> il mettra au-dessus de n'importe quelle
> réussite l'échec, il le cherchera même,
> inconsciemment s'entend[1].

LA PROMESSE DES LARMES

> Les pensées pour lesquelles nous regret-
> tons de ne pas verser de larmes sont les plus
> profondes, et nous sont les plus chères[2].

On sait que le jeune Cioran avait pensé faire une thèse sur une « *Théorie
générale des larmes*[3] » et songeait même plus précisément à une « herméneutique des larmes[4] ». Des larmes qui sont comme le débordement
d'une coupe trop pleine et traduisent au fond une forme d'impuissance,
d'indicible échec. Des larmes qui seules « adoucissent l'amertume[5] » et
sont à ses yeux « la clé du processus universel[6] ».

Quand on parle d'échec chez Cioran, il ne s'agit pas d'échec social,
psychologique ou amoureux, d'échec de circonstance qui peut, lui aussi,

---

1   Cioran, *De l'inconvénient d'être né*, Paris, Gallimard, coll. « Idées », 1983, p. 25.
2   Cioran, *Le Livre des leurres*, Paris, trad. G. Klewek et T. Bazin, Gallimard, coll. « Arcades »,
    1992, p. 54.
3   Cioran, *Syllogismes de l'amertume*, Paris, Gallimard, coll « Folio essais », 1980, p. 46.
4   Cioran, *Des larmes et des saints*, trad. S. Stolojan, Paris, L'Herne, coll. « Méandres », 1986,
    p. 109.
5   Cioran, *Précis de décomposition*, Paris, Gallimard, coll. « Tel », 1984, p. 66.
6   Cioran, *Des larmes et des saints*, *op. cit.*, p. 109.

avoir ses vertus de résilience. Mais d'un échec plus fondamental, un échec métaphysique, ontologique qui définit notre être au monde. « Un ratage qui est un paroxysme de la lucidité... de celui qui, stérile et clairvoyant, n'adhère plus à rien[7] ». L'échec de la chute dans le temps qui fait de nous des nostalgiques définitifs d'un état édénique avec des « larmes qui dorment au plus profond de nous-mêmes[8] » et se réveillent avec la conscience, « ce *poignard* dans la chair[9] », car, dit Cioran « il n'y a qu'un seul échec : cesser d'être un enfant[10] ». Il s'agit d'un pleur profond et originaire comme celui de *La Jeune Parque* de Paul Valéry ou de sa *Pythie* dont « l'intelligence adultère exerce un corps qu'elle a compris[11] ». Et pourtant, rien de pire que les larmes refusées qui « nous condamnent au martyre de l'œil sec[12] » et exigent inévitablement le mensonge. Tout ce qui cherche à évacuer le tragique nous égare et nous dessèche. Consentir à l'échec, c'est consentir au tragique et y puiser paradoxalement une jubilation de l'instant clairvoyant car, « toute forme d'impuissance et d'échec comporte un caractère positif *dans l'ordre métaphysique*[13] ».

Mais, rien de pire qu'une capitulation qui glorifie les larmes, le sang, la souffrance, l'autoflagellation, le martyre et la mort à la manière des chrétiens. « Le christianisme tout entier n'est qu'une crise de larmes, dont il ne nous reste qu'un goût amer[14] ». Or, « il y a des *initiés* en matière de larmes qui n'ont jamais pleuré *effectivement*[15] ». C'est pourquoi l'écriture de Cioran est une transsubstantiation d'un pleur empêché. Ce ne sont aucunement les larmes d'Augustin dans ses *Confessions*, mais celles d'un chrétien refusé, d'un gladiateur du verbe contre l'abandon à la pleurnicherie mièvre. Son pleur alimente une haine farouche contre ce qui en ferait le signe d'un abandon à Dieu. Cioran est en ce sens l'anti-Matthieu des *Béatitudes* qui annonce : « Heureux les affligés car ils seront consolés[16]. Pas de pathos chrétien ni augustinien chez lui

---

7   *Ibid.*, p. 113.
8   *Ibid.*, p. 31.
9   Cioran, *De l'inconvénient d'être né*, *op. cit.*, p. 61.
10 Cioran, *Des larmes et des saints*, *op. cit.*, p. 112.
11 Paul Valéry, *Cahiers*, t. I, Paris, Gallimard, coll. « Bibliothèque de la Pléiade », 1973, p. 131.
12 Cioran, *Précis de décomposition*, *op. cit.*, p. 66.
13 Cioran, *Le Mauvais Démiurge*, Paris, Gallimard, coll. « Les Essais », 1985, p. 133.
14 Cioran, *Des larmes et des saints*, *op. cit.*, p. 46.
15 *Ibid.*, p. 65.
16 Matthieu, 5, 4.

donc, mais les larmes d'un Augustin qui aurait gardé la force et la droiture virile d'un Romain païen ou tout au moins d'un agnostique, d'un mystique bloqué qui ne peut faire le saut de la foi. Des larmes comme fondement tragique d'un échec ontologique, métamorphosé en force morale. C'est en ce sens qu'il y a chez Cioran ce qu'on peut appeler une promesse des larmes, comme pour cette *Jeune Parque* de Paul Valéry qui « attend de sa faiblesse une larme qui fonde[17] ». Pour tout lecteur qui sait ne pas en rester à l'écume des choses, il y a dans son œuvre l'idée d'une « féconde blessure[18] », comme une aurore possible dans chaque crépuscule.

Chez Cioran, l'échec est fondateur, fondement ontologique au cœur d'une œuvre qui est comme un gigantesque traité de décomposition. Tout ce qui croit à la réconciliation de l'homme et du monde et veut la réussite est à ses yeux une illusion morbide. « Je ne saurais me réconcilier avec les choses, chaque instant dût-il s'arracher au temps pour me donner un baiser[19] ». Le véritable désespoir est dans celui qui veut espérer coûte que coûte. C'est pourquoi son pessimisme s'exerce à l'endroit des optimistes comme la lucidité contre les aveuglements. Sa démarche s'inscrit dans ce qu'avec Emmanuel Mounier on pourrait appeler paradoxalement « l'espoir des désespérés[20] ». Une promesse des larmes, l'assumation du « sans espoir » comme le Sisyphe de Camus. Ce chemin, qui ne mène nulle part et s'inscrit dans le recommencement perpétuel, passe par une humiliation salutaire, propitiatoire, un rappel permanent de l'échec qu'il s'agit d'assumer au lieu de chercher à le nier. Il y a chez lui implicitement une vertu curative et préventive de l'échec, ne serait-ce que pour maintenir le déchirement en forme, l'écartèlement tragique de l'homme au lieu de prétendre le résorber, le résoudre dans des certitudes mensongères et pernicieuses. Et cela un peu à la manière de Pascal qui nous rappelait l'impasse tragique de la condition humaine dans sa célèbre formule : « L'homme n'est ni ange ni bête et le malheur veut que qui veut faire l'ange fait la bête[21] ». C'est pourquoi le défenseur de Port-Royal note

---

17   Paul Valéry, *Œuvres*, t. I, Paris, Gallimard, coll. « Bibliothèque de la Pléiade », 1957, p. 96.
18   Paul Valéry, *Aurore, ibid.*, p. 113.
19   Cioran, *Syllogismes de l'amertume, op. cit.*, p. 137.
20   Emmanuel Mounier, *L'Espoir des désespérés*, Paris, Seuil, coll. « Points », 1970.
21   Blaise Pascal, *Pensées*, fragment 572 (classification M. Le Guern), Paris, Gallimard, coll. « Folio classique », 2004, p. 370.

par ailleurs : « S'il se vante, je l'abaisse ; s'il s'abaisse, je le vante et le contredis toujours jusqu'à ce qu'il comprenne qu'il est un monstre incompréhensible[22] ». Et Pascal de décliner l'intention morale de cette humiliation qui me semble fraternelle de celle de Cioran et qui est « que l'homme s'estime à son juste prix ». Robinson de l'espace et du temps, « milieu entre rien et tout[23] », pris dans cette contradiction pascalienne « d'être incapable de savoir certainement et d'ignorer absolument[24] », que l'homme étant revenu à soi après cet ébranlement pascalo-cioranien « il apprenne à estimer la terre, les royaumes, les villes et soi-même son juste prix[25] » ! Telle me semble être la vertu implicite de l'œuvre de Cioran. À Pascal qui note : « Nous sommes quelque chose et nous ne sommes pas tout[26] », j'ajouterais que c'est en nous rappelant avec Cioran que nous ne sommes pas tout et même que nous ne sommes rien que nous pouvons être et faire quelque chose.

Être homme, un homme de la pensée de Midi, comme aurait dit Nietzsche, est difficile. Cioran évoque souvent cette difficile négociation entre la pensée qui dit non et la respiration qui dit oui. Ce qu'on sent n'est jamais à la hauteur de ce qu'on pense ; ce qu'on pense n'est jamais à la hauteur de ce qu'on sent. Nier l'écartèlement en retrouvant la paix vigoureuse de la bête ou en devenant un ange pur, c'est quitter la condition humaine, ce carrefour tragique. Il a cette phrase très pascalienne : « On n'est jamais autant un homme que lorsqu'on regrette de l'être[27] ».

Au fond, nos doutes ne peuvent avoir raison de nos automatismes, de notre réflexe vital d'acquiescement. Voilà l'incroyable contradiction d'exister et l'occasion d'une première humiliation de la raison, un échec sans lequel cependant la vie serait impossible. Vivre, c'est vivre cet échec, cette contradiction inhérente à notre condition, notre misère au sens pascalien.

Le hasard le fit tomber dans sa jeunesse sur une phrase de Paul Valéry qui le marqua profondément : « ... le sentiment d'être tout et l'évidence de n'être rien », à quoi il ajouta : « Tout ce que je ressentais alors, et tout ce que je devais ressentir par la suite, se trouvait ramassé dans cette extraordinaire formule banale, synthèse de dilatation et

22 *Ibid.*, fragment 121, p. 111.
23 *Ibid.*, fragment 185, p. 155.
24 *Ibid.*, fragment 185, p. 157.
25 *Ibid.*, fragment 185, p. 154.
26 *Ibid.*, fragment 185, p. 157.
27 Cioran, *La Chute dans le temps*, Paris, Gallimard, coll. « Les Essais », 1985, p. 32.

d'échec, d'extase et d'impasse[28] ». Tout Cioran, oserais-je dire, est dans cette « synthèse » paradoxale, ce conflit qu'il s'agit d'assumer comme un échec nécessaire au lieu de chercher à l'esquiver. Il y a une éthique de l'échec qui passe par la nécessité de l'humiliation « pour que l'homme apprenne à estimer son juste prix » comme disait Pascal.

À ceux qui veulent oublier le tragique, qui se laissent aller à notre suprématie par la connaissance et la technique ou qui s'évadent dans les croyances, Cioran s'évertue à rappeler la mort comme échec fondateur de l'inconvénient d'être né, d'être sorti du néant pour y retourner, l'humiliation métaphysique de la raison, de la philosophie, de l'action, de l'histoire, l'échec du manichéisme qui fait que rien n'est sans contrepoint, l'échec de l'idée de progrès qui fait qu'il n'y a pas d'avancée sans recul, l'échec pour l'esprit à maîtriser les failles et les dictatures du corps, l'échec du concept, l'échec des religions à apaiser l'angoisse existentielle, l'échec de la connaissance à accéder à la vérité, l'échec des utopies et des idéologies optimistes qui sont toujours meurtrières.

Il y a dans ces rappels de l'échec, non pas une complaisance sadique ou masochiste, mais le désir de réveiller les larmes, la conscience tragique, de s'y accoutumer, d'en tirer une stratégie existentielle contre une stratégie de l'évitement. Une volonté de rétablir l'écartèlement entre l'instinct et l'intelligence, le cerveau reptilien et le cortex, le cœur et l'esprit, l'enthousiasme et la raison, le oui et le non. Car « Il n'est pas de négateur qui ne soit assoiffé de quelque catastrophique *oui*[29] ».

Ne cherchons pas à supprimer cette dualité, ce paradoxe, cet oxymore de chair et d'esprit que nous sommes, qui fait à la fois notre souffrance et la source mystérieuse d'une énergie qui assure la vie. Comme pour l'énergie électrique qui surgit de la tension entre le positif et le négatif, il s'agit de préserver la tension entre le sceptique et le barbare, d'accepter l'absence de réconciliation, de maintenir le conflit, l'absence de salut comme seul salut. Telle est la promesse des larmes, cette curieuse énergie qui surgit au bout du désespoir. L'échec est consubstantiel à notre être et à notre destinée et croire en une victoire possible est un mensonge optimiste qui a toutes les chances de pervertir notre séjour. Il y a chez Cioran la volonté de vivre l'échec inévitable dans cette tension et, si possible, avec l'élégance du sublime. Il est nécessaire de choisir la beauté tragique contre la médiocrité de la paix

---

28 Cioran, *De l'inconvénient d'être né, op. cit.*, p. 198.
29 *Ibid.*, p. 139.

animale et végétale. Après la lecture de Cioran, la question d'Hamlet n'est donc plus « *To be or not to be* », mais « *to do or not to do* ». Que faire, en effet de toutes ces décompositions, du sublime Requiem des idéaux que nous chante son œuvre ? Si comme pour Baudelaire « Hélas ! tout est abîme, – action, désir, rêve, parole[30] », comment tirer les fleurs du Mal ? En quoi les larmes peuvent-elles être une promesse et fonder une éthique ?

TO DO OR NOT TO DO ?

Puisque tout espoir, toute croyance, toute action semblent se retourner contre nous, puisque la conscience, le développement de l'intelligence peuvent diminuer l'élan vital et mener à la décadence, puisque l'utopie est meurtrière et l'absence d'idéal est suicidaire, puisque le barbare n'est pas souhaitable et que le doute et la nuance conduisent à l'impuissance, que la raison pure peut mener à de froides barbaries, que le cœur engendre les guerres et la raison les camps, que faire ?

Face à tant de contradictions et d'impasses, Cioran maintient le déchirement de l'impossible choix. « Mes préférences, dit-il : l'âge des Cavernes et le siècle des Lumières », c'est-à-dire au fond, à la fois le barbare et le sceptique. « Mais je n'oublie pas, ajoute-t-il, que les grottes ont débouché sur l'Histoire et les salons sur la Guillotine[31] ».

Pour lui « la vie ne deviendrait supportable qu'au sein d'une humanité qui n'aurait plus aucune illusion en réserve, d'une humanité complètement détrompée et *ravie* de l'être[32] ». Mais si tout est illusion, qu'il ne faut attendre aucune réconciliation, aucune vérité définitive, aucune justification transcendante, où puiser l'énergie de vivre ? Cioran note : « Tout est démuni d'assise et de substance. – et il ajoute – Je ne me le redis jamais sans ressentir quelque chose qui ressemble au bonheur[33] ». Et plus loin : « Il me serait de loin plus aisé de vivre sans trace de croyance que sans trace de doute. Doute dévastateur, doute nourricier[34] ! »

30   Charles Baudelaire, poème « Le Gouffre », « Spleen et Idéal », *Les Fleurs du Mal*.
31   Cioran, *Le Mauvais Démiurge*, *op. cit.*, p. 179.
32   Cioran, *De l'inconvénient d'être né*, *op. cit.*, p. 163.
33   *Ibid.*, p. 85.
34   *Ibid.*, p. 109.

LA POUSSÉE D'ARCHIMÈDE

Cioran, après Pascal, nous montre qu'il y a une « douceur du gouffre[35] », sinon même une « volupté », un art d'extraire de nos manques et de nos maux la substance de notre enthousiasme, le plaisir de se savoir détrompé, de ne pas succomber à la tentation du mensonge à soi.

Curieuse alchimie, loi d'Archimède intérieure qui fait que tout esprit plongé au fond du gouffre reçoit une poussée verticale égale au poids du volume de larmes déplacé. « Au point le plus bas de soi-même, nous dit Cioran, quand on touche le fond et qu'on palpe l'abîme, on est soulevé d'un coup – réaction de défense ou orgueil ridicule – par le sentiment d'être *supérieur* à Dieu[36] ». Il y a une énergie paradoxale à puiser dans la conscience du vide, du Rien, une félicité dans la vacuité.

Quand on a bien réalisé l'inanité de tout, que nous sommes des vaincus d'origine, notre défaite consommée depuis notre chute dans le temps, que toute option porte avec elle sa contrepartie, mais que l'étrange pulsion de vie demande encore, il reste à jouer le jeu du « *Faire sans croire*[37] » selon le mot de Paul Valéry. « Analyse du Croire pour en séparer les parties utiles ou nécessaires et rejeter les parties devenues dangereuses pour le tout[38] ». Que si nous accordions inévitablement de l'importance à ce qui n'en a pas cela vaut malgré tout la peine si cette importance illusoire peut avoir des relents bénéfiques. Si on n'échappe pas au fiduciaire, au mythe comme à l'imaginaire, que cette facticité obligée serve au moins notre bref séjour. « La tâche capitale de l'esprit libre, notait Paul Valéry, est d'exterminer les causes imaginaires des maux réels. La difficulté est de ne pas exterminer les biens réels que produisent aussi des causes imaginaires[39] ». Sans consolation divine ni certitude il s'agit de faire de cet échec métaphysique une jubilation éthique et esthétique. Inutile de chercher à réconcilier le cœur et l'esprit, l'homme et le monde, ce que l'on pense avec ce que l'on sent, il vaut mieux assumer notre

---

35 Cioran, *La Tentation d'exister*, *op. cit.*, p. 191.
36 Cioran, *De l'inconvénient d'être né*, *op. cit.*, p. 221.
37 Paul Valéry, *Cahiers*, t. I, *op. cit.*, p. 131.
38 *Ibid.*, p. 349.
39 Paul Valéry, *Principes d'An-archie pure et appliquée*, Paris, Gallimard, coll. « NRF » 1984, p. 27.

déchirement tragique, cet écartèlement de la conscience avec passion. Une sorte de Sisyphe qui pousserait son rocher sans illusion mais en gérant au mieux la jouissance de ses muscles et ses courbatures qui lui font sentir qu'il existe : telle pourrait être une tentation d'exister qui, certes, n'est pas à la portée de l'homme majoritaire !

MISÈRE ET GRANDEUR

Il y a chez Cioran, comme chez Pascal, une forme de grandeur dans l'acceptation modeste de notre misère et une petitesse dans son refus orgueilleux. Seulement, les hommes préfèrent fuir leur finitude dans l'illusion d'une vérité réconciliatrice. « Toujours les hommes aimeront mieux désespérer à genoux que debout, note Cioran, le salut, c'est leur lâcheté et leur fatigue qui y aspirent, leur incapacité de se hisser à l'inconsolation et d'y puiser des raisons d'orgueil. Se déshonore quiconque meurt escorté des espoirs qui l'ont fait vivre[40] ».

Il est bon de ne pas chercher de fausses consolations pour oublier notre misère dans un système politique, philosophique, religieux ou scientifique qui offre un « divertissement » au sens pascalien, souvent couteux à l'humanité, mais désespérer debout, « se hisser à l'inconsolation », tels sont les mots d'ordre d'un *modus vivendi* déniaisé de l'Absolu. Si le monde veut aller mieux, il doit paradoxalement accepter d'aller mal, ne pas chercher à se saborder dans des illusions consolantes, même si momentanément elles lui masquent le néant. L'homme doit accepter sa condition infinitésimale, sa « Disproportion », son « Néant », le vide, afin de tirer un véritable profit de ses actes. « On ment moins avec le vide, note Cioran, [car] on ne le recherche pas pour lui-même, pour la vérité qu'il est censé contenir, mais pour ses vertus thérapeutiques[41] ». Le sens de la vacuité est comme une cure destinée à relativiser, « à redresser, ajoute Cioran, la plus ancienne déviation de l'esprit, qui consiste à supposer que quelque chose existe[42]... ».

---

40 Cioran, *La Tentation d'exister, op. cit.,* p. 185.
41 Cioran, *Le Mauvais Démiurge, op. cit.,* p. 112-113.
42 *Ibid.*

Contre ceux qui pourraient voir un pessimisme complaisant dans ce rappel de notre vide, ou craindre une tendance négative, morbide et suicidaire, Cioran sait que « tout bien considéré, il y a eu plus d'affirmations que de négations – jusqu'ici tout au moins. Nions donc sans remords, ajoute-t-il. Les croyances pèseront toujours plus lourd dans la balance[43] ». Rassurons donc les réalistes positivistes, on meurt, il est vrai, davantage par croyance fanatique que par scepticisme. Il y a plus de cimetières militaires que de tombeaux des suicidés inconnus. On tue davantage par certitude pour ne pas douter, que par incertitude. Les cimetières sont davantage remplis de combattants, « la fleur au fusil », qui ont cru à des victoires que de ceux qui ont accepté l'échec inhérent à la sortie du néant.

VACUITÉ

C'est dans et par l'expérience de la vacuité, de la vanité de tout, c'est dans le vide que l'homme peut puiser l'exaltation vraie de vivre puisqu'il devient alors seul responsable de son monde, de son ici et maintenant. « Est libre, dit Cioran, celui qui a discerné l'inanité de tous les points de vue, et libéré celui qui en a tiré les conséquences[44] ».

Pour Cioran, il s'agit de ramener sans cesse l'existence à son insignifiance primitive, de regarder la vie avec ahurissement pour ne pas être esclave et remettre ainsi la vie à notre discrétion. Puisque tout est supercherie, fiction, cessons d'être des Don Quichotte de la Vérité. L'illusion, l'apparence, le « phénomène » au sens philosophique est l'unique réalité qui soit pour l'homme, il ne faut pas y attenter. Une fiction n'est perverse que par oubli d'elle-même, de sa nécessaire facticité, dans le sérieux agressif. Puisque le gouffre est une vérité irrespirable et qu'on n'y peut demeurer, il faut construire au bord du gouffre des fictions salutaires qui, comme les « parapets » d'Arthur Rimbaud, laissent entrevoir l'abîme. Maintenir la conscience du rien, le vertige latent pour alléger, relativiser toute valeur fiduciaire qui s'oublierait en certitude fanatique. Pour Cioran, chaque idée représente une attache aliénante, c'est pourquoi il faut se désencombrer l'esprit de toute

---

43 Cioran, *De l'inconvénient d'être né, op. cit.*, p. 113.
44 *Ibid.*, p. 110.

croyance. Il pourrait dire de lui ce que disait Lucrèce dans son célèbre poème *De la nature* : « Je travaille à dégager l'esprit humain des liens étroits de la superstition[45] ». Il faut maintenir cet équilibre entre le doute et l'affirmation par un consentement préalable à l'indémontrable, et avoir la prudence et la sagesse « de reconnaître que tout ce qui advient, tout événement, comme tout lien est inessentiel, et que s'il y a un savoir, ce qu'il doit nous révéler, c'est l'avantage d'évoluer parmi les fantômes[46] ». Le sens de la vacuité rétablit la liberté et la responsabilité de l'homme au sens existentialiste de Sartre, le poids de ses actes par l'épreuve préalable de sa légèreté fondamentale comme dirait Kundera. Comme « devant l'univers, l'esprit trop exigeant essuie une défaite[47] », le souci de l'efficacité des entreprises humaines doit supplanter la prétention perverse à la Vérité. Astrophysiciens, physiciens, biologistes savent aujourd'hui que nous ne saurons jamais, qu'une théorie succède à une autre théorie ayant pour seul critère l'efficacité temporaire pour l'homme. Le « faire » prime sur la quête de l'Être. « On peut admettre, dit Cioran, au mieux une échelle des fictions, une hiérarchie des irréalités, donner la préférence à telle plutôt qu'à telle autre, mais *opter*, non, décidément non[48]. » Le sens de la relativité par cet agenouillement intérieur, par l'expérience du vide, la sensibilité au gouffre qui impose l'humilité à la pensée, au lieu de désespérer, libèrent l'enthousiasme des possibles.

UNE MORALE DU « FAIRE SANS CROIRE »

Ainsi peut-on définir une morale (bien qu'il récuserait une telle proposition) à partir de la lecture de Cioran, mais une morale il est vrai élitiste, et fraternelle, celle du surhomme nietzschéen.

Un regard vertical qui maintient un ahurissement métaphysique offre une liberté horizontale, ramène à l'urgence de l'aménagement concret du territoire de l'homme, à l'établissement de fictions salutaires au lieu de fuir dans un réalisme des idées, une forme d'idéalisme stérile qui est à ses

45 Lucrèce, *De la nature*, trad. H. Clouard, Paris, Flammarion, coll. « GF », 1997, p. 42.
46 Cioran, *Le Mauvais Démiurge*, *op. cit.*, p. 105.
47 Cioran, *Précis de décomposition*, *op. cit.*, p. 117.
48 Cioran, *Écartèlement*, Paris, Gallimard, coll. « Les Essais », 1979, p. 162.

yeux un des grands défauts de la philosophie. « Ne méritent intérêt, dit Cioran, que les questions de stratégie et de métaphysique, celles qui nous rivent à l'histoire et celles qui nous en arrachent : l'actualité et l'absolu, les journaux et les Évangiles... J'entrevois le jour où nous ne lirons plus que des télégrammes et des prières[49]. » En regardant cet amas de catastrophes que l'histoire a commises au nom de la Vérité et du sérieux de la raison orgueilleuse, on se dit qu'il serait temps que l'homme s'occupât de l'homme. « Tenons-nous-en au concret et au vide, proscrivons tout ce qui se place entre les deux : "culture", "civilisation", "progrès", remâchons la meilleure formule qu'on ait trouvée ici-bas : le travail manuel dans un couvent... Point de vérité, sinon dans la dépense physique et dans la contemplation ; le reste est accidentel, inutile, malsain. » « La santé, ajoute Cioran, consiste dans l'exercice et dans la vacuité, dans les muscles et dans la méditation ; en aucun cas dans la pensée[50]. »

Point de salut pour l'homme s'il cesse de porter un regard « vertical » qui humilie salutairement tout orgueil dans ses réalisations « horizontales ». L'ordre de l'aménagement concret et terrestre ne pourra être réellement bénéfique à l'homme que s'il maintient constamment la relativisation par cet horizon d'échec de l'absolu. Point de moyens qui ne doivent être coupés du questionnement sur les fins, de quotidien qui ne soit éclairé par un regard sur le ciel étoilé, point de jeu des possibles sans le sourire des infinis ! Point de « praxis » au fond, sans métaphysique pour reprendre les termes aristotéliciens ! « Une pleine expérience métaphysique n'est rien d'autre qu'une stupeur ininterrompue, qu'une stupeur triomphale[51] ! » Si on ôte un des deux termes, si on supprime cette tension entre l'horizontalité et la verticalité, entre la « bête » qui s'installe dans un horizon et « l'ange » qui s'en évade, si on supprime cet écartèlement entre ce qui institue conventionnellement un monde dans lequel nous vivons et le regard qui destitue, on sombre dans la catastrophe. Point de liberté véritable, point d'enthousiasme bénéfique sans la perception que tout est illusion. D'un autre côté, point de vie possible sans contraintes salutaires ; sinon, l'être, prostré dans l'immobilité d'une vacuité entraperçue s'acheminerait vers sa propre négation. Entre la négation totale et l'affirmation totale, Cioran pratique le va-et-vient, ce qu'avec Paul Valéry on pourrait appeler

49 Cioran, *Histoire et utopie*, Paris, Gallimard, coll. « Idées », 1977, p. 52.
50 Cioran, *Le Mauvais Démiurge*, *op. cit.*, p. 109.
51 *Ibid.*, p. 113.

un « nihilisme bizarrement constructeur[52] ». Telle pourrait être la vertu préventive sinon curative de l'œuvre de Cioran !

Pour nous, Occidentaux, ce paradoxe, il est vrai, peut nous sembler bien difficile à tenir et à pratiquer. « Qu'il est dur, qu'il est amer de devenir un homme[53] », dit Caligula, le personnage d'Albert Camus. Avec Cioran, on entrevoit bien un salut de l'homme dans l'absence de salut, la réussite dans l'assumation de l'échec, c'est-à-dire dans un être qui chercherait la moins mauvaise voie sans certitude définitive, mais ouvert à tous les possibles. « La certitude qu'il n'y a pas de salut est une forme de salut, elle est même *le* salut », affirme Cioran. « À partir de là, ajoute-t-il, on peut aussi bien organiser sa propre vie que construire une philosophie de l'histoire. L'insoluble comme solution, comme seule issue[54]... ». C'est pourquoi, si on peut parler d'une « morale cioranienne » (là encore, bien qu'il récuse une telle proposition), elle passe par une humiliation salutaire, un échec ontologique assumé puisqu'il est consubstantiel à notre *Dasein*. Ainsi, l'homme peut retrouver une « seconde innocence[55] », un espoir déniaisé par l'expérience préalable de l'humilité, cet agenouillement intérieur face au mystère, que nous l'appelions, l'Infini, l'Être, l'En soi, le Nouménal, l'Énigme parménidienne ou Dieu ; échec qui est une propédeutique de l'humilité face à la mort, à la vie, à notre obscurité fondamentale, telle est la clairvoyance.

Avec lui, ce sens de la vanité de tout ne doit pas être l'occasion d'un mépris présomptueux, mais il peut agir comme une soupape de sécurité, un disjoncteur cérébral, un frein de secours dans le train de nos délires dès que l'être risque de s'abandonner au sérieux, à la pesanteur toujours dangereuse. « Toutes les fois que je me surprends à accorder une importance aux choses, dit Cioran, j'incrimine mon cerveau, m'en défie et le soupçonne de quelque défaillance, de quelque dépravation[56] ». Afin de vivre toute la fertilité de notre pesanteur d'homme de chair et d'esprit confondus, nous devons devenir « métaphysiquement *étrangers*[57] », alors et alors seulement, on peut « s'engager dans n'importe quoi sans y adhérer[58] ».

---

52   Paul Valéry, *Œuvres*, t. I, *op. cit.*, p. 352.
53   Albert Camus, *Caligula*, Acte I, sc. 11, Paris, Gallimard, coll. « Folio », 2010, p. 40.
54   Cioran, *De l'inconvénient d'être né*, *op. cit.*, p. 224-225.
55   Cioran, *La Chute dans le temps*, *op. cit.*, p. 117.
56   Cioran, *La Tentation d'exister*, *op. cit.*, p. 118.
57   *Ibid.*
58   *Ibid.*, p. 117.

MEMENTO MORI

La pratique nécessaire de l'humiliation dont il nous rappelle les bénéfices est le fait, par exemple, de se souvenir de notre existence infinitésimale, de réinstaurer ce que l'antiquité a inventé : la « *modestie tragique*[59] ». « La terre remonte, paraît-il, à cinq milliards d'années, la vie à deux ou trois. Ces chiffres contiennent toutes les consolations souhaitables. Il faudrait s'en souvenir dans les moments où l'on se prend au sérieux, où l'on *ose* souffrir[60] ». Mais malheureusement l'homme a tendance à l'amnésie. « Ce petit bonhomme aveugle, âgé de quelques jours... ce crâne nu, cette calvitie originelle... bientôt, oubliant ses origines, crachera sur les galaxies[61]... ». L'école salutaire de l'humiliation, c'est aussi la mort, ce déshonneur de « devenir soudain *objet*[62] ». Aller au Muséum au moins en esprit presque tous les jours, nous dit Cioran, entendre le ricanement zoologique, paléontologique. « Une leçon, non, un *accès* de modestie. Du bon usage du squelette... Nous devrions nous en servir dans les moments difficiles[63]. » La pensée de la mort offre non seulement la vertu morale de l'humilité, mais elle devient aussi une méthode efficace à la portée de tous « pour vaincre l'affolement ou une inquiétude tenace, en se figurant son propre enterrement[64] ».

Penser à la mort est la meilleure manière de goûter la vie. Comme les épicuriens, il va même jusqu'à noter que « la mort est l'arôme de l'existence. Elle seule prête goût aux instants, elle seule en combat la fadeur[65] ». La pensée de la mort est un peu comme un jardinier de la vie qui arrache les mauvaises herbes, nettoie les parterres et cultive les roses avec et malgré leurs épines. C'est en se rappelant à elle que l'on peut mieux accomplir le fameux « *carpe diem* » d'Horace. Il y a chez Cioran, d'une manière implicite, une modestie épicurienne toute montaignienne dans une phrase comme celle-ci : « Marcher dans une forêt entre deux haies de fougères

---

59 Cioran, *De l'inconvénient d'être né*, *op. cit.*, p. 192.
60 Cioran, *Le Mauvais Démiurge*, *op. cit.*, p. 156.
61 Cioran, *Écartèlement*, *op. cit.*, p. 95.
62 *Ibid.*, p. 88.
63 Cioran, *Le Mauvais Démiurge*, *op. cit.*, p. 64.
64 Cioran, *De l'inconvénient d'être né*, *op. cit.*, p. 139.
65 Cioran, *Le Mauvais Démiurge*, *op. cit.*, p. 151.

transfigurées par l'automne, c'est cela un *triomphe*. Que sont à côté suf-
frages et ovations[66] ? » Comment ne pas songer à ce passage du livre III
des *Essais* : « [...] quand je me promène solitairement en un beau verger,
si mes pensées se sont entretenues des occurrences étrangères quelque
partie du temps, quelque autre partie je les ramène à la promenade, au
verger, à la douceur de cette solitude et à moi... Notre grand et glorieux
chef-d'œuvre, c'est vivre à propos. Toutes autres choses, régner, thésauriser,
bâtir, n'en sont qu'appendicules et adminicules pour le plus[67] » ? Et que
la vraie philosophie doive nous « apprendre à mourir », nous accoutumer
à l'échec au lieu de nous donner l'illusion de victoires dans l'ordre des
vanités quand nous sommes d'abord des vaincus d'origine ? « Faire bien
l'homme[68] » pour Cioran comme pour Montaigne, c'est pratiquer avec
sérénité et jubilation cette capacité d'humiliation qui se fait une gloire
de savoir que nous mourons et que, comme disait Pascal, avec cette ironie métaphysique qui le caractérise : « L'homme n'est qu'un roseau, le
plus faible de la nature, mais c'est un roseau pensant. Il ne faut pas que
l'univers entier s'arme pour l'écraser ; une vapeur, une goutte d'eau suffit
pour le tuer. Mais quand l'univers l'écraserait, l'homme serait encore
plus noble que ce qui le tue puisqu'il sait qu'il meurt et l'avantage que
l'univers a sur lui, l'univers n'en sait rien[69]. »

HUMILIATION PROPITIATOIRE

Sans jamais le formuler clairement, Cioran nous invite à une sagesse
de « l'entre », de « l'inter-land », du va-et-vient ; nous sommes à sa lecture comme le fléau d'une balance qui cherche un équilibre viable entre
des extrêmes où il s'agit d'aller pour mieux en revenir, qui flirte avec
les abîmes dans une danse binaire aux effets cathartiques. Balancement
incertain entre l'instinct et l'intelligence, la bête et l'ange, le barbare et
le civilisé, l'optimisme et le pessimisme ; balancement entre la négation

---

66   Cioran, *De l'inconvénient d'être né, op. cit.*, p. 211.
67   Michel de Montaigne, *Les Essais*, livre III, Paris, LGF, coll. « Le Livre de poche », 1972,
     p. 405-406.
68   *Ibid.*, p. 409.
69   Pascal, *Pensées*, fragment 186, *op. cit.*, p. 161.

et l'affirmation, la décomposition et la composition d'un monde viable malgré tout dans ce qu'il appelle une « seconde innocence[70] ». « Il faudrait, nous dit-il, vouloir juste assez pour vivre ; dès qu'on veut en deçà ou au-delà, on se détraque et on dégringole tôt ou tard[71] ». Comme le monde pèche plutôt par orgueil, et veut « au-delà », Cioran rétablit l'équilibre en prêchant « l'en deçà », en rabaissant l'homme, en pratiquant l'humiliation qui peut devenir une prophylaxie souhaitable afin que nos élaborations individuelles et collectives ne se retournent pas contre nous.

C'est en faisant honte aux hommes que l'homme pourra grandir. « On ne mesure sa propre force, dit Cioran, que dans l'humiliation[72] ». Ce qui anime Cioran n'est pas le simple ludisme de la chute dans le temps, un feu d'artifice verbal au-dessus du néant, un simple exutoire pour se sauver soi-même ; on n'écrit pas avec cette violence, ce feu ardent qui dévore sans quelque rêve caché d'une humanité plus fraternelle face au néant. Il ne veut pas se sauver seul et emporte avec lui celui qui le lit. Son œuvre, qui est comme une célébration de l'échec, promeut l'humiliation au rang d'une thérapeutique, d'une propédeutique pour un horizon viable, d'une éthique. « D'aussi loin qu'il me souvienne, dit-il, je n'ai fait que détruire en moi la fierté d'être homme[73]. » C'est pourquoi, moraliste à rebours, Cioran se fait l'apôtre de la décomposition. Il dénonce tout délire optimiste et aveugle qui cherche à cacher ce qu'on ne veut pas voir, les illusions qui rassurent contre la vérité qui dérange, les victoires d'un jour, d'un temps, d'un lieu contre l'échec originel et universel. Dans la lignée des moralistes du XVIIᵉ et du XVIIIᵉ siècle, il combat toute forme d'angélisme idéaliste afin de faire ce qu'il appelle « la part des choses », en montrant les coulisses qui puent derrière les décors parfumés.

> Disséquez n'importe quelle croyance : quel faste du cœur – et combien de turpitudes en dessous ! C'est l'infini rêvé dans un égout et qui en conserve, ineffaçables, l'empreinte et la puanteur. Il y a du notaire dans chaque saint, de l'épicier dans tout héros, du concierge dans le martyr. [...] – Contemplez l'amour : est-il épanchement plus noble, accès moins suspect ? [...] c'est le sublime, mais un sublime inséparable des voies urinaires : transports voisins de l'excrétion, ciel des glandes, sainteté subite des orifices[74]...

70   Cioran, *La Chute dans le temps*, op. cit., p. 117.
71   *Ibid.*, p. 194-195.
72   Cioran, *Syllogismes de l'amertume*, op. cit., p. 95.
73   *Ibid.*, p. 33.
74   Cioran, *Précis de décomposition*, op. cit., p 218-219.

Ce qu'il faut entendre derrière ces « décompositions », c'est qu'il y a de la grandeur à accepter sa misère et de la petitesse à se croire grand en la refusant. Pascal, encore et toujours ! Il y a une grandeur morale à accepter de n'être comme il dit qu'une « âme dans un crachat[75] » au lieu de s'inventer, comme le dit Sartre dans *La Nausée*, un « délire de compensation[76] ». Ainsi, pour Cioran, il n'est pas inutile de rappeler, comme avait pu le faire Diderot, « que tous nos sentiments puisent leur absolu dans la misère des glandes[77] », que l'amour est aussi « une rencontre de deux salives[78] » et que « celui qui ne *sent* pas son corps ne sera jamais en mesure de concevoir une pensée vivante[79]. » C'est rappeler que l'amour est à notre mesure, qu'il ne tombe pas du ciel des idées, ne trône pas dans les arrière-mondes mais qu'il dépend en grande partie de nous, qu'il est investi du même mystère que celui du corps biologique et du sensible. Et que tout bien considéré, comme le dit aussi Paul Valéry dans son dialogue *L'Idée fixe* lors d'une réflexion sur la formation de l'embryon, paradoxalement : « ce qu'il y a de plus profond dans l'homme, c'est la peau[80] ».

C'est pourquoi, moi aussi, quand je pense à Cioran « je pense à un *moraliste idéal* – mélange d'envol lyrique et de cynisme – exalté et glacial, diffus et incisif, tout aussi proche des *Rêveries* que des *Liaisons dangereuses*, ou rassemblant en soi Vauvenargues et de Sade, le tact et l'enfer... Observateur des mœurs sur *lui-même*, n'ayant guère besoin de puiser ailleurs, la moindre attention à soi lui dévoilerait les contradictions de la vie, dont il refléterait si bien tous les aspects, que, honteuse de faire *double emploi*, elle s'évanouirait[81]... ». Faire s'évanouir la contradiction tragique en la révélant, en l'acceptant ! Aimer, c'est accepter le paradoxe du corps et de l'âme, c'est consentir à l'échec idéaliste, c'est consentir « au romantisme et au bidet[82] ».

---

75 Cioran, *Syllogismes de l'amertume*, *op. cit.*, p. 31.
76 Jean-Paul Sartre, *La Nausée*, Paris, LGF, coll. « Le Livre de poche », 1969, p. 102.
77 Cioran, *Précis de décomposition*, *op. cit.*, p. 15.
78 *Ibid.*
79 *Ibid.*, p. 138.
80 Paul Valéry, *Œuvres*, t. II, *op. cit.*, p. 215.
81 Cioran, *Précis de décomposition*, *op. cit.*, p. 228.
82 Cioran, *Syllogismes de l'amertume*, *op. cit.*, p. 112.

ESTHÉTIQUE DE L'ÉCHEC

Cette humiliation permanente qui révèle les coulisses qui puent derrière nos sourires embaumés, ces décompositions précises ne vont pas, certes, sans un certain plaisir démoniaque. Au cœur de ce mal métaphysique, il « rêve alors d'une pensée acide qui s'insinuerait dans les choses pour les désorganiser, les perforer, les traverser[83] ». Comme un amant trompé par sa maîtresse en veut à toutes les filles du monde et se moque de tous ceux qui ne sont pas encore détrompés, l'amant de l'Absolu qui découvre son illusion, que tout est sans réel fondement, convertit sa douleur et se venge en « fanfaron de l'Incurable[84] », en décompositions sarcastiques de tout ce qui ose se tenir debout avec arrogance. Il mène à l'échafaud du Rien tout ce qui ose se croire quelque chose. Telle est la vertu passionnelle du ressentiment de l'échec.

« Le charme de l'existence irréfléchie, de l'existence comme telle, nous étant défendu, nous ne saurions tolérer que d'autres en jouissent. Déserteurs de l'innocence, écrit Cioran, nous nous acharnons contre quiconque y demeure encore, contre tous les êtres qui, indifférents à notre aventure, se prélassent dans leur bienheureuse torpeur[85]. » On se venge toujours, comme le répète souvent Cioran, plus ou moins ouvertement, plus ou moins tyranniquement, plus ou moins médiocrement. Toute son œuvre, en ce sens, est une « Odyssée de la rancune[86] ». « Toute amertume cache une vengeance et se traduit en un système : le pessimisme[87] », avoue Cioran. Un pessimisme qui n'est que l'autre face de la terrible lucidité, « cette *cruauté des vaincus* qui ne sauraient pardonner à la vie d'avoir trompé leur attente[88] » et au bout du compte d'avoir pu croire en une victoire possible sur l'agaçante énigme et l'indomptable monde. On ne saurait reprocher à Cioran, comme à Baudelaire, ce dédommagement satanique dans le style de leur écriture qui fait aussi toute leur grandeur. On ne saurait lui reprocher cette jubilation verbale

---

83   Cioran, *La Tentation d'exister, op. cit.,* p. 110.
84   Cioran, *Syllogismes de l'amertume, op. cit.,* p. 138.
85   Cioran, *Écartèlement, op. cit.,* p. 59.
86   Cioran, *Histoire et utopie, op. cit.,* p. 75.
87   Cioran, *Précis de décomposition, op. cit.,* p. 227.
88   *Ibid.*

de la chute irrémédiable, son vandalisme esthétique, sa « volupté de l'échec[89] » face à l'ennui, ce « Néant en action (qui) saccage les cerveaux et les réduit à un amas de concepts fracturés[90] », cette gesticulation baroque dans les égouts des vérités où la boue se marie à la dentelle, l'enfer au ciel, le Mal au Bien, le sacré au profane. Comme Baudelaire, Cioran se dédommage du lyrisme impossible en tirant les fleurs du Mal. Son pessimisme exacerbé dans le dévoilement de nos ordures naturelles d'arrière-boutique remplit la fonction morale de l'échec en même temps qu'il offre l'émotion esthétique de son satanisme verbal.

Il y a chez Cioran, paradoxalement, une corruption moraliste et un satanisme esthétique. C'est ainsi qu'il faut comprendre son rêve de *corrupteur* comme un rêve de « moraliste à rebours », mélange d'envol lyrique et de cynisme à la « négation sanglotante[91] ».

> J'aurais voulu semer le Doute jusqu'aux entrailles du globe, en imbiber la matière, le faire régner là où l'esprit ne pénétra jamais, et, avant d'atteindre la moelle des êtres, secouer la quiétude des pierres, y introduire l'insécurité et les défauts du cœur. Architecte, j'eusse construit un temple à la Ruine ; prédicateur, révélé la farce de la prière ; roi, arboré l'emblème de la rébellion. Comme les hommes couvent une envie secrète de se répudier, j'eusse excité partout l'infidélité à soi, plongé l'innocence dans la stupeur, multiplié les traîtres à eux-mêmes, empêché la multitude de croupir dans le pourrissoir des certitudes[92].

Je ne peux m'interdire, en lisant ces lignes, de songer à Albert Camus et notamment à son *Caligula* et au Clamence de *La Chute*. Caligula a la cruauté apparente des blessés de d'Absolu : « les hommes pleurent parce que les choses ne sont pas ce qu'elles devraient être[93] », dira-t-il. La cruauté d'un moraliste à rebours qui rêve d'éclairer les hommes, qui rêve d'un monde meilleur par le réveil des larmes, par la conscience tragique. Son apparente misanthropie ne cherche que la fraternité dans l'échec, quand l'illusion naïve de la réussite dans l'ordre des vanités ne cesse de diviser et d'égarer les hommes. Clamence, ce revenu de tout qui a perdu l'innocence veut, lui aussi, dénoncer la bonne conscience de ceux qui jouent la comédie de l'harmonie, de l'adhésion, de l'accord

---

89 Cioran, *La Tentation d'exister, op. cit.*, p. 115.
90 *Ibid.*, p. 110.
91 Cioran, *De l'inconvénient d'être né, op. cit.*, p. 131.
92 Cioran, *Précis de décomposition, op. cit.*, p. 221.
93 Albert Camus, *Caligula*, Acte I, sc. 11, *op. cit.*, p. 39.

avec le monde grâce à la douce illusion confortable. Comme Cioran, il fait le procès de l'innocence naïve en révélant la duplicité profonde de la créature humaine qui n'est que l'expression de ses larmes refoulées. Si, comme dit le personnage de Clamence dans *La Chute* de Camus, « quand nous serons tous coupables, ce sera la démocratie[94] », pour Cioran aussi, quand nous serons tous conscients d'être des échoués métaphysiques et des perdants originels, ce sera la fraternité heureuse, dans la Chute : « Une seule chose importe : apprendre à être perdant[95]. »

CIORAN... ET APRÈS ?

> *Exister* est un pli que je ne désespère pas d'attraper[96].

Au-delà de ce que certains ne manqueraient pas d'évoquer comme un « dandysme postmoderne » chez Cioran, comme une réaction vengeresse et esthétique face à l'effondrement de l'Occident, face à la mort de Dieu et au nihilisme ; au-delà de la jubilation dionysiaque que l'on éprouve face à son écriture spleenétique, on peut être amené à se poser la question pragmatique : que faire de Cioran ? Que faire après sa lecture ? « Par quel art survivre à nos instincts clairvoyants et à nos cœurs lucides[97] ? Comment conjuguer lucidité assassine et passion existentielle ? Comment écrire « pourtant, tout en méprisant l'expression[98] » ? Comment ne pas succomber au « savoir triste[99] » ? Comment puiser « notre amour de vivre dans notre désespoir de vivre[100] » ?, comme l'avouait Albert Camus à la fin de *L'Envers et l'Endroit* ? Comment éclairer la nécessité des illusions sans jamais être dupe ?

Or, il m'est apparu qu'on pouvait tenter de puiser chez Cioran les ferments d'une éthique. Avec et après Cioran, tout en jouissant et en

---

94 Albert Camus, *La Chute*, Paris, Gallimard, coll. « Folio », 1997, p. 142.
95 Cioran, *De l'inconvénient d'être né, op. cit.*, p. 144.
96 Cioran, *La Tentation d'exister, op. cit.*, p. 241.
97 Cioran, *Précis de décomposition, op. cit.*, p. 133.
98 Cioran, *La Tentation d'exister, op. cit.*, p. 211.
99 Cioran, *Précis de décomposition, op. cit.*, p. 207.
100 Albert Camus, *L'Envers et l'Endroit*, Paris, Gallimard, coll. « Idées », 1970, p. 107.

se revigorant régulièrement auprès de ses fulgurances verbales, on peut
ne pas en rester au plaisir déconstructeur, au satisfecit rhétorique et
philologique, à la passion du verbe, à la posture sceptique ou cynique,
au culte des idées, mais élaborer pour soi-même et pour autrui une
pragmatique de l'action, une praxis existentielle pour un mieux vivre.

Si Cioran peut s'inscrire dans la lignée des moralistes, il n'est bien évidemment pas de ceux qui font de la morale bien-pensante, de la « moraline », mais
de ceux qui ont sondé le cœur des hommes et nous préviennent de l'ordure
qui peut s'y trouver. Après avoir lu Cioran, on ne peut plus se reposer sans
regarder sous le lit. Sous nos convictions sommeillent des alibis, sous nos
passions des impostures hormonales. Son alchimie verbale plonge comme
un déodorant dans nos gouffres qui puent, distille nos rages et nos larmes
pour en tirer la quintessence. Il nettoie nos âmes, perce nos cœurs, cure nos
esprits. Après lui, plus rien ne traîne, plus de miasmes qui fermentent en
silence. Son œuvre a une vertu cathartique, curative et préventive. Cioran
ou la purgation d'être! Et cela n'exclut pas le miracle d'une écriture qui
sait tirer des fragrances stimulantes de nos relents nauséeux.

Après Cioran, on peut vouloir le bénéfice du doute et l'enthousiasme
de faire sans croire, l'avantage de l'intelligence sans le sérieux qui la perd,
la richesse de l'instinct sans la barbarie, l'élan sans les catastrophes du
cœur, l'espoir sans optimisme, le non croire sans pessimisme, l'acte sans
superstition, l'innocence sans l'ignorance. Sur quel fondement puis-je
réunir ces contraires, sinon dans la conscience du vide, la sensibilité à
mon néant, à la mort, aux infinis, à l'énigme ? Seule la transsubstantiation des larmes peut souder ces apparentes contradictions !

C'est le désespoir de l'Absolu qui féconde la terre des possibles. Ce
sont les pleurs d'infini qui protègent du fanatisme des choses finies.
Ce sont les larmes sans objet qui nous enseignent combien la vraie joie
est liée à la souffrance, combien le salut est lié à la conscience tragique,
combien l'espérance s'oppose à l'espoir. Parce que le paradoxe touche
au mystère de l'existence, le pli paradoxal de la pensée cioranienne est
inspiré et peut servir de creuset à un devenir éclairé !

Jean-Pierre Chopin

L'ÉCHEC DE L'AMOUR
ET L'AMOUR DE L'ÉCHEC CHEZ CIORAN

Pour Cioran, l'échec est l'un des thèmes qui lui vont comme un gant. De l'échec, il en parle, à plusieurs reprises, tout au long de ses œuvres, de ses carnets ou de ses entretiens. Il aborde toutes ses formes : ontologique, historique, culturel, national, roumain ou français, personnel ou littéraire.

Chez Cioran, l'échec fonctionne comme moteur de sa réflexion. Tout *échoue* chez lui, philosophiquement et poétiquement; il n'y a rien de plus attractif et passionnant que l'échec, cette forme d'attaquer tout et surtout de s'attaquer, de combattre toute existence et toute pensée, de pulvériser son propre moi. C'est pourquoi il fait appel à l'écriture fragmentaire qui est, elle aussi, une forme d'échec de la pensée continue, linéaire, rigoureuse. Fondamentalement, Cioran aime l'échec et choisit l'écriture fragmentaire pour le diversifier, pour en parler sous la forme la plus concise et la plus ouverte. Cette tentation de la condensation des idées et de l'expression paradoxale est visible dans son dernier livre publié, *Fenêtre sur le Rien*[1], texte essentiel pour comprendre la vision de l'échec chez Cioran. C'est ici que Cioran relie l'échec à l'amour, tout en considérant que l'amour est le sentiment le plus révélateur du ratage existentiel. Le sentiment de l'amour, qui aurait dû donner un sens à l'existence, s'avère faible, impuissant, introuvable, mortel. L'amour périt tout comme la vie, ce n'est qu'un échec destiné à rendre plus présent et plus attristant le sentiment de la finitude. C'est pourquoi nous nous proposons d'analyser ici toutes les nuances qui apparaissent dans les rapports que l'échec entretient avec l'amour.

Fenêtre sur le Rien est sans doute un livre-carrefour dans l'ensemble de la création de Cioran. La substance du livre est souvent débattue théoriquement. La dimension métatextuelle est plus présente que dans les autres

---

1   Cioran, *Fenêtre sur le Rien*, trad. N. Cavaillès, Paris, Gallimard, 2019.

écrits roumains. Elle assure, croyons-nous, le fil conducteur de ce texte. On y parcourt une écriture en déroulement, concentrée sur elle-même et sur l'expression métaphorisée, mais aussi une réflexion en transition, plus attentive à la formulation qui aspire à plus d'impersonnalité. Les mots prennent l'initiative sur le moi et sur les sentiments. Ils s'exposent directement, dans une variété de tonalités et d'instances émettrices. Le ton confessionnel se dilue dans la recherche de la formule qui prend ses distances avec son émetteur pour devenir plus neutre et impersonnelle. Dès le titre, on constate que c'est la perspective qui compte et non celui qui la lance. C'est l'action de regarder et la manière de regarder qui sont recherchées.

Il faut aussi mentionner que le titre en français de ce dernier manuscrit écrit en roumain est choisi par Nicolas Cavaillès, son traducteur. Ce dernier s'explique : « le motif du rien habite l'ensemble de ce texte particulièrement ouvert, dont l'auteur se décrit en "fanatique de l'éventualité[2]" [...] ». Ce qui est à consigner, c'est l'idée de *perspective ou d'ouverture* (sceptique, amère, vaine) que Cioran lance sur tout thème qu'il aborde, surtout l'amour. Tout est dévalorisé, voué au néant ou au désespoir, à l'échec ou à la lamentation. Le néant recouvre toute démarche et tout sentiment. Il est question de comment faire face à l'horizon du néant : « Exister c'est – pour reprendre les mots de Nicolae Turcan – un exercice dans l'horizon du néant. [...] L'être se situe, donc, dans l'horizon du néant[3]. »

L'ÉCRITURE –
VERS UNE PATHOLOGIE DE L'ÉCHEC

Cioran place l'être dans un univers sans sens. Pour lui, le néant qui comble l'existence rend malheureux l'être. C'est le manque de sens du monde qui rend malade l'esprit. À travers les fragments de ce livre, Cioran reflète le destin de l'homme, son désir d'aimer et l'impossible

2   *Ibid.*, p. 7.
3   Nicolae Turcan, *Cioran sau excesul ca filosofie*, Cluj, Limes, 2008, p. 104, 108 (nous traduisons).

Amour, la souffrance provoquée par le manque de fondement du monde. C'est la lucidité qui l'éloigne du vécu, en lui montrant à chaque instant que l'homme est un accident dans un univers dépourvu de sens. Dans les termes de Constantin Noica, Cioran serait atteint par la maladie de « la catholite[4] », terme dérivé du mot grec « *kathalou* », désignant le « général ». Le manque du général provoque des sentiments comme « l'exaspération », « les contorsions de l'esprit », « le désespoir », « l'exil ». Cette maladie spirituelle se caractérise par une lucidité particulière qui renvoie l'esprit au sentiment du néant, de la perte de soi tragique. L'être se rend compte que le monde devrait avoir un sens mais il ne le découvre pas. Cioran voit l'absurde du monde, de l'existence, de l'être, de la naissance. L'individu atteint de « catholite » essaie de donner lui-même un sens au monde, même paradoxal, mais il ne peut pas l'imposer et il en souffre. C'est pourquoi le sentiment de la mort devient plus poussé et annihile tous les autres sentiments.

Lucide, Cioran ne cherche pas de salut (dans l'amour, thème récurrent de ce livre, qui est rarement traité ailleurs) ; au contraire, il plonge dans la méditation (« l'idée », selon son propre mot) sur l'amour, sur le vide, dans leur théorisation. Ce n'est pas de vivre le sentiment de l'amour qui donne vie et envie, mais de se laisser fasciner par l'idée, de tenter de se l'approcher stylistiquement. Cette démarche est vue comme la seule chance de maintenir (littérairement) la force du sentiment. Il cherche donc à donner un sens littéraire (« général » selon la terminologie de Noica) au mal existentiel. Cette fonction autoréflexive du langage[5], cette propension vers l'analytique sentimentale et vers l'expression quintessenciée, souvent mise en forme par la technique des italiques, vue comme source d'insistance mais aussi d'ambiguïté, deviennent une marque cioranienne. Cioran insiste : « Une méditation prolongée réduit tout à néant ; si nous y survivons quand même, c'est parce qu'elle autorise encore l'Idée de vie[6]. » Par l'emploi de la majuscule (Cioran

---

4   Constantin Noica, *Şase maladii ale spiritului contemporan*, Bucureşti, Univers, coll. « Eseuri », 1978, p. 32 ; *Six maladies de l'esprit contemporain*, trad. A. Ihuas-Cornea Combes, Paris, Critérion, coll. « Idées », 1991, p. 16.

5   Nous faisons référence à l'ouvrage du professeur d'esthétique Tudor Vianu sur la double intention du langage et le problème du style dont il parle dans *Arta prozatorilor români*, Bucureşti, Editura Eminescu, 1973. Le langage a deux fonctions : transitive et réflexive car il communique mais aussi se communique lui-même.

6   Cioran, *Fenêtre sur le Rien, op. cit.*, p. 39.

affirme à une autre occasion que les majuscules sont des substituts de la divinité) et de l'italique, l'auteur met en relief cette profondeur philosophique du mot, sa réflexivité et sa force d'expression, ainsi que ses reflets sur le micro-noyau textuel. L'auteur semble alors se réfugier dans le mot, dans cette abstraction salutaire. Le mot représente pour Cioran le Désir fondamental, c'est à la recherche du mot qu'il s'applique sans réserve. Car celui-ci est le seul capable d'atténuer, et même de liquider, le pathos existentiel. Les sentiments sont source d'éternels tourments. Cioran rédige littérairement *la pathologie de l'échec*, à partir de l'amour, suivant cliniquement tous les effets morbides qu'il entraîne. Sur un plan ontologique, l'amour ne produit qu'insatisfaction et tristesse ; c'est par lui que le néant s'avère invincible et la mort désirable. Mais, sur un plan artistique, l'amour est source de création[7].

L'amour rend malade l'être, mais l'initie à la création, à la scripturalité. Entre les effets de l'amour sur l'être, Cioran insiste, dès le deuxième fragment, sur « la jalousie » qu'il associe à « la torture du probable[8] ». Dans la jalousie, Cioran voit un stimulant de la création. Il est vrai qu'elle mène l'amour à la perte, mais, en même temps, elle dirige le moi vers le mot, en poussant l'esprit à mettre en texte cet échec amoureux. Par conséquent, pour Cioran, ce qui est digne d'admiration dans l'amour, c'est exactement cette persistance de la jalousie, sa dimension artistique et ses valences d'*ars doloris* : « Il y a dans la jalousie un désir [*dor*] de souffrir à tout prix[9]. » Comme on le voit, Cioran n'aime pas les sentiments confortables. Il ne croit même pas à leur existence. C'est pourquoi, au lieu de nous offrir une *poétique de l'amour*, Cioran préfère styliser une *philosophie de l'échec (amoureux)*, de « la déception », pour reprendre son mot : « Je n'ai connu de langueur [*dor*] prodigue et insistante que pour

---

7   On a considéré la littérature comme une « maladie de l'esprit, comme un plaidoyer contre l'idée de normalité ». À partir de l'étude nicasienne de la maladie, Diana Beaume affirme : « [...] l'idée de Noica est très simple : maladie du Tout, le mal de l'Être est un pur déséquilibre spirituel, donc il reste "maladie de l'esprit", même dans les choses inanimées. Seul l'esprit humain accusera en revanche des symptômes supérieurs, en se manifestant intellectuellement en étroite dépendance de son malaise, par des créations artistiques ou scientifiques − car, pour Noica, l'esprit est malaise. » *Cf.* Diana Beaume, « La littérature comme maladie de l'esprit : l'apport roumain à la théorie comparatiste », *TRANS-*, 1, 2005, publié le 27 décembre 2005 : http://journals.openedition.org/trans/94 (consulté le 15 novembre 2021).

8   Cioran, *Fenêtre sur le Rien*, *op. cit.*, p, 13.

9   *Ibid.*, p. 14.

les femmes et le néant[10]. » Mais tandis que l'attitude envers la femme est de l'idéaliser, de la rendre abstraite, le néant se veut concrétiser, matérialiser pour que le moi poétique puisse l'affronter quotidienne-ment. La philosophie cioranienne nous transmet qu'il ne faut jamais échouer dans sa lutte contre le néant et que, dans ce paysage existentiel, l'amour n'est qu'une image en transformation du vide et de la vanité. L'amour est au centre de l'expérience tragique du livre et d'une poétique en permanente résurrection ; il *aurait pu* représenter une « fenêtre » sur l'éternité, une voie d'accès à l'accomplissement de l'être, ce « général » tant cherché ; Cioran parle de l'amour dans un éventail de mots qui touchent plusieurs motifs et offrent une large perspective érotique : « la jalousie », « la femme », « la pornographie », « la sexualité », « le cœur », « la chair », « le sexe », « la putréfaction », etc.

Dans l'onto-poïétique cioranienne, « l'amour » et « la femme » sont associés à la souffrance. Et la souffrance possède une grande valeur ini-tiatique, heuristique, car c'est elle qui met les bases de son ontologie et transcrit les étapes créatrices de la recherche de l'expression. L'écriture devient une thérapie que Cioran pratique avec dévotion. Celui-ci se rend compte qu'il faut savoir profiter de sa propre souffrance pour l'écrire, tout en la dépassant : « En dehors de l'amour et de la souffrance, l'univers fait l'effet d'un triste cadre forgé par l'imagination de quelque taupe[11]. » La présence de « la taupe » dans l'imaginaire cioranien est très suggestive. Les taupes édifient des terriers complexes et rejettent la terre à l'extérieur, par endroits. La taupe est un animal presque aveugle, qui passe son temps dans l'obscurité. L'homme serait semblable à l'automatisme de survivance de cet animal s'il n'avait pas la chance de s'élever au-dessus de ses besoins primaires grâce à sa capacité de réfléchir et de souffrir.

---

10 *Ibid.*, p. 15.
11 *Ibid.*, p. 16.

L'AMOUR OU COMMENT ÉCHOUER
DANS LA FORMULE

Sur un plan existentiel, l'amour est un sentiment voué à l'échec, ne s'absolutisant que dans la mort puisque seule la mort peut rendre sublime l'amour. Cette dimension érotico-thanatique est essentielle chez Cioran car il vise toujours à créer sa Forme, même par association ou succession de contradictions, et selon ce principe intérieur, *autant d'amour que de mort*. Pour l'amour, il faut un espace et un temps, des entrailles et des mots.

L'AMOUR
ASSOCIÉ À UN TOPOS THANATIQUE

Cioran met en relation l'amour et l'espace. L'amour est vu comme le lieu d'un salut, d'une bénédiction. Mourir par amour serait, selon lui, la mort attendue, désirée. Toute autre forme de mort n'est qu'échec et tout amour qui ne mène pas à la mort est aussi échec : « Ces heures que tu passes consumé par l'ardent remords de n'avoir pas trouvé un lieu où mourir, d'avoir gâché ta fin par paresse… Ce sont les heures de l'amour[12]. » Le temps de l'amour mène, d'une manière salutaire, à l'endroit idéal où mourir.

L'AMOUR –
CONSTRUCTION IMAGINAIRE DE LA FEMME

Cioran préfère plutôt parler « des femmes », en utilisant le pluriel. Dans l'amour, c'est la femme qui gère les sentiments du moi lyrique. Dans un fragment auto-confessionnel, Cioran fait appel à une comparaison entre les femmes et les cimetières. Elles lui provoquent l'imaginaire morbide

12 *Ibid.*, p. 17.

et le vouent au sentiment de la disparition. C'est une manière stylistique de suggérer sa déception amoureuse. La femme lui produit une grande souffrance dont il parle épisodiquement, dans des fragments raccourcis des *Cahiers* par exemple ; durant son adolescence à Sibiu, il a connu une grande déception lorsque la fille dont il était amoureux lui avait préféré un condisciple, surnommé « le pou[13] ». Nous comprenons l'importance que l'échec de cette expérience amoureuse a jouée dans sa vie. Dans sa vision érotique, c'est la femme aimée qui rend encore plus évident le néant : « Les femmes m'ont plus inspiré le sentiment de ma disparition que tous les cimetières de la Terre. Sans cela, je n'aurais pas multiplié les arguments pour excuser cette créature accidentelle, contre l'évidence du vide[14]. » Il faut remarquer l'emploi du substantif au pluriel « les femmes » qui insistent sur leur nombre, sans aucune détermination ou distinction.

L'AMOUR – ÉCHEC ORIGINAIRE

Une autre acception de l'échec provoqué par l'amour recouvre des dimensions religieuses et une perspective temporelle. Il est question de l'amour chez Adam et Ève, le couple originaire, qui ne s'est pas réalisé, l'union amoureuse n'a pas eu lieu ; c'est à cause de ce premier échec que l'amour ne s'accomplit jamais mais, au contraire, se défait. L'être est fondamentalement victime du péché originel, de « l'inconvénient d'être né » et d'aimer. Il est voué à la mort par un désespoir quotidiennement assumé : « Je n'aurais pas sacrifié autant de temps à l'amour si je n'y avais pas vu l'épreuve la plus solennelle et la plus inutile qui soit sous le soleil. Depuis la rencontre d'Adam avec Ève, la chaîne de la vanité s'accroît d'un maillon à chaque désespoir[15]. »

---

13 Cioran, *Cahiers. 1957-1972*, Paris, Gallimard, 1997, p. 167 : « Je me rappelle soudain cette passion tortueuse qu'au lycée j'avais faite pour une fille quelconque de la bourgeoisie de Sibiu. Elle s'appelait Cella. Deux années durant j'ai pensé chaque instant à elle, sans lui avoir parlé une seule fois. [...] d'un coup, je vois Cella passer en compagnie d'un de mes camarades de classe, le plus méprisable et le plus méprisé de tous. À plus de trente-cinq ans de distance, je peux me souvenir du supplice et de la honte que je ressentis alors. // On l'appelait *le Pou*. »
14 Cioran, *Fenêtre sur le Rien*, *op. cit.*, p. 17.
15 *Ibid.*

L'AMOUR
ASSOCIÉ À LA POURRITURE

En parlant de l'amour, Cioran insiste sur la dimension charnelle de ses pouvoirs, mais aussi sur son éphémère. Il s'agit d'une sensation olfactive, du présentiment du cadavre, d'une sublimation de la pourriture : « L'amour est la démence des narines. Ce parfum éphémère de chair et de putréfaction... // ... Mais sans cela, respirer serait une dépravation indicible[16]. » Cioran met au premier plan la conscience de la vanité. Dans son onto-thanatologie, l'amour n'est qu'une petite vanité dans ce *vanitas vanitatum*. Car l'échec amoureux montre du doigt le grand Échec, l'existence elle-même.

L'amour ne représente pour Cioran qu'une attraction charnelle morbide ; aimer signifie chérir le cadavre de l'autre, embrasser sa pourriture. L'être doit pouvoir accepter la morbidité de l'autre qui se cache dans la matérialité de son corps, dans son sexe ; la dimension organique de l'amour est souvent évoquée par Cioran, non seulement comme une nécessité mais aussi comme une épreuve de trouver la conciliation entre, d'une part, la fascination et, d'autre part, le dégoût que le corps provoque dans l'expérience amoureuse : « La chair nous inspire une vacillation entre l'évanouissement dû à ses charmes et un dégoût surnaturel. L'amour repose directement sur une contradiction actuelle et sans issue. // entre la veille et le sexe, l'opposition est plus profonde et plus nécessaire qu'entre Dieu et le Diable[17]. »

L'ÉCHEC (DE L'AMOUR) –
DICTION ET FICTION

Cioran ne se lamente plus comme il le faisait, par exemple, dans *Sur les cimes du désespoir*. Au niveau du contenu de son *fragmentarium*, il n'y a pas beaucoup de changements de substance. Mais nous devons

16 *Ibid.*, p. 18.
17 *Ibid.*, p. 19.

remarquer le changement qui se produit dans l'aspect formel. Plus introspectif (et méta-réflexif), Cioran n'hésite pas à métaphoriser ses démarches scripturales dans des fragments onto-poïétiques essentiels pour comprendre son passage stylistique. En voici un exemple : « Si j'avais pu pleurer sur mon existence, je serais devenu depuis longtemps déjà un philosophe rationaliste. Mais les larmes sans exercice s'interposent entre tout hommage à l'esprit et moi[18]. » Nous pouvons y entrevoir la doctrine de l'antiphilosophie ainsi que de l'anti-lyrisme ; il n'est pas philosophe car il ne met pas la raison au premier plan ; mais il n'est non plus un lyrique ni un pathétique ; il apprend à exercer ses larmes dans ses mots. C'est tout aussi bien une forme de réflexion sur le langage, sur ses possibilités d'exprimer des sentiments. Cioran s'éloigne donc de l'approche confessionnelle ou philosophique pour aborder une approche linguistique, impersonnelle, aliénante ; une réflexion onto-poïétique, aux échos rimbaldiens est détectable dans cette question rhétorique : « Quand on sait assez de philosophie pour arriver à ne plus être soi-même, à quoi la pensée sert-elle, sinon à être *autre*[19] ?

Cioran arrive à voir l'amour comme une fantasmagorie, comme une chimère à laquelle il faut savoir et pouvoir renoncer. La technique de des-cription sur le *vif* (par exemple « les embrasements insatiables de la chair et ses harassements extrêmes, les foudres du désir et les glaciations de l'esprit[20] » dont parle Cioran) n'est pas à suivre car, dans la logique para-doxale du penseur, il l'éloigne de « sa solitude dans le rien[21] ». En réalité, c'est ce « rien » qu'il faudrait cultiver. Dans ce « rien », un rôle essentiel joue le renoncement à l'amour, pour pouvoir jouir de son propre tourment. C'est la déchirure qui est essentielle. Cioran fait appel à plusieurs mots pour désigner le registre de l'existence et du cœur : « les affres de l'âme », « le Frisson », « le désir », « le sang », « les vibrations », « les lamentations », « le soupir », « la douleur », « la souffrance ». Ces vocables sont employés tout au long du livre sans pourtant rester dominants. Cioran prend ses distances par rapport au sentiment, pour s'approcher du mot et de la fabrication poétique ; la création littéraire doit relater l'échec existentiel. Tout véritable amour est celui qui s'incarne dans l'aphorisme. Dans un

---

18 *Ibid.*, p. 20.
19 *Ibid.*, 21.
20 *Ibid.*, p. 26.
21 *Ibid.*

ars poetica, Cioran relève le passage essentiel du sentiment au mot, du moi au soi, dans le processus de transfiguration identitaire et scripturale :

> Au temps où je foulais d'un pied nonchalant les affres de l'âme, le Frisson pesait plus lourd que le Mot dans la balance du désir. Je croyais alors qu'en multipliant dans mon sang et dans mon supplice les vibrations de toutes sortes, elles accroîtraient mon talent et ma gloire. Le soupir sublimé d'une pompe infernale et les sourcils froncés au-dessus du chaos m'épargnaient le recours au langage. Le cri me révélait à moi-même avec plus d'autorité que l'accord de l'esprit restreint à une phrase. Dans cette confusion des sens, j'ignorais encore le pouvoir de sculpter dans la parole quelque *statue sonore.* Vinrent ensuite le Verbe, gardien du cœur, et l'effort visant au Verbe, comme un besoin d'apaiser les déchaînements intérieurs et de consolider les distances prises à l'égard de soi[22].

VERS L'ONTO-POÉTIQUE DE L'ÉCHEC ASSUMÉ

Pour faire la différence entre la vie et l'écriture, Cioran choisit des substantifs pour démarquer les deux plans : d'une part, « le Frisson » (la majuscule en dit beaucoup sur l'essence de l'existence, la sensation douce-amère passagère, sans véritable profondeur et sans longue durée), « le soupir », « le cri » ; d'autre part, « le Mot » et « le Verbe », majusculés comme pour montrer leur pouvoir sur l'existence et le temps, sur l'intime et le moi. Le mot-clé de cet aphorisme est un oxymore aux accents synesthésiques et mis en italique : « *statue sonore* », parfaite mixture de parole et de sens. L'écriture n'est que transfiguration de « sens[23] » (et leur sonorité sensorielle, charnelle) en mots. L'écriture est *un règlement de comptes avec l'existence.* Elle offre le « besoin de cendres » dont parle Cioran dans une phrase toujours paradoxale, qui unit la vie et la mort et trouve la raison de vivre dans l'attente de mourir : « Car la force de l'âme, c'est son *besoin de cendres*[24]. » Contrairement aux poètes et à leur vision érotique fondamentalement salvatrice, Cioran ne croit pas

---

22 *Ibid.,* p. 30.
23 La double acception du mot « sens » s'impose : il s'agit aussi bien des « sentiments » que des « significations ».
24 Cioran, *Fenêtre sur le Rien, op. cit.,* p. 30.

à la capacité humaine d'aimer ; l'amour ne trouve pas de sens dans « un moi empoisonné[25] », dans « notre cercueil intérieur » ou bien dans « les linceuls dont notre chair lasse est couverte[26] ». L'être n'a pas le don de l'amour parce qu'il porte les signes de sa propre fin. Cette damnation est non seulement spirituelle mais aussi charnelle. L'échec est intrinsèque à l'être. En lui consiste le véritable don divin. Le contexte religieux est souvent présent et les invectives fortes. La prière est un réquisitoire, une succession de malédictions, un cri de désespoir et d'impuissance, de « ces créatures assoiffées d'amertume et d'échec[27] ». C'est vers cette *onto-poétique de l'échec* que se dirige l'écriture cioranienne, doublement révélatrice : d'une part, il y a le fardeau d'être, qui empêche originairement tout élan du moi vers l'existence ; d'autre part, il y a les tourments du cœur, qui doivent soigneusement être suivis pour les transmuter en expression. Selon cette onto-poétique, l'être a été *mauvaisement* constitué, par un mauvais démiurge (il en parlera dans ses écrits français) qui s'avère être trop humain, trop fidèle aux discordances : « Cette âme me semble parfois avoir été collée à son corps à la hâte, avec du crachat[28]. » C'est « la soif ardente de vanité[29] » qui caractérise l'être échoué, quitté à la hâte par son créateur, et qui attend être reconstitué linguistiquement. Dans un fragment qui combine des syntaxes particulières (phrase elliptique suivie par des phrases impérative et assertive-conclusive), Cioran insiste sur la mission littéraire, son pouvoir de transformer le sort en style, de produire de nouvelles significations : « Il faut lutter contre le sort – ou périr. Résister aux tourments de la vie, c'est la transformer en tragédie, les accepter, en horreur. Vise le mal le plus noble. Transforme tes entrailles, même détruites, en poésie, en putrescence formelle. L'âme qui a passé par la culture s'attelle à codifier ses dissipations, et de son accoutumance à l'irréparable, elle engendre du sens ou du style[30]. » L'échec est valorisé, étant directement lié aux expériences propices de la souffrance, et aux réflexions sur la mort. La poésie et la littérature en général sont un produit organique ; le mot « entrailles » est souvent associé par Cioran à la création ; celle-ci vient des tréfonds organiques, corporels.

25 *Ibid.*
26 *Ibid.*, p. 33.
27 *Ibid.*, p. 35.
28 *Ibid.*, p, 41.
29 *Ibid.*, p. 42.
30 *Ibid.*, p. 51.

LA POÉTIQUE DU RATAGE

Fenêtre sur le Rien dévoile un personnage qui expose ses expériences, ces attentes et ces convictions. Ce personnage pourrait bien être « un Don Quichotte *cynique* », évoqué et mis en abîme par la technique des italiques. À l'origine de ce cynisme, de cette attitude de rejet de toute illusion, de toute perfection, de toute constance semble se trouver l'expérience amoureuse. L'errance n'est plus un choix, l'espoir non plus, ou bien la naïveté d'avancer dans sa quête pour la mener à bon terme. Tout est vain, et la vie ne dure que grâce aux souffrances prolongées. Rechercher la femme, ce n'est que perte de temps et d'énergie ; il n'y a aucune estime pour ce que la femme pourrait offrir, aucun salut dans son possible amour ou dans son idolâtrie : « L'incompréhensible effort réalisé pour transformer au plus vite une quelconque femme en idole, afin de mieux piétiner ensuite l'autel de ce leurre, cette alternance de culte et d'écœurement, le besoin d'illusion et l'impossibilité de souscrire à aucune d'entre elles te transforment en un Don Quichotte *cynique*[31].

Cioran accorde à la femme une valeur initiatique tout à fait particulière ; c'est en faisant de toutes les femmes aimées le portrait de la Femme que l'âme s'exerce aux royaumes de la souffrance. C'est par la Femme que le moi lyrique pourrait transmuter les expériences tumultueuses, le pathos de l'illusion et de la perte ; il s'agit d'une longue expérience de vie, d'un exercice du sentir (« les désirs » à vivre) mais qui n'assure pas le vécu d'une passion ; en termes cioraniens, la passion est l'apogée des sentiments, et équivaut à un absolu existentiel. C'est ce qui donnerait un sens à la vie : « Connaître tous les désirs – et aucune passion. Sinon la passion de tous les désirs[32]... » Cioran établit une évolution sémantique entre « le désir » et « la passion » et illustre, par un jeu de mots, le passage d'une vie commune, ordinaire à sa transcendance littéraire : sans passion, la vie est un échec mais, en revanche, la passion est impossible à trouver et à maintenir. Écrire devient alors la passion qui rend possible la consignation de tous les désirs vécus.

---

31 *Ibid.*, p. 63.
32 *Ibid.*, p. 62.

C'est l'échec qui rend l'être cynique. Nous pouvons facilement poursuivre une poétique du ratage que Cioran développe à travers son carnet. L'échec peut être épisodique, provisoire, accidentel, involontaire, unidimensionnel (l'échec amoureux, par exemple, peut donner vie à une réussite scripturale, à une inspiration linguistique), mais on devine dans le ratage un culte de l'échec, la poursuite de la chute et d'une existence gâchée. Les pilons responsables de ce ratage sont, selon Cioran, au nombre de deux : *l'absolu* et *l'amour*. Ces deux tensions, spécifiquement romantiques, sont entretenues pas le désir cioranien de les décimer. La vraie ontologie cioranienne est négative, dans le sens où il cherche à instaurer le désastre que l'être doit subir en s'épuisant dans la recherche de l'amour et de l'absolu. L'ontologie cioranienne se fixe sur le désir d'accomplir le ratage absolu de l'être : « Une existence est ratée, qui n'a aucun lien direct avec l'absolu ni avec l'amour[33]. » La conscience de la limite joue un rôle essentiel dans l'ontologie cioranienne ; la chair, aussi bien que l'âme sont voué à l'échec : « La volupté nous révèle les limites de la chair, et l'amour celles de l'âme[34]. »

La conscience du péché et la conscience de sa propre *faiblesse* (au sens pascalien) renvoient l'être à sa propre perte, c'est-à-dire à son ratage. Cette conscience du ratage est aussi symbolisée par l'invivable « dimanche », lorsque le temps s'acharne davantage sur l'esprit et lui révèle la vanité de la vie, l'inutilité de l'espace aussi bien que l'impossibilité de vaincre le mal intérieur et de se soustraire à la damnation primordiale. Cette *poétique du dimanche* renvoie à l'incapacité du repos tout comme à l'inutilité de la création, à l'échec d'être n'importe où et n'importe quand : « Les paysages du monde ont beau varier, lors des après-midis du Dimanche ils se ressemblent tous. Dans un hameau comme à Paris, aucun moyen d'enrayer la lassitude née du mal intérieur. Où que l'on veuille fuir le maudit septième jour, il n'est aucun lieu qui ne s'avère impuissant devant cette maladie, prévue dès la chronologie de la Genèse[35]. » Nous y voyons esquissé « l'inconvénient d'être né », la fatigue et la vanité d'être, l'absurdité de tout essai de se soustraire à la damnation. La vie n'existe qu'en tant que poursuite thanatique : « Dans nos os, l'avenir a préparé son tombeau[36]. »

---

33 *Ibid.*
34 *Ibid.*
35 *Ibid.*, p. 64.
36 *Ibid.*, p. 68.

194 MIHAELA-GENȚIANA STĂNIȘOR

Le choix lexical (trois substantifs projettent l'idée d'échec existentiel et de mort vindicative : « os », « avenir », « tombeau ») rend plus concret, plus naturel, mais en même temps plus tragique, le sens de la mort. La mort est présence idéatique suprême, forme de tourment absolu, désir permanent et profond. La passion de la mort transforme non seulement le moi qui regarde et se voit regarder selon le jeu du dédoublement de la conscience, mais aussi la réalité environnante ; tout finit dans la putréfaction. Cioran décrit la pourriture existentielle dans des mots horribles mais qui gagnent une valeur thérapeutique ; au lieu de créer l'effet de dégoût, ils assurent une visualisation progressive et naturelle des effets de la mort. La surprise finale qu'ils produisent est une cristallisation lexicale ou une abstraction affective. Les images transmises ont un résultat libérateur : « L'idée de la mort transforme toute volupté en trépas – et tout avenir en passé. La charogne devient l'essence du bourgeon, et l'éternité semble dépasser en putridité le principe même de l'éphémère. Le cadavre gagne l'amour et l'âme elle-même devient cadavérique[37] [...]. »

Dans cette poétique du ratage, l'amour accomplit parfaitement sa mission : révéler l'insanité, faire voir l'échec humain par excellence : « sur l'arbre de la vie, l'amour est le fruit le plus putride[38]. » Et dans cette apologie vivement mise en place par l'écriture fragmentaire, la séman- tique de la putréfaction transforme, au niveau des sens, toute existence en parfum de cadavre. Cioran compte sur l'effet visuel du *pourri*, de la décomposition charnelle qui correspond au « mal intérieur », syntagme préféré du penseur qui stigmatise ainsi la souffrance ontologique sans issue. C'est la lucidité qui fait de l'homme une victime, en le pous- sant à se confronter avec sa finitude. Cioran place « l'amour » entre les quatre formes d'extase, à côté de « l'alcool », de « la mystique » et de « la musique ». Ces extases ne seraient alors que des voies pour « sortir du temps[39] » et de la douleur.

Ou bien, l'amour aide à oublier le temps et à s'oublier soi-même ; il pourrait être une forme de quitter le temps et de se quitter soi-même ; paradoxalement, il ne peut pas aider à l'accomplissement de soi, mais à la chute dans le temps et dans la temporalité : « Même l'amour, tu l'as réduit à une simple entrave au temps ; tu n'as vu dans chaque baiser

37 *Ibid.*, p. 96.
38 *Ibid.*, p. 81.
39 *Ibid.*, p. 91.

qu'une potence dressée pour y pendre l'instant présent, et n'as vu dans chaque désir qu'une sourdine de la raison ; dès lors, comment veux-tu être toi-même au sein de ton propre esprit[40] ? » Il est intéressant de remarquer cette métaphore par laquelle Cioran définit l'amour comme « une simple entrave au temps », destinée à signaler, plus profondément encore, que le Temps est absolu, que tout le reste est illusoire, que même l'amour n'y signifie rien. Par effet de ricochet, Cioran présente l'amour comme figure fondamentale de l'échec ontologique. Il n'est que l'illusion d'une « entrave ».

L'amour parfait l'obsession de la mort. La raison d'être serait celle de s'accomplir par amour. Cette fois-ci, Cioran met en relation l'amour et la peur de mourir sans l'avoir vécu. Dans un fragment plus développé autour de deux questions, il essaie de répondre à la question : « comment mourir avant d'avoir aimé[41] ? » Sans préférer l'emploi du « je » de la subjectivité et donc de la confession directe, Cioran reste encore l'adepte du pronom « tu » qui désigne (et insiste sur) le destinataire, de cette manière de s'adresser directement à son lecteur ; c'est l'interlocuteur qui est introduit d'une façon plus intrusive dans l'énoncé, pour qu'il prenne attitude, pour qu'il soit directement averti, prévenu, impliqué. Cette formule a encore un avantage pour celui qui l'énonce : il s'agit d'une parfaite occasion de donner des conseils, de s'ériger en fin connaisseur de la problématique et des solutions à prendre. C'est la manière stylistique roumaine d'aborder une thématique philosophique, d'impliquer le destinataire d'une façon plus poussée dans ses écrits. Cela suppose aussi une superposition du « je » et du « tu » qui se transformera, dans l'écriture française, dans l'emploi du pronom indéfini, à valeur généralisante, « on ». L'impression de lecture qui s'y dégage, c'est de certitude personnelle transfigurée en définition universelle :

> Malgré toutes les femmes qui seront passées entre tes mains et dans ton âme, tant que tu n'auras pas trouvé celle qui irritera ton désir jusqu'à l'annulation, qui t'extraira hors de la chair par l'intensité de la chair – tu n'auras pas vécu l'amour. Après l'avoir connu, au contraire, tu ne trouveras plus d'utilité à vivre. Tu pourras alors mourir dans cette évidente nécessité propre au déploiement d'une démonstration. Il faut l'erreur suprême qu'est l'amour pour que la mort se neutralise en une vérité[42].

---

40 *Ibid.*, p. 105.
41 *Ibid.*, p. 108.
42 *Ibid.*

Cette fin paradoxale de la démonstration nous souligne que l'amour n'est que la révélation de la mort. C'est par l'amour que la vérité de la mort devient obsédante. L'éros n'est que le porte-parole du thanatos. Jonction fatidique, perte de temps, mais surtout du Temps. Il n'y a pas d'avenir dans l'amour, mais un présent qui « *se meurt* » selon l'expression cioranienne. L'être attend la mort de l'amour pour découvrir la plénitude de l'amour de la mort, celui-ci étant durable, inoubliable. Car, affirme Cioran, « L'amour nous ferme à l'avenir[43]. » La femme révèle un hiatus, une courte interruption de la pensée de la mort ; elle creuse un tombeau de chair momentané mais où les sens découvrent plus intensément le parfum de la putréfaction, l'éternité sans faille de la mort. L'amour charnel joue le rôle d'un fantasme, d'une rencontre illusoire de deux corps qui sont voués à la mort. S'illusionner sur l'amour, c'est essayer de trouver la béatitude d'un « *moment donné* », métaphore qui cache l'instant suprême d'une existence vouée autrement à l'échec : « Entre les bras d'une mortelle, on regarde le temps avec un air impuissant, comme si l'on découvrait l'éternité au fond d'une tombe. C'est la même révélation décisive. Du reste, la femme n'est-elle pas notre tombeau dans le temps, et n'enterrons-nous pas dans la sueur et dans le rêve l'effroi que nous inspire ce *moment donné*, dont toutefois un cimetière autrement authentique nous guérira[44] ? » Il est intéressant de suivre lexicalement les spectres de la mort où la femme n'est vue qu'en tant que « mortelle », ceci étant sa qualité primordiale, définitive. En conséquence, « la sueur » et « le rêve » deviennent les limites à dépasser en vue d'embrasser la fin de l'être.

Souvent, Cioran parle de l'échec en employant le mot « impuissance ». L'échec de l'être consiste dans son impuissance à changer sa finitude, mais aussi dans sa puissance créatrice ou sa « démiurgie verbale » à créer une « mythologie verbale », c'est-à-dire une littérature à soi : « À travers l'art, affirme Cioran, nous nous dédommageons de notre impuissance dans la vie ; cette impuissance est même la définition de l'art[45]. » Que l'art se construise sur un échec existentiel n'est pas surprenant. Tous les artistes vivent mal leurs vies, tout en essayant de les remplir par les mots. Dans ce paysage onto-poïétique, les écrivains sont des êtres « *atteints*[46] », vocable mis

43 *Ibid.*, p. 111.
44 *Ibid.*, p. 112.
45 *Ibid.*, p. 116.
46 *Ibid.*, p. 118.

en italique pour suggérer l'état de souffrance et de maladie dans lequel se trouvent les esprits tournés vers le mot, vers l'écriture. Dans cette vision, l'état poétique est le résultat d'un surmenage sans motif, empreinte de l'existence tout court : « la poésie est un surmenage antérieur à l'acte, une forme d'exténuation sans motif[47]. » Le poète est un être fatigué, épuisé par son « mal intérieur », par la conscience de la damnation, par l'échec de sa propre vie et de la Vie. La progression existentielle ne serait, dans l'onto-poïétique cioranienne, qu'accepter sa maladie, l'intensifier même, transformer la vanité en un sentiment tonique, créateur, selon la conviction que « C'est de la vanité que se nourrissent notre sang et le temps[48]. », qu'il faut « augmenter notre malheur ». Cioran emploie à nouveau le verbe « atteindre » pour recontextualiser, en la métaphorisant, l'idée d'une existence sans choix, sans sens, originairement damnée : « *L'Arbre de vie* est atteint ; ses fruits sont putrides[49]. » Cette réflexion aux connotations bibliques met en évidence l'impossibilité d'une issue, l'incapacité à changer l'échec en victoire. Dans la conclusion amère, l'auteur insiste, par un langage métaphorique et d'autant plus suggestif, sur la souffrance qui se propage sur l'homme dès sa naissance première : « De notre premier ancêtre nous avons hérité un jardin empoisonné[50]. » Même la réflexion voltairienne sur la mission de l'être de « cultiver son jardin » se voit annulée, elle est devenue inutile puisque ce « jardin » n'est que le témoignage et l'image de la souffrance première.

Cioran arrive parfois à nous présenter quelques fulgurations de sa pensée paradoxale, en reconnaissant à l'amour le rôle d'une bénédiction passagère ; il devient un oubli momentané du malheur d'être : « Celui qui n'a pas connu ces instants devant lesquels tout ce qu'il a été dans le passé et tout ce qu'il sera à l'avenir est dégradant, celui-là ne sait pas ce qu'est l'amour. Ces sensations qui te compromettent devant le malheur[51]... » Nous saisissons la connotation négative du verbe « compromettre » auquel Cioran recourt pour induire l'idée que, finalement, toute démarche à éloigner l'essence humaine, qui est le malheur, n'est qu'échec. Et que la mission authentique ne serait que d'agrandir ce « malheur » d'exister, en faire l'apogée sensoriel.

---

47   *Ibid.*, p. 121.
48   *Ibid.*, p. 122.
49   *Ibid.*
50   *Ibid.*
51   *Ibid.*, 123.

Sans la possibilité d'aimer, l'homme ne ferait qu'échouer dans le mal, dans l'ennui et la folie. L'amour devient alors, dans le même registre paradoxal, « une excuse », mot souligné par l'italique, une forme de salut à sa portée : « Il y a des gens dont l'existence, s'ils n'aimaient pas, s'ils n'avaient pas l'*excuse* de l'amour, ressembleraient à celle d'un diable paresseux et fou[52]... » Que l'existence soit un échec que l'amour met mieux en évidence, Cioran le souligne parfois en faisant appel à l'image du diable, et en ajoutant une expression particulière : « finir dans ses bras », action qui dévoile l'échec total, irrémédiable : « Quand, bercé par l'amour, tu découvres l'innocence de l'enfance et les charmes de l'avenir, le Diable sourit, non loin de là. Il sait, lui, que tu finiras de toute façon dans ses bras à lui, les bras du réveil et de l'insomnie[53]. » L'amour, plus que tout autre sentiment, provoque la révélation de l'échec (« le réveil de la conscience ») et entretient l'obsession du mal (« l'insomnie »).

Cioran va encore plus loin et nous propose une définition de l'homme qui succombe à l'échec : « Celui-là est exposé à l'échec, qui, engagé dans le combat de chaque jour, a découvert l'éternité. Pour lui, que peut-il encore y avoir d'important ? On ne rate que par incapacité à choisir, à *préférer* quelque chose, à hiérarchiser les apparences selon son désir ou quelque système. Il résulte du concept vide de l'éternité un assèche-ment intérieur. Pour vivre, l'homme n'aurait pas même du découvrir le Temps[54]. » Deux mots sont investis de sens supplémentaire par l'italique et la majuscule : « *préférer* » qui donne raison au libre arbitre de l'homme, à la nécessité de faire son choix, de se suivre soi-même ; la majuscule donne voie à la soumission au temps, à la conscience malheureuse de sa propre fin. L'échec est de ne pas faire, dans sa propre vie, de choix véri-table et fondamental. L'homme accepte de vivre sous la toute-puissance de la conscience de son échec, de sa chute dans le temps. Il se soumet à sa destinée et vit son ratage.

L'amour est ambivalent chez Cioran : d'une part, il rend la souf-france de l'être plus visible, plus accentuée, plus intrusive ; d'autre part, il donne une signification à l'existence et une beauté intérieure unique à l'écriture. L'être se place entre deux actions : *échouer dans l'amour de la souffrance et de la mort* ; *échouer dans l'amour de l'écriture*, ce

52 *Ibid.*, p. 125.
53 *Ibid.*, p. 132.
54 *Ibid.*, p. 133.

« mal théorique » qui s'ajoute au « mal viscéral[55] ». Se servir de l'écriture comme forme de combat contre tout (contre l'amour, contre soi-même, contre Dieu ou l'univers) : « Chacune de mes pensées est un gant jeté à l'adresse de l'univers[56]. » Ce qu'il entreprend, c'est d'instaurer la vérité des mots, une existence à fragments, qui représentent une victoire sur une vie ratée : « Faire passer l'univers *dans les mots*, telle est l'œuvre de l'esprit. La vérité *en tant que telle* n'a aucune valeur[57]. » La suite des mots en italiques démarquent le plan poético-poïétique de la réflexion cioranienne, en accentuant la rupture qui intervient entre le vécu et sa réflexion-expression. Cioran n'est pas encore le théoricien de son propre style. Il reconnaît l'importance de transposer le sentir dans l'écrit, ce dernier aidant l'être à mieux subir la vie : « Pour Cioran, la question du style doit répondre à une exigence thérapeutique : soulager la crampe de la vie, par une mise en forme qui ne soit pas un habit, mais la chair même de la pensée[58]. »

LA DAMNATION – L'ÉCHEC SUBLIME

Au centre du livre, on peut lire : « Extrait du carnet d'un damné[59] », ellipse qui peut bien représenter un titre ou bien une synthèse symbolique de l'essence de cet ouvrage. Cette séquence jetée entre ses fragments est importante de deux points de vue : d'une part, elle insiste sur la valeur d'écriture quotidienne (la présence du « je » qui énonce et de document poïétique[60] de l'ouvrage[61] ; d'autre part, ce sont les notations d'un être

55   *Ibid.*, p. 126.
56   *Ibid.*
57   *Ibid.*, p. 129.
58   Nicolas Cavaillès, Barbara Scapolo, *Cioran et Valéry. L'Attention soutenue*, Paris, Classiques Garnier, 2016, p. 100.
59   Cioran, *Fenêtre sur le Rien, op. cit.*, p. 140.
60   Le syntagme appartient à René Passeron qui conçoit la poïétique comme la science des conduites créatrices. La poïétique se concentre sur la production comme activité, comme travail par lequel on instaure l'œuvre. *Cf.* René Passeron, *La Naissance d'Icare – Éléments de poïétique générale*, Paris, Ae2cg, 1996, p. 23.
61   À une autre occasion, nous avons analysé la valeur de document poïétique des *Cahiers* de Cioran. Ce « carnet » fait lui aussi le plaidoyer de la réflexion sur l'essence de la création :

qui se voit damné. La variante roumaine du livre porte d'ailleurs le titre *Carnetul unui afurisit*[62]. C'est le carnet d'un moi qui se voit victime d'être au monde, en se définissant comme « un cadavre éveillé à la vie, un cadavre ayant enfreint sa tombe[63]. » Il faudrait cultiver le sommeil (de la conscience) pour mener à bon terme son existence : « Vagabonds sublimes dans notre sommeil, nous devons, une fois réveillés, nous réduire à des ratés[64] [...]. » La question du sommeil est longuement débattue dans son œuvre. Le sommeil est désirable, c'est la chance suprême de faire face au quotidien et aux obsessions, à l'oubli et au temps. Cioran, l'insomniaque, ne peut que déplorer le fardeau de la lucidité, les désavantages à rester debout, à prolonger l'état de veille jusqu'à l'absurde. L'insomnie et le malheur seraient les grands stimulants d'une vie ratée. L'échec est consubstantiel à l'être, c'est la loi de toute existence : « L'échec est notre loi, et non un accident ; c'est notre destin, et non un hasard[65]. » L'échec humain s'ajoute à l'échec de la religion et du créateur. Cioran associe l'échec à l'illusion ou au rêve, deux attitudes existentielles qui adoucissent l'évidence : « La religion elle-même n'est que le rêve d'un échec, et le paradis, qu'une fête de la bêtise adoucie par l'œil naïf du Créateur[66]. » Le créateur échoue, par sa création, dans sa propre créature. Et la créature est, fatalement, voué à son échec.

Une autre connotation négative de l'amour vise ses effets sur la capacité de l'homme à se consacrer à la pensée. L'amour diminue les préoccupations spirituelles ou philosophiques. C'est le sentiment qui s'interpose entre le moi et le mot : « L'amour s'interpose entre les choses et nous. Il exige tellement d'attention qu'il épuise l'énergie nécessaire à une activité fertile de l'esprit. Tant de concentration tournée vers un seul

---

« La création ne peut pas échapper à la pensée de la création. L'artiste est un même temps un praticien. Le regard dionysiaque (passionnel) du créateur est contrôlé par le regard apollinien de l'homme poïétique. Les deux regards doivent trouver l'équilibre. » Cf. Mihaela-Gențiana Stănișor, *Les « Cahiers » de Cioran – l'exil de l'être et de l'œuvre. La dimension ontique et la dimension poïétique*, Sibiu, Universitatea « Lucian Blaga », 2005, p. 163.
62 Cioran, *Carnetul unui afurisit*, éd. C. Zaharia, Bucureşti, Humanitas, 2021. C'est Zaharia qui choisit ce titre, toute en considérant que « la damnation » est au centre de ce texte. Le mot roumain, « *afurisenia* » est complexe, polyvalent, ayant des connotations aussi bien religieuses qu'ironiques, allant du sentiment de l'exclusion jusqu'à celui d'être choisi. « *Afurisenia* » est le stigmate de l'étant selon Zaharia (*op. cit.*, p. 8).
63 Cioran, *Fenêtre sur le Rien, op. cit.*, p. 141.
64 *Ibid.*, p. 142.
65 *Ibid.*, p. 161.
66 *Ibid.*, p. 162.

être, et que nous aurions pu dédier à l'Idée ! L'amour subtilise la sève qui nourrit la vie spirituelle ; l'amour est la plus grande atteinte portée à la théorie[67]. » Selon la conception de Cioran, l'amour tue le côté spirituel de l'être, sa nature réflexive, penchée sur l'idée. L'amour, déclare Cioran, est « le sentiment anti-philosophique par excellence[68] ». Il conduit à l'échec de l'être à cause de deux facteurs : il n'est pas durable (seulement l'idée de l'amour peut durer, « L'amour ne peut durer qu'*en soi*[69]. ») ; il participe à l'épuisement du désir, aussi bien amoureux qu'existentiel. L'amour n'offre pas de solution au vide ontologique, mais Cioran lui reconnaît pourtant sa dimension thérapeutique, sa capacité de suspendre le malheur : « S'il a un immense mérite, c'est d'accorder une pause à l'inquiétude de l'esprit, d'assoupir notre veille, de changer la direction de notre attention. [...] En ceci réside sa valeur : en sa fonction théra-peutique, en son élan vital, qui l'emporte sur la vision inéluctable[70]. »

CONCLUSION

Dans ce « carnet de damné », Cioran introduit lyriquement et réflexi-vement les « éléments d'un esprit malade[71] », formule par laquelle se ter-mine le livre. Cela signifie que « L'humanité constitue pour Cioran une "anomalie", justement à cause de son appartenance à deux ordres opposés et irréconciliables, la nature (la chair) et la surnature (l'esprit[72]). » Ce dua-lisme se reflète parfaitement dans l'amour, ce sentiment catalyseur[73], qui a son rôle dans le destin de l'être et de la création. L'amour chez Cioran rend plus douloureuse encore la chute de l'être, son échec dans la finitude. Paradoxalement, l'amour révèle le fatalisme et intensifie la conscience du mal.

---

67   *Ibid.*, p. 184.
68   *Ibid.*, p. 213.
69   *Ibid.*, p. 212-213.
70   *Ibid.*, p. 213.
71   *Ibid.*, p. 221.
72   Ilina Gregori, *Cioran. Studii pentru o biografie imposibilă*, Bucureşti, Humanitas, 2012, p. 65 (nous traduisons).
73   Nous prenons ce sens du mot : « Élément qui provoque une réaction par sa seule présence ou par son intervention ». Dictionnaire Larousse : https://www.larousse.fr/dictionnaires/francais/catalyseur/13725 (consulté le 15 novembre 2021).

202 MIHAELA-GENȚIANA STĂNIȘOR

Dans les attitudes et les mots du moi auctorial qui se construit et déconstruit tout au long de ce livre, nous pouvons décrypter ce que Gabriel Liiceanu appelle « la maladie de destin[74] ». Le philosophe roumain découvre trois maladies : « la paresse », « le ratage » et « le bovarisme ». Selon Liiceanu, « Le ratage découle du duel malheureux avec la limite qui te sépare de toi-même. Ce qui signifie que le ratage ne peut naître que dans un univers qui est peuplé par le préjugé de l'action et où la promesse s'accompagne de l'attente de son accomplissement[75]. » Le destin est toujours indépendant de l'être, il est au-delà de moi, incontrôlable, blâmable. Le philosophe conclut : « Le ratage apparaît donc par le retard indéfini sous une limite qui ne te revient pas de droit ; elle est une maladie chronique du non-dépassement, une maladie de destin[76]. »

Dans ces conditions, ce qui reste au moi auctorial, c'est de parcourir littérairement son destin qu'il ne connaît pas préalablement, en se confrontant continuellement avec la limite de sa vie, avec l'impossibilité de se soustraire à cette limite ou à sa fin. Mais c'est l'écriture qui portera les traces de l'illumination, qui illustrera le pouvoir de voir et de concevoir l'inconnu dans les mots. C'est par l'art qu'il vit la mort, c'est l'art qui donne sens à la vie. Regarder la mort en face, se l'approcher intimement, voici la valeur thérapeutique de l'écriture : « Chaque individu a pour tombeau le sens qu'il a prêté à la vie[77]. »

Plus qu'aimer la femme, Cioran aime l'échec qu'elle lui révèle et dont il a besoin pour l'affronter, s'affronter, *se mettre en graphie*.

Mihaela-Gențiana STĂNIȘOR
Université « Lucian Blaga » de Sibiu

---

74 Gabriel Liiceanu, *Despre limită*, București, Humanitas, 1994, p. 77.
75 *Ibid.*, p. 79 (nous traduisons).
76 *Ibid.*, p. 81 (nous traduisons).
77 Cioran, *Fenêtre sur le Rien, op. cit.*, p. 221.

LA DIGNITÉ DE L'EXCLU

Naît-on perdant ou bien le devient-on ? La réponse de Cioran laisse entrevoir une troisième voie, une forme de souhait ou d'impératif : « Une seule chose importe : apprendre à être perdant[1]. »

S'agit-il d'un destin ou d'un choix ? D'une chance ou d'une malédiction ? Étymologiquement, la fatalité renvoie à *fatum*, destin ; quant à la chance, elle prend sa source dans *cadere*, choir, tomber. Matière à réfléchir, car l'oubli des origines nous pousse souvent à une distorsion du sens originel. Donc si, habituellement, on prend la chance comme un signe favorable du ciel, une opportunité, alors que la fatalité est connotée négativement, Cioran semble – inconsciemment, peut-être – renouer avec une tradition souterraine plus authentique en ce qu'elle était plus proche du rapport direct entre l'homme et le monde, entre le mot et son référent. Si notre destin est tout tracé avant notre naissance, saisir les « chances » de s'en écarter équivaut au péché premier de désobéissance et déclenche la chute dans le temps, ou, pire encore, la chute *du* temps, degré suprême de déréliction pour notre penseur. Cioran n'a jamais cru au libre-arbitre, ses seules incartades – oulipiennes en cela, parce que créatrices, malgré lui – se situant dans les limites des contraintes génétiques ou sociales, dans une sorte de labyrinthe complexe à l'intérieur d'une cage.

LA MÉLANCOLIE EN HÉRITAGE

Le chroniqueur roumain Miron Costin nous donnait déjà, au XVIIe siècle, une sorte de synthèse universelle de la condition humaine, à partir de son évaluation du monde auquel il appartenait : « Ce n'est pas

---

1   Cioran, *De l'inconvénient d'être né*, dans *Œuvres*, Paris, Gallimard, 1995, p. 1346.

l'homme qui commande aux temps, mais les temps qui commandent à l'homme[2] ». Une évidence jamais démentie par Cioran qui, au contraire, s'en est souvent servi pour légitimer ses ratages ou son incapacité à prendre des décisions radicales, de celles qui vous font prendre un autre chemin. À quoi bon, si notre choix est un leurre, si les siècles et les millénaires que l'on traîne dans nos gènes seront toujours là pour freiner nos élans et nous dissuader d'agir ?

Nul ne l'ignore, parmi ses *aficionados*, Cioran s'est toujours lamenté sur son ascendance maudite, s'estimant raté de naissance, rebut d'une génération de vaincus issue d'un peuple qui est passé à côté de son rendez-vous avec l'Histoire. Cependant, en ermite dévot de son abbaye du Para-doxe, il ne s'est pas moins privé de revendiquer un filon riche d'épuisements exemplaires et de poltronnerie attachante, qui lui a donné le goût de cette métaphysique de l'échec, en lui léguant

> pas seulement mes plus beaux, mes plus sûrs échecs, mais encore cette aptitude à maquiller mes lâchetés et à thésauriser mes remords. De combien d'autres avantages ne lui suis-je pas redevable ! [...] Manquer sa vie, on l'oublie trop vite, n'est pas tellement facile : il y faut une longue tradition, un long entraînement, le travail de plusieurs générations. Ce travail accompli, tout va à merveille. La certitude de l'Inutilité vous échoit alors en héritage : c'est un bien que vos ancêtres ont acquis pour vous à la sueur de leur front et au prix d'innombrables humiliations[3].

Cioran porte en lui non seulement une fascination endémique pour cette fatalité, ce sang noir de la mélancolie, qui coule dans ses veines valaques et qui sape toute velléité d'accomplissement, le rattachant à cette prédestination à l'échec dont il n'a jamais pu ou voulu se débarrasser.

Il n'est pas moins vrai qu'il fait partie de cette élite intellectuelle de l'entre-deux-guerres rongée, d'un côté, par la conscience d'être « arrivée trop tard », après que les événements historiques majeurs eurent fini de donner forme à la nation roumaine, et soumise, d'autre part, aux tiraillements idéologiques qui dessinaient les grands axes du monde à venir : le nazisme et/ou le communisme, respectivement le libéralisme. Le monde était en ébullition, en train de s'asseoir sur de nouveaux fondements, et il n'y avait pas suffisamment de recul pour un jugement objectif, le discernement critique individuel et la culture

2   Cioran, *La Tentation d'exister*, dans *Œuvres, op. cit.*, p. 855.
3   *Ibid.*, p. 852.

personnelle étant pratiquement les seules balises dans cette mer agitée et imprévisible. D'aucuns, après quelques égarements à droite ou à gauche, ont pris le parti de se retirer de tout engagement et de poursuivre une carrière de recherche et de création (comme Mircea Eliade ou Eugène Ionesco). D'autres, plus fidèles au principe de l'intellectuel responsable, voix sacrificielle de la cité, ont été rattrapés par l'histoire (tels Benjamin Fondane ou Mircea Vulcănescu). Enfin, d'autres encore, revenus de toute illusion, maladivement lucides et peu enclins à l'action, se sont retirés dans une passivité contemplative, nourrie de lectures, mais aussi de la crainte de tout emballement qui entraîne forcément une subjectivité extrême, donc une propension à l'erreur par unilatéralisme délétère. Ce fut le cas de Cioran.

Qui plus est, à la différence de son ami Eliade, qui l'a davantage étudié, analysé que ressenti, Cioran vivait à chaque instant sous la coupe de ce relativisme roumain fondamental, de cette acception de l'éternité qui n'a pas grand-chose à voir avec la plénitude historique, mais bien plus avec le sentiment qu'il existe un plan par rapport auquel toute agitation mondaine est gaspillage et dépérissement. Un vieux proverbe roumain dit : « Ce monde n'est pas à moi et l'autre encore moins. » Que faire quand on a une conscience viscérale de cette tradition qui revendique une non-appartenance à ce monde et qui se targue d'avoir tiré au sort la malchance historique ? Il n'est donc pas étonnant de trouver que « tout se vide de contenu et de sens. [...] Tout l'univers demeure frappé de nullité[4]. », comme il l'avoue à Fernando Savater.

Sa vie donc, il l'aura somptueusement ratée, selon les standards d'efficacité professionnelle et de réussite sociale car, à quelques peu significatives exceptions près, il n'a pratiquement jamais travaillé comme employé, n'a jamais possédé de biens, et n'a jamais composé avec le statut de mari « officiel » ou de géniteur. Sur ce dernier point, il a été, pour une fois, en totale cohérence avec ses convictions péremptoirement étalées. C'est une manière de regarder les choses, mais si l'on prend en compte la logique de l'ambivalence, qui a toujours été la sienne, la lecture change du tout au tout, et on serait fondé d'affirmer que, au contraire, il a parfaitement réussi cette vie de cancre philosophe. Il le confesse d'ailleurs, avec un orgueil à peine feint, dans une lettre à son ami Bucur Țincu : « Mieux que personne, j'ai eu la vie que j'ai voulue :

---

4   Cioran, « Entretien avec Fernando Savater », dans *Œuvres*, « Glossaire », « Ennui », p. 1748.

libre, sans les servitudes d'une profession, sans humiliations cuisantes ni soucis mesquins. Une vie presque *rêvée*, une vie d'oisif, comme il en existe peu en ce siècle[5]. »

Peu d'écrivains ou de philosophes ont évité d'évoquer au moins une fois, dans leurs journaux ou essais assumés à la première personne, un événement, une décision, un acte, une rencontre, une idée, un livre ratés. C'est même devenu une mode aujourd'hui, pour un intellectuel, de verbaliser ses faiblesses, pour se situer au niveau du « commun des mortels » et ne pas avoir l'air d'un trafiquant d'idées intouchable. Sauf que, chez la plupart d'entre eux, l'échec reste une question personnelle, vaguement honteuse, passablement dissimulée sous d'autres déconvenues, plus avouables, en tout cas, sans aucune prétention à l'exemplarité et encore moins à l'universalité. Or, chez Cioran, on constate, dès ses premiers textes, un début d'extension graduelle de la problématique du ratage, qui va jusqu'à l'inclusion de l'échec parmi les quelques « absolus » de sa pensée, au même titre que Dieu, la mort, la souffrance, le vide, ou la chute. La création a été une erreur divine, l'univers est raté et par voie de conséquence, celui qui connaît à son tour des expériences manquées, « ayant tout acte en horreur », le raté donc, devient une espèce de catégorie englobante, un prototype humain, à l'instar de l'avare ou de l'ambitieux chez Balzac, un « escroc du gouffre » dont Cioran dresse un portrait vaguement avantageux dans l'« Effigie du raté » : « Portant l'image de ce qu'il eût pu être comme un stigmate et comme un nimbe, il rougit et se flatte de l'excellence de sa stérilité, à jamais étranger aux séductions naïves, seul affranchi parmi les ilotes du Temps. Il extrait sa liberté de l'immensité de ses inaccomplissements [...] il porte son inutilité comme une couronne[6]. »

Il serait présomptueux et probablement faux de prétendre que l'échec aura été une chance pour Cioran, ou tout au moins son projet de vie car, même s'il a batifolé quelquefois dans la cour des grands et a fait semblant d'endosser les us et coutumes de ce monde, il ne lui a jamais appartenu pour de vrai. Il faut un minimum d'adhésion vitale et de volonté pour faire un tri, pour choisir entre des pulsions ou des penchants de poids égal et pour théoriser ce choix par la suite. Posséder une volonté à soi,

---

5   Cioran, lettre à Bucur Țincu, Paris, 29 avril 1974, dans ... *poursuivis par nos origines*, Longjumeau, Grand'rue, 1990, p. [13].
6   Cioran, *Précis de décomposition*, dans *Œuvres, op. cit.*, p. 655.

s'y attacher, c'est entrer dans le règne du « moi », de la diversité donc, du multiple, ne plus communier dans l'indiscernable et ne plus respirer dans l'Un, comme disait Plotin. C'est concéder à la rupture, à l'éloignement, à la chute. Or Cioran, au-delà de tous ses excès négateurs, ou, mieux dit, *par* ses excès négateurs, exprime une déchirante « nostalgie des origines », de l'indistinction primitive. D'où le procès sans répit qu'il fait à l'Être suprême, qui n'a pu se contenter de sa perfection unitaire et a entamé une première « action », un premier mouvement de sortie de soi, qui a conduit au désastre de la création et donc à un échec universel par l'introduction de l'altérité, donc de la dualité.

Cette conscience aigüe de la vanité de toute chose humaine ne pouvait pas le rendre plus apte à cultiver l'échec que la réussite ; Cioran a simplement fait le tour des deux par souci de traitement égal de toute paire de contraires, dans ce même esprit d'équivalence dans l'insignifiance. On a généralement du mal à voir en lui autre chose qu'un nihiliste chatoyant, alors que son écriture atteint un degré supérieur de tragique. Ne pas croire à quelque chose, prôner son contraire est encore une manière, fût-elle désespérée, de s'accrocher à une certitude, d'avoir une conviction, de donner corps et visage à un déni. Mais quand le regard surplombant et désabusé ne laisse rien dépasser de la grisaille uniforme, les notions même de pessimisme, de nihilisme, d'athéisme, de démonisme, etc., s'émoussent. Au niveau de la langue, c'est pareil, l'équivoque portée à l'extrême tue la parole, qui erre autour de ses racines, sans plus pouvoir se poser et signifier. Il n'y a au fond rien de plus grave que de ne pouvoir extraire aucun mot d'une formule paradoxale qui l'affirme et le nie à la fois, pour lui donner une existence autonome.

Certes, il faut toujours se méfier avec Cioran, le volcan des premières années n'est que partiellement assagi par l'expérience et la réflexion désabusée ; la souffrance, le désarroi, l'esprit ironique ne sont jamais loin, qui atténuent ou renversent carrément le peu de certitude que l'on pensait avoir acquise avec lui. Et c'est l'un des grands attraits de son œuvre, le fait que toute relecture nous plonge dans un malaise aux nuances différentes à chaque fois, qu'une autre facette se présente, en fonction de notre disponibilité ou état d'âme, la seule constante étant la secousse, parfois brutale, de tout confort dogmatique, de toute connivence avec un absolu. Cioran ne tient jamais en place et ce voyage autour de ses obsessions n'est pas de tout repos.

L'ENNUI CORROSIF

L'univers et, partant, notre monde, ont été imaginés sur la base de structures oppositives. En l'absence des contrariétés, des contradictions, des déplacements d'horizon d'attente, l'existence se figerait et aucune idée ne verrait le jour au détriment d'une autre. Il faut donc que quelque chose assume cette fonction de négation première, étouffée chez Cioran par une lassitude envahissante, qui stérilise la lutte des contraires. Et ce qui prend la relève, dans ses écrits de maturité, c'est l'ennui, « ce produit corrosif de la hantise du Temps[7] », qui achève le travail commencé par l'ambivalence :

> L'ennui est un vertige, mais un vertige tranquille, monotone ; c'est la révéla-
> tion de l'insignifiance universelle, c'est la certitude, portée jusqu'à la stupeur
> ou jusqu'à la clairvoyance suprême, que l'on ne peut, que l'on ne doit rien
> faire en ce monde ni dans l'autre, que rien n'existe au monde qui puisse nous
> convenir ou nous satisfaire[8].

Cependant, l'indécision et les postulations ambivalentes ne se démentent pas dans le régime que le penseur inflige à l'ennui, dont le statut oscille entre le sublime et le vulgaire, entre rêverie positivante, écho du temps qui se déchire, révélation de la vacuité, ou tarissement du délire initial qui secrète la vie. L'ennui cioranien, ce vertige qui tourne à vide, se charge alors de la métaphysique abandonnée par la négation. Si celle-ci n'a plus de force pénétrante, s'affaissant dans l'indifférence, l'ennui acquiert une dimension offensive et révélatrice à la fois, parvenant à épuiser même le pire ennemi de l'homme – le temps. C'est vrai qu'il s'y prend à l'inverse, non pas en dépassant cet obstacle, mais en l'effritant :

> L'ennui nous révèle une éternité qui n'est pas le dépassement du temps, mais
> sa ruine ; il est l'infini des âmes pourries faute de superstitions : un absolu
> plat où rien n'empêche plus les choses de tourner en rond à la recherche de
> leur propre chute. La vie se crée dans le délire et se défait dans l'ennui[9].

---

7   Cioran, *Écartèlement*, dans *Œuvres*, *op. cit.*, p. 1490.
8   Cioran, « Entretien avec Fernando Savater », dans *Œuvres*, « Glossaire », « Ennui », *op. cit.*,
     p. 1748.
9   Cioran, *Précis de décomposition*, *op. cit.*, p. 591.

Même le temps se meurt de l'ennui cioranien, note originale qui l'éloigne des rapprochements faciles avec ces philosophes qui parlent d'un rapport douloureux à l'être, comme Schopenhauer, pour qui l'ennui rend compte de la vacuité de toute existence, ou de Jankélévitch, qui y lit le vide de l'existence individuelle, ployant sous le poids du passé. Il est, à la limite, bien plus près de la vision authentiquement métaphysique de l'ennui telle qu'elle transparaît chez Heidegger. Si Cioran rejoint une forme d'éternité négative, d'absolu « plat », en se servant de l'ennui comme d'un cheval de Troie qui fait imploser le temps, Heidegger y voit une autre manière fondamentale (à côté de l'angoisse ou du désespoir, ou de la joie) d'accéder à la totalité de l'être :

> C'est alors même – et précisément alors – que nous ne sommes pas spécialement occupés des choses ni de nous-mêmes, que cet « ensemble » nous survient, par exemple dans l'ennui véritable. Ennui encore lointain, dans le cas où c'est simplement tel livre, tel spectacle, tel travail ou telle distraction qui nous ennuie ; mais ennui qui éclot lorsque « l'on s'ennuie ». L'ennui profond, essaimant comme un brouillard silencieux dans les abîmes du Dasein, rapproche les hommes et les choses, et vous-mêmes avec tous, dans une indifférenciation étonnante. Cet ennui révèle l'étant en son ensemble[10].

Seul un homme peut s'ennuyer. C'est donc parce que le *Dasein* a un rapport privilégié à l'être qu'il est apte à l'ennui, cet ennui qui fait le vide au-dedans et au-dehors et nous permet un détachement synonyme de raccord à l'unité originelle, comme lorsque l'on se promène un dimanche après-midi dans les rues d'une ville :

> Nous ne sommes ni ennuyés par un étant précis ; ni ennuyé par nous-mêmes. Nous ne voulons rien. Nous sommes indifférents aux choses comme à nous-mêmes : « Nous sommes aussi, et par là même, élevés au-dessus de chaque situation précise et au-dessus de l'étant précis qui nous y entoure. La situation entière et nous-mêmes, en tant que nous sommes tel sujet individuel, devenons alors indifférents[11]. »

Lorsque l'indifférence touche à l'indifférenciation, l'ennui nous arrache à nous-même en tant que créature séparée, et à la contingence, à l'étant

---

10 Martin Heidegger, *Qu'est-ce que la métaphysique ?*, trad. H. Corbin, dans *Questions I* et *II*, Paris, Gallimard, coll. « Tel », 1990, p. 56.
11 Martin Heidegger, *Les Concepts fondamentaux de la métaphysique*, trad. D. Panis, Paris, Gallimard, 1992, Ière partie, p. 211.

dans lequel nous nous enlisons, nous débattant pour agir, construire, remédier, réformer, contrôler, finasser, sauver. La société est « un enfer de sauveurs » qui se nichent dans des idéaux, s'exclame Cioran, avant de renchérir : « Ce qu'y cherchait Diogène avec sa lanterne, c'était un *indifférent*[12]... ». L'indifférence, c'est l'attrait du vide, de cette présence pleine et passionnée qui nous fait « sentir » l'illimité des grands espaces et les limites de la solitude que nous nous sommes infligés tout seuls. La punition arrive vite, car « chacun doit payer pour la moindre atteinte qu'il porte à un univers créé pour l'indifférence et la stagnation ; tôt ou tard il se repentira de ne l'avoir pas laissé intact[13]. » Tandis que l'univers bâille son spleen et attend la permission de se resserrer dans une « coquille de noix », comme dirait Stephen Hawking[14] : « L'ennui : tautologie cosmique[15] ».

L'ennui cioranien est une absence d'intensité, une vacance essentielle, définitoire de la condition humaine, reposant sur un équilibre instable entre le vide du cœur et le vide du monde. Suspension malsaine, l'ennui ne peut être une occupation à temps complet, c'est lui qui nous occupe – dialectique de la présence-absence, référence majeure chez Cioran, qui fonce dans cette rhétorique paradoxale, généralisante et insolente : « Le paradoxe de l'ennui : être une absence à laquelle on ne peut rester extérieur[16]. »

Et qui s'avère nonobstant capable d'accomplir des prodiges, de convertir la vacuité en substance, lui-même étant « vide nourricier[17] », ou de démonter la malignité du temps en le dépossédant de sa durée, de la variété de son écoulement dans un calme spectacle de l'indifférence : « à nous asseoir au bord des instants pour en contempler le passage, nous finissons par ne plus y démêler qu'une succession sans contenu, temps qui a perdu sa substance, temps abstrait, variété de notre vide[18] ». L'ennui tue le temps, mais il est aussi une sécrétion de temps mort, un épaississement étouffant de l'immobilisme. Ce qui ne l'empêche pas

---

12 Cioran, *Précis de décomposition, op. cit.*, p. 583.
13 Cioran, *Histoire et utopie*, dans *Œuvres, op. cit.*, p. 1008.
14 Stephen Hawking, *L'Univers dans une coquille de noix*, trad. Ch. Cler, Paris, Odile Jacob, 2001.
15 Cioran, *Le Crépuscule des pensées*, trad. M. Patureau-Nedelco, dans *Œuvres, op. cit.*, p. 466.
16 *Ibid.*, p. 387.
17 Cioran, *Syllogismes de l'amertume*, dans *Œuvres, op. cit.*, p. 786.
18 Cioran, *La Chute dans le temps*, dans *Œuvres, op. cit.*, p. 1153.

de figurer dans l'esthétique cioranienne de la surenchère, finissant en apothéose sacrilège de déité équivalente, signalée par le passage à la majuscule : « Je voudrais crier moi aussi "Père" ; mais vers qui, quand l'Ennui est lui-même une divinité[19] ? »

LE RATAGE COMME IDÉAL DU *FAIT-NÉANT*

À bien considérer les choses, on pourrait dire que l'échec, le ratage, le manque représentent une espèce d'incongruité du point de vue cioranien. Son regard et le regard des autres se situent sur des niveaux de réalité différents. Pour lui, le ratage comme fatigue existentielle et blocage devant le passage à l'acte est inscrit dans ses gènes et il l'a assumé non pas comme une blessure de l'*ego*, mais plutôt comme un pansement dérisoire. Aux yeux de ses contemporains, l'échec est un jugement de valeur culturellement et socialement contextualisé, en étroite liaison avec une action individuelle prédictible, projetée, ayant une cause précise et une finalité anticipée. L'ambiguïté donc, si chère au penseur, s'y loge à merveille. Mais n'oublions pas que dans la perspective du dynamisme énergétique contradictoire qui fonde l'univers, d'après Cioran, rater sa vie, c'est accéder à la poésie – sans le support du talent, affirme-t-il modestement dans *Syllogismes de l'amertume*, tout en cultivant l'image du raté, un type autrement très doué, mais qui ne se réalise pas, celui qui promet tout et ne tient pas ses promesses.

D'ailleurs, dans *La Tentation d'exister*, on tombe sur toutes sortes de ratés, allant des alcooliques aux prostituées, aux clochards, ou même aux gens normaux dont la vie serait considérée comme un échec par la plupart des gens. Ce sont des individus qui ne sont pas allés au bout d'eux-mêmes, qui sont restés en-deçà de ce qu'ils auraient pu accomplir. En ce sens, Cioran est certainement un raté. Mais – on ne le répétera jamais assez – pour lui, il est plutôt valorisant d'être perçu comme un raté, si l'on songe à son rejet parfois virulent du progrès, de l'Histoire, de l'action.

---

19 Cioran, *Le Crépuscule des pensées, op. cit.*, p. 470.

Échouer, se rater socialement relève davantage du refus de se soumettre aux normes sociétales et aux voies toutes tracées que d'une incapacité foncière à concrétiser ses dons naturels afin d'accéder à un statut confortable et à une reconnaissance partagée. On sait bien que Cioran a refusé tous les prix et honneurs publics, alors que ceux-ci auraient largement soulagé son quotidien, en raison de ce farouche besoin d'indépendance et de liberté qu'il a défendu bec et ongles jusqu'à la fin de sa vie. Car Cioran se singularise non seulement à l'intérieur d'une société qui plébiscite l'action, la performance, la compétition, l'*avoir* qui saborde l'*être*, mais aussi par rapport aux autres déchus qui le sont malgré eux, pour des raisons diverses, et qui en souffrent, qui sont honteux, qui ne rêvent que de se hisser au niveau du standard conventionnel exhibé partout autour. Cioran, lui, vit son dénuement digne, en ascète dépouillé mais raffiné, austère mais bohème, en Diogène qui aurait déniché Baudelaire au détour, squattant le Jardin du Luxembourg.

Feignant par vocation et désœuvré par option, le penseur sait très bien que l'inoccupation entretient l'ennui et que, pour peu que l'on soit prédisposé à la spéculation, celui-ci dégénère facilement en sentences plus ou moins arbitraires, s'en prenant souvent à l'illusion de la nécessité d'agir. Seuls l'ajournement d'un suicide attendu (par certains lecteurs, du moins), le plaisir de la provocation par le choc des idées et par la variété des formules, de même que, peut-être, la peur de l'ennui (ou de la disparition de celui-ci) expliquent, en dernière instance, l'activité littéraire de Cioran (qui aurait pu être un grand philosophe à système s'il ne s'était pas tellement ennuyé dans les constructions monovalentes et mortifères). Le drame cioranien s'inscrit avec une acuité cassante dans cette irréalité qu'entraîne la dépossession temporelle, dans l'ennui qui exprime la double perte de l'éternité et du temps, trouvant ainsi un troisième niveau, celui de la déchéance complète, tombant en-dessous, là où ne subsiste plus de traces d'un combat quelconque, la chute du temps faisant ressortir l'évidence que, par la transfiguration ou par la défiguration, l'homme se trouve toujours « en porte à faux par rapport à la vie[20]. »

Pourquoi donc s'abaisser jusqu'à des faux-semblants criards, alors que l'une des vertus de l'échec est de nous offrir un temps d'arrêt, de recul, de retour sur soi, une chance de stopper cette boulimie de la motricité,

---

20   Cioran, *La Chute dans le temps, op. cit.*, p. 1157.

de se conduire en véritable fainéant, composé de faire et de néant ! Nous devrions nous ménager pour mieux nous écouter, pense Cioran, car si on ne s'écoute pas, on finit par se mentir. Il est donc nécessaire de ritualiser des moments d'ennui, d'en faire un exercice délicieusement salutaire, puisqu'il est essentiel de créer du vide. Nous sommes dans le trop plein : nous tentons de tout rentabiliser, à chaque minute, à chaque instant. Et cette agitation permanente est non seulement fastidieuse, elle contrarie notre nature profonde, nous obligeant à opérer des choix, alors que, ontologiquement et linguistiquement, notre nature est d'être ceci *et* cela en même temps. Refuser le choix est également un moyen de se préserver de l'échec, les actions seules pouvant être jugées et, le cas échéant, condamnées, tandis qu'il est impossible de (se) rater ou de réussir dès lors qu'on se tient à l'écart de la mêlée et qu'on s'évertue à garder toutes ses potentialités en éveil, sans en actualiser aucune (ou presque).

Esthète mélancolique, inspiré par la passivité contemplative orientale qui se repaît du réel au gré de la subjectivité, sans normes ou limites, Cioran s'est forgé une conception « spectaculaire » de la vie, dans un espace imaginaire où les antinomies immanentes à l'existence se taisent et où le tragique se retire pour laisser souvent éclater une ironie facétieuse, que peu de lecteurs cioraniens identifient ou admettent, tant elle vient bousculer la vision d'un être angoissé et ténébreux.

Mais, afin de se donner une contenance, et aussi parce que tout mouvement de détente a, chez lui, son complément grave, Cioran dénature pour son propre usage une métaphysique de la Fatigue et professe « *la sainteté du désœuvrement*[21] », censée délivrer l'humanité de l'humiliant asservissement à l'acte et des écœurantes exhalaisons de sueur qui rendent l'air fétide autour de ceux qui travaillent. À cet égard, on devrait rappeler l'étymologie de fainéant, altération de *faignant*, qui est un composé de *faire* et de *néant* ! Voici de quoi enchanter, par la brièveté de la formule antinomique et le sens irréductible de son verdict, Cioran qui, quelque part, rejoint les Épicuriens par l'intermédiaire de Calvin : « Les Épicuriens en leurs rêveries pensent que Dieu soit oisif comme un fait-néant[22] ». La plupart des gens font semblant de trouver le travail séduisant ou nécessaire puisqu'il est la norme et que les hommes détestent ne pas être normaux, alors que, en fait, l'essence de l'homme est la paresse, dit

---

21 Cioran, *Précis de décomposition, op. cit.*, p. 620.
22 *Cf.* Alain Croix, *Les Lettres d'or de la paresse*, Paris, Baudouin, 1979, p. 27.

Unamuno, et l'horreur de la responsabilité[23]. Mais, pour les inconscients qui réfutent l'évidence de notre existence au monde pour ne rien faire, Cioran veut bien, de temps en temps, endosser le masque et subir le martyre de *l'intellectuel fatigué*, qui n'agit pas, mais pâtit et prend sur lui « la difformité et les vices d'un monde à la dérive[24] ».

Né avec la vocation de l'épuisement, de la paresse saumure (« la fatigue est la spécialité de ma famille ! », écrit-il à Constantin Noica en 1979[25]), Cioran tente une conversion radicale de celle-ci en arme contre le mouvement affolant et l'énergie juvénile, contre l'enthousiasme, les appétits et les rages de ses premières années. En apprenant l'abandon et en s'exerçant au désœuvrement, le penseur émousse son vouloir et oppose à un art de vivre et d'aimer le crédo du paresseux intelligent qui voit dans la flemme une hygiène de vie et s'octroie une longue sieste de flâneur allongé, se posant la seule question qui vaille une réponse : « y a-t-il une vie avant la mort[26] ? »

L'aura funèbre qui entoure son image est souvent démentie par le sens de la dérision universelle et par le plaisir du jeu pur, par son humour tendre et insolent, par l'apologie de l'inutilité et la science de la paresse, pratiquée avec assiduité et délectation : « Si c'est le propre du sage de ne rien faire d'inutile, personne ne me surpassera en sagesse : je ne m'abaisse pas même aux choses utiles[27].

Au-delà de l'héritage transmis par tant de générations qui dorment dans son sang, Cioran n'arrive pas à se persuader que les idées doivent obligatoirement conduire à quelque chose : c'est le contraire de la contemplation passive du monde enseignée par ces métaphysiciens innés de l'Orient, pour qui le Vide est toujours plein. En un sens, la paresse seule réussit à induire cet état de disponibilité totale que Dieu attend, afin de descendre dans l'homme ; dans les moments d'abandon absolu, d'inactivité complète, l'homme atteint la perfection en Dieu : « Pour éveiller le monde, il faut exalter la paresse. C'est que le paresseux a infiniment plus de sens métaphysique que l'agité[28]. » Cet Oblomov

23 Miguel de Unamuno, *Agonia creştinismului* [*L'Agonie du christianisme*], trad. R. I. Petrescu, Iaşi, Institutul European, 1993, p. 31.
24 Cioran, *La Tentation d'exister*, *op. cit.*, p. 839.
25 *Cf.* Cioran, *... poursuivis par nos origines*, *op. cit.*, 1990, p. [12].
26 *Ibid.*, p. 59.
27 Cioran, *De l'inconvénient d'être né*, *op. cit.*, p. 1302.
28 Cioran, *Sur les cimes du désespoir*, trad. A. Vornic, dans *Œuvres*, *op. cit.*, p. 90.

balkanique n'aurait pas contredit le sage Lao-Tseu : « Pratique le non-agir, exécute le non-faire, goûte le sans-saveur, considère le petit comme le grand et le peu comme beaucoup[29] ». Non-agir, c'est, en fait, « agir dans le non-agir », ce n'est pas « ne rien faire ». Cela aurait été trop facile.

Méprisant autant l'histoire que l'utopie, donc tout ce qui a trait au méliorisme et au futurisme sur fond d'activisme, au moment où Sartre, entre autres, prônait la réalisation de soi par l'action, Cioran se désengage complètement et se vautre dans une inertie tantôt amusée, tantôt amère : « Tout ce qui est fait me semble pernicieux et, dans le meilleur des cas, inutile. À la rigueur, je peux m'agiter mais je ne peux agir. Je comprends bien, trop bien, le mot de Wordsworth sur Coleridge : "Eternal activity without action[30]". »

S'il y a probablement un petit côté pusillanime dans cette horreur de s'exposer, car il est toujours plus facile de rouspéter incognito, il est certain que le penseur mûr n'a pas oublié qu'il s'était somptueusement trompé dans sa jeunesse fantasque et dans ses emballements douteux. C'est donc une sage décision que de rester en marge des spasmes de l'histoire, du bruit et de la fureur sociaux, du tintamarre de la modernité, des lénifiantes bêtises consuméristes, sans toutefois tourner le dos au monde, mais substituant à toutes ces futilités passagères les déambulations amicales et les conversations aussi savantes que farfelues avec Ionesco, Michaux, Ceronetti... Le jeu des apparences est une pieuvre séductrice qu'il vaut mieux éluder si l'on décide de ne pas participer au burlesque de la comédie humaine, de ne pas gaspiller, en la projetant à l'extérieur, cette vitalité essentielle à l'exploration intérieure. Ainsi, écrit-il à son frère : « Toute participation aux vicissitudes temporelles est vaine agitation. S'il tient à préserver une quelconque dignité spirituelle, l'homme doit négliger son statut de contemporain[31] ».

L'introspection opère donc, pour Cioran, comme un refuge narcissique, mais aussi comme une piste de recherche de l'absolu. La frénésie du labeur ou l'excès de sagesse sont une négation du sens de l'éternité et ne font qu'accroître le déplaisir et la désolation de celui qui se ferme ainsi à une réelle communication avec l'au-delà. L'Ecclésiaste ne nous

29 Lao-Tseu, *Tao-tö king*, trad. K.-H. Liou, Paris, Gallimard, 1967, p. 88.
30 Cioran, *De l'inconvénient d'être né, op. cit.*, p. 1298.
31 *Cf.* Gabriel Liiceanu, *Itinéraires d'une vie : E. M. Cioran*, trad. A. Laignel-Lavastine, Paris, Michalon, 1995, p. 42.

prévient-il pas que « Tout est vanité[32] ! » et que « Mieux vaut une main pleine avec repos, que les deux mains pleines avec travail et poursuite du vent[33] » ?

Artisan et victime partielle de ses propres griffes encapuchonnées, l'ironiste immerge dans son discours et déplace subrepticement à son avantage ce qui aurait pu tourner à l'accusation : « Je ne fais rien, c'est entendu. Mais je vois les heures passer – ce qui vaut mieux qu'essayer de les remplir[34]. » Aux yeux de celui qui prétend ignorer pourquoi il faut faire quelque chose ici-bas, l'aspiration au minimum et à l'inefficace, la promulgation de l'*en-deçà* en hypostase de la normalité renvoient à une version-farce de l'inassouvissement, de la cassure existentielle de l'homme qui ne coïncide jamais ni avec lui-même ni avec le monde, qui ne persévère que par la vibration d'un manque vivant, l'acte est suprêmement haïssable en tant que préfiguration de la séparation. Laisser une chance à l'avènement, c'est s'ouvrir à un principe satanique, car nous n'agissons que « dans la mesure où nous avons quelque chose à expier[35] ». Or, Cioran[36] se refuse à considérer le travail comme un devoir sacré et préfère affûter sa volonté indolente pour échapper à cet avilissement.

Esprit de contradiction ou nécessité vitale ? Il est certain que, en qualité de permanent jouisseur de l'échec, Cioran se blottit dans l'euphorie de l'inutile, estimant que vivre est suffisamment difficile, occupation à plein temps qui décourage toute velléité de geste supplémentaire, rappelant un adage latin : « Je ne suis jamais plus occupé que lorsque je n'ai rien à faire. » D'ailleurs, il ne se résigne au travail que pour éviter la corvée des socialisations, infirmité qu'il confesse, avec une subtile auto-ironie : « L'envie de travailler ne me vient que lorsque j'ai un rendez-vous. J'y vais toujours avec la certitude de manquer une occasion unique de me surpasser[37]. » Au culte strident de l'efficacité, de l'image-vitrine brillante, caractéristique de la société contemporaine, Cioran oppose la nonchalance indifférente d'un cancre *fin-de-siècle*.

---

32   L'Ecclésiaste, 1, 2 (Bible, trad. L Second rév. Paris, La Maison de la Bible, 1910, p. 1644).
33   *Ibid.*, 4, 6, p. 1650.
34   Cioran, *De l'inconvénient d'être né, op. cit.*, p. 1272.
35   Cioran, *Le Crépuscule des pensées, op. cit.*, p. 344.
36   « Jamais, en effet, je n'ai envisagé le moindre travail sérieux, à aucun moment je n'ai essayé de m'accrocher à un sujet quelconque, sans cesser pour autant de laisser entendre que j'étais menacé de surmenage ». (Cioran, « Entretien à Tübingen » avec Gerd Bergfleth, dans Mariana Şora, *Cioran, jadis et naguère*, Paris, L'Herne, 1988, p. 78-79.)
37   Cioran, *Aveux et anathèmes*, dans *Œuvres, op. cit.*, p. 1718.

L'évidence de l'inutilité de tout effort, de toute construction engourdit aussi bien l'esprit que le corps, transformant les gens en « oisifs s'essoufflant dans le Vide[38] », chevaliers de la Triste Figure qui participent de la même irréalité. Dès le premier mouvement, dès qu'il sort de l'Un, l'univers se met à tourner et l'homme à mentir, car chaque geste, chaque pensée sont insérés dans un système volitif, axiologique, téléologique, déterminé par les besoins de survie au début, par l'efficacité, le plaisir, le bien-être par la suite, entraînant une projection sociale du moi, une objectivation à travers des relations et des conjectures qui altèrent forcément sa pureté originelle : « Tous les hommes ne peuvent pas réussir : la fécondité de leurs mensonges varie... [...] Seules les choses inertes *n'ajoutent* rien à ce qu'elles sont : une pierre ne ment pas : elle n'intéresse personne, – tandis que la vie invente sans défaillir : la vie est le *roman* de la matière[39]. »

Un rapprochement étonnant que celui entre l'acte et le mensonge, ou plutôt la *fiction*, celle-ci étant envisagée dans l'acception que lui donne John Searle[40] et qui n'a pratiquement rien à voir avec une création imaginaire, ni avec le textuel proprement dit, mais avec les conditions de sincérité de l'auteur, ou de l'actant, pour élargir la sphère sémantique. L'être humain était complet, parfait, lors de sa création ; tout ajout qui tente une amélioration, de quelque nature qu'elle soit, ne saurait parfaire l'être ou le bonifier, ce qui situe d'emblée l'acte en général dans la catégorie des contrevérités essentielles, des supercheries, des impostures.

Cioran ne s'invente pas d'histoires, mais plutôt des aventures pronominales, textuelles donc, où le *je* se pulvérise à volonté, ou bien se dissimule derrière les autres instances (extra-) discursives – *on, il*, plus rarement *tu*. Le sujet que ce type inouï d'autofiction expose et fait renaître de ses cendres est un sujet fragmenté et fragmentaire, déconstruit dans sa construction même, s'affirmant et se mettant en pièce dans un même mouvement : « Tout est tronqué en moi : ma façon d'être, aussi bien que ma façon d'écrire. Un homme à fragments[41]. »

Inutilité, vide, ennui, désœuvrement, marginalité, *entre-deux*... quand la vie est gouvernée par ces boulets indétachables, il n'y a pas de place

---

38 Cioran, *Précis de décomposition, op. cit.*, p. 656.
39 *Ibid.*, p. 657.
40 John R. Searle, « The logical status of fictional discourse », dans *Expression and Meaning*, New York, Cambridge University Press, 1979, p. 58-60.
41 Cioran, *Cahiers. 1957-1972*, Paris, Gallimard, 1997, p. 93.

pour des projets ou des accomplissements, il y a juste l'étroite possibilité d'une lucidité tranchante, mais digne. Cioran se lamente, médit
et accable d'injures plein de choses, s'échelonnant de Dieu à ses maux
physiques. Il n'a cependant jamais prétendu avoir dû *subir* sa propre
destinée. Certes, la création du monde est une plaisanterie cynique et
dans son sang remuent des générations tarées. Mais de sa vie, il aura
finalement fait ce qu'il aura voulu. Et si cette volonté l'a poussé vers
le rien, ce fut son choix. Heureusement pour nous, ce « rien » déborde
d'esprit stimulant, car la dignité de penser réclame plus de courage que
l'auteur lui-même ne concédait à le reconnaître.

Simona MODREANU
Université Alexandru Ioan Cuza
de Iaşi

DEUXIÈME PARTIE

VARIA

DEUX LETTRES DE CIORAN
À JEAN-PIERRE CHOPIN

PRÉSENTATION

Nous présentons ici la retranscription de deux lettres autographes que Cioran a adressées à Jean-Pierre Chopin[1].

Jean-Pierre Chopin, critique et écrivain, est l'auteur de plusieurs ouvrages sur la littérature, la philosophie, la peinture. Enseignant de Lettres à Amiens, ancien chargé de cours à l'Université de Lille et conférencier dans de nombreux pays, de l'Europe jusqu'au Japon, il a longtemps participé, au sein du CNRS, à l'édition intégrale des *Cahiers* de Paul Valéry chez Gallimard. Parmi ses œuvres, citons : *Topologie du salaud*, Barrault, 1985 ; *Paul Valéry, l'espoir dans la crise*, Presses Universitaires de Nancy, 1992 ; *D'une voix discordante*, L'Harmattan, 2014 ; *Nuire à la bêtise*, L'Harmattan, 2017.

Mihaela-Gențiana Stănișor & Aurélien Demars

HISTOIRE D'UNE RENCONTRE

J'ai eu le privilège de rencontrer plusieurs fois Cioran chez lui, au 21, rue de l'Odéon, à Paris. La première fois ce fut à l'occasion de la sortie de mon ouvrage, *Topologie du salaud*, qui fut salué, lors de sa parution en

---

[1] Nous remercions vivement Jean-Pierre Chopin, Vincent Monadé et le CNL pour leur autorisation de publication.

1985, par Simone de Beauvoir. Suite à un compte rendu publié par l'AFP qui faisait de moi un « enfant de Cioran », il avait souhaité me rencontrer.

Nous nous sommes revus plusieurs fois. Tout d'abord en 1987, à l'occasion de mon compte rendu[2] de *Valéry face à ses idoles* de Cioran (L'Herne, 1987). Puis l'année suivante, à l'occasion de mon article à propos des « Paradoxes sur le crime chez Thomas de Quincey[3] ». Enfin, à la suite d'une conférence prononcée à Lille, consacrée à sa pensée, je souhaitais lui soumettre le titre d'une étude que je voulais écrire sur son œuvre et qu'il approuva : *Cioran ou la purgation d'être*. Esquissé en grande partie, ce livre dort cependant au fond d'un tiroir.

Jean-Pierre CHOPIN

DEUX LETTRES DE CIORAN
À JEAN-PIERRE CHOPIN

Paris le 23 nov. 1985

Cher impitoyable chargé de cours,

Tout lecteur honnête ou qui se croit tel, après lecture de votre livre[4] devrait réagir : vous l'offensez dans chaque chapitre. Ce que les moralistes ont avancé timidement sur nos dégueulasseries, vous le proclamez de la première à la dernière page. Bien que je sois d'accord sur plus d'un point avec vous, quelque chose en moi se rebiffe et proteste contre l'inhumanité de votre verdict. Décidément, je suis trop innocent, trop salaud pour vous suivre jusqu'au bout.

E. M. CIORAN

---

2   Jean-Pierre Chopin, « Urgence valéryenne ou Cioran face à ses idoles », *Les Temps Modernes*, n° 489, avril 1987, p. 157-167.
3   Jean-Pierre Chopin, « Paradoxes sur le crime chez Thomas de Quincey », *Milieux*, n° 34, 1988, p. 50-55.
4   *Cf.* Jean-Pierre Chopin, *Topologie du salaud*, Paris, Barrault, 1985. (Note des éditeurs.)

Paris le 26 décembre 1988

Cher Ami,

Je vous remercie de votre lettre si vibrante, si chaleureuse. Des sentiments pareils n'existent plus que loin de la trépidation et de l'usure d'ici. Ce que ce monde semble avoir perdu pour toujours c'est une fraîcheur tragique et un charme vertigineux qui seuls pourraient contrecarrer la morne excitation d'aujourd'hui. Mais je suis mal placé pour me lamenter sur le néant contemporain, puisque très évidemment j'en fais partie.

De plus en plus un malaise spécial auquel je n'étais nullement accoutumé, s'empare de moi. Est-ce la vieillesse, est-ce simplement le dégoût ? Je n'ai plus envie d'écrire, mais je continue de lire, ne serait-ce que pour voir comment d'autres ont appris à capituler ou à espérer. En attendant j'ai lu avec un vif intérêt vos « Paradoxes sur le crime[5] », un bel hommage à de Quincey, écrivain fascinant s'il en fut.

Avec toute mon amitié,

E. M. CIORAN

CIORAN

---

5   *Cf.* Jean-Pierre Chopin, « Paradoxes sur le crime chez Thomas de Quincey », *Milieux*, n° 34, 1988, p. 50-55. (Note des éditeurs.)

LETTRE
À MIHAELA-GENȚIANA STĂNIȘOR

Chère amie,

Comment répondre à votre généreuse invitation ? La tentation est grande de prétexter les maux qui m'accablent pour éluder votre question. Qu'ai-je donc à dire de « l'échec pour Cioran » ? Ne suis-je pas pris plus avant que lui dans la déréliction ? Pire, ne le sommes pas tous au plan personnel et collectif ? À quoi vous aurez beau jeu de me répondre que nous sommes vivants, et qu'il ne l'est plus, — mais qui pourrait en jurer ? Je me souviens à la perfection d'un Cioran auréolé de gloire dans les années 1980 : aucun écrivain contemporain ne jouit plus d'une telle considération, exception faite, peut-être, de Stephen King. C'est assez dire. Je me souviens aussi d'un homme lumineux avec qui j'ai eu la chance de rire. Il n'y avait guère que Beckett, également vu de près, pour avoir été plus rayonnant que lui, pour porter au-devant de soi cette lumière où scintillait « le lait de la tendresse humaine ».

Où il est, ses livres étant devenus désormais des « classiques », Cioran n'a-t-il pas triomphé ? On dit « Cioran » comme on dit « Chateaubriand » ou « Baudelaire ». Rare, très rare privilège. Je ne sais plus où ni à qui, Cioran parle dans une lettre du « courage de l'échec ». Sans doute n'eut-il pas peur d'épouser la condition la plus générale. La vie ordinaire, qu'est-elle donc pour l'immense majorité, sinon une suite de vexations, jusqu'à la vexation suprême de la mort ? Croire au succès ou au bonheur est le luxe que s'octroient les imbéciles et les assassins, même si par chance une telle croyance leur réserve bientôt la pire des désillusions. En fils de pope, Cioran savait que nul n'échappe, non tant à l'échec, qu'au péché originel, à la morsure fatale du destin. Il a su œuvrer au cœur du désastre : il a compris qu'il importait d'en être solidaire, que la rédemption est comptable de nos fautes.

Dès lors je salue tous ses échecs, je m'incline devant eux, j'en suis presque au point où je me prends à les envier : nous leur devons de telles ressources de joie !

Stéphane BARSACQ

CIORAN, PESSOA
ET LES LIMITES DE LA PHILOSOPHIE

Dans l'œuvre de Cioran, les limites et les insuffisances de la philosophie ont été dénoncées premièrement dans *Le Livre des leurres* (1936) et, ensuite, dans le fameux texte du *Précis de décomposition* (1949), intitulé « Adieu à la philosophie ». Entre « En finir avec la philosophie » du *Livre des leurres* et « Adieu à la philosophie » du *Précis*, la différence se résume au ton enflammé et déclamatoire du premier, face à la concision française du second.

Le jeune Cioran, qui a obtenu, à l'université de Bucarest, un diplôme de licence en Philosophie (le 28 juin 1932 mention *magna cum laude*), a beaucoup lu les philosophes, notamment Kant, Hegel et surtout Bergson, auquel il consacre son mémoire de licence, *L'Intuitionnisme contemporain* (1932), traduit en français par Eugène van Itterbeek[1]. Mais, comme le dit Gabriel Liiceanu, Cioran a très tôt opté « pour une pensée issue des grandes tensions de la vie... des révélations de la solitude et de la nuit[2] ». Les déclarations de Cioran en rupture avec la philosophie, montrent qu'il mettait en fait beaucoup d'espoir dans la pensée. Il n'a cessé de juger la philosophie d'un point de vue existentiel. Dans *Le Livre des leurres*, il parle d'un « besoin de consolation » présent dans l'homme[3], mais il constate dans le même temps que, face à la souffrance humaine, la philosophie s'avère inutile. L'Ecclésiaste avait déjà dit : « Beaucoup de sagesse, beaucoup de chagrin[4] ». Et, dans ce sillage, Cioran affirme

---

1   Cioran, *L'Intuitionnisme contemporain*, trad. E. van Itterbeek, dans Eugène van Itterbeek (dir.), *Cahier Emil Cioran. Approches critiques, vol. VII*, Sibiu / Leuven, Editura Universitǎții « Lucian Blaga » / Les Sept Dormants, 2006, p. 153-170.

2   Gabriel Liiceanu, *Itinéraires d'une vie*, trad. A. Laignel-Lavastine, Paris, Michalon, 1995, p. 26.

3   Cioran, *Le Livre des leurres*, trad. G. Klewek et T. Bazin, Paris, Gallimard, coll. « Arcades », 1992, p. 188 : « Il n'y a rien de plus profond et de plus mystérieux que le besoin de consolation. »

4   L'Ecclésiaste, verset 1, 18 ; Bible de Jérusalem, trad. École Biblique de Jérusalem, Paris, Cerf, 2008, p. 1090.

à son tour : « Savoir et consolation ne se rencontrent jamais[5] ». Et cette
réflexion désabusée du *Livre des leurres* résonnera jusque dans les *Cahiers* :
« Le monde des pensées n'est qu'illusion face à celui des soupirs[6] », avant
d'ajouter plus loin : « Un seul soupir vaut mieux que tout le savoir[7] ».
Mais pourquoi tant de défiance mêlée de lassitude vis-à-vis de la philosophie ? Comparativement à la poésie, à la musique et à l'extase, le
jeune Cioran du *Livre des leurres* reprochait surtout à la philosophie de
ne se réduire à n'être que « l'inquiétude des hommes impersonnels[8] ».
Il y indique aussi les limites de l'homme : le monde des apparences,
tandis que la poésie, la musique et la mystique « servent », au contraire,
les « apparences suprêmes[9] ». Le monde de la vérité absolue ? Le monde
en soi ? Une impossibilité pour nous.

Le *Précis de décomposition* renforce ces idées : « On est toujours impu-
nément philosophe : un métier sans destin qui remplit de pensées
volumineuses les heures neutres et vacances, les heures réfractaires et
à l'Ancien Testament, et à Bach, et à Shakespeare[10] ». L'ombre de Job
et de L'Ecclésiaste, la sublimité de la musique de Bach et la poésie tragique de Shakespeare apparaissent comme des antipodes du philosophe
« timide » et « tiède ». Cioran se situe toujours en « quête » d'un *Trost*,
d'une consolation pour l'homme. Il attendait beaucoup de la philosophie.
Mais la philosophie, en vérité, « se réduit à l'invention des termes[11] », dit
l'auteur désillusionné du *Précis*. La « terrible nullité » de la philosophie
selon Cioran résulte de son inaptitude à nous consoler. Comme je l'ai
dit ailleurs[12] : pour entrevoir l'essentiel, la prière, le cri ou le silence
« pèsent plus lourd » qu'une idée. Selon Cioran, la conclusion serait :
« toute philosophie est une attente déçue[13] ».

Auteur que Cioran affectionnait, Fernando Pessoa a beaucoup écrit
sur la philosophie et les philosophes. Comme Cioran, Pessoa a voulu en

---

5   Cioran, *Le Livre des leurres, op. cit.*, p. 189.
6   *Ibid.*, p. 188.
7   Cioran, *Cahiers. 1957-1972*, Paris, Gallimard, 1997, p. 236.
8   Cioran, *Le Livre des leurres, op. cit.*, p. 189.
9   *Ibid.*
10   Cioran, *Précis de décomposition*, Paris, Gallimard, coll. « Idées », 1966, p. 68.
11   *Ibid.*, p. 70.
12   José Thomaz Brum, « Remarques sur l'essentiel dans quelques œuvres françaises de
     Cioran », dans Eugène van Itterbeek (dir.), *Cahier Emil Cioran. Approches critiques, vol. XI*,
     Sibiu / Leuven, Editura Universităţii « Lucian Blaga » / Les Sept Dormants, 2010, p. 68.
13   Cioran, *Le Livre des leurres, op. cit.*, p. 189.

discerner les limites et les insuffisances. Quand on lit les pages qu'il a intitulées « Ideias filosóficas[14] », on ne peut qu'être persuadé que l'espace philosophique que Pessoa critique est l'idéalisme : l'idéalisme critique de Kant[15] et l'idéalisme de Hegel qui, avec Fichte et Schelling, a réintroduit la question de l'Absolu, contre Kant. L'attitude philosophique de Pessoa paraît osciller entre un scepticisme envers les mots (les concepts) de la philosophie et un désir que le « Blabla des philosophes » (j'emprunte l'expression à Frédéric Schiffter[16]) laisse en paix le silence du monde. C'est comme si la réflexion philosophique sur l'Absolu, sur l'en soi, nous laissait « désemparés » : « Nous n'avons de "réel" que nos sensations, mais "réel" (qui est une sensation nôtre) ne signifie rien, cela ne "signifie" même pas signifier quelque chose, ni la sensation n'a un sens, ni "a un sens" n'est une chose ayant un sens quelconque. Tout est le même mystère. Je remarque néanmoins que pas même tout ne peut signifier une chose quelconque, un "mystère" est un mot qui n'a pas de signification[17]. »

Pessoa, avec son scepticisme envers le langage, chemine vers une conception qui fait de la philosophie un jeu d'abstractions, un jeu toujours proche de révéler l'irréalité de tout : « Dieu est tout, mais tout irréellement... La nature est une irréalité divine[18] ». Pour Pessoa, il n'est pas suffisant que dire – comme Kant – que nous connaissons seulement les « apparences » et non « les choses elles-mêmes », il faudrait ajouter que cette existence dans les phénomènes les remplit d'un parfum d'irréalité, de vide. La philosophie est un « théâtre de mots » qui nous enferme dans le vide, dans l'irréalité de l'existence.

Le texte le plus éloquent qui démontre la position de Pessoa envers la philosophie est, à mon avis, celui sur Nietzsche. N'oublions pas que

---

14 Fernando Pessoa, « Ideias filosóficas », dans *Obras em prosa*, éd. C. Berardinelli, Rio de Janeiro, Nova Aguilar, 1998, p. 521-576.

15 Fernando Pessoa a lu *La Critique de la raison pure* de Kant dans la traduction française de Jules Barni (1900). Ce livre « marquera sa pensée tardive », indique Nuno Hipólito, dans *Obras de Fernando Pessoa, vol. 4 : Álbum de fotos*, Lisboa, Parceria A. M. Pereira, 2016, p. 66.

16 *Cf.* Frédéric Schiffter, *Sur le blabla et le chichi des philosophes*, Paris, PUF, coll. « Perspectives critiques », 2002.

17 « *De "real" temos apenas as nossas sensações, mas "real" (que é uma sensação nossa) não significa nada, nem mesmo "significa" significar qualquer coisa, nem sensação teme um sentido, nem "tem um sentido" é coisa que tenha sentido algum. Tudo é o mesmo mistério. Reparo, porém em que nem tudo pode significar coisa alguma, um "mistério" é palavra que não tem significação.* » Fernando Pessoa, *Obras em prosa*, Rio de Janeiro, Nova Aguilar, 1998, p. 566. Toutes les traductions de Pessoa sont de Daniel Mérigoux que nous remercions.

18 *Ibid.*, p. 526 : « *Deus é tudo, mas tudo irrealmente... A natureza é uma irrealidade divina* ».

Pessoa est né en 1888, la dernière année de la vie lucide de Nietzsche, et qu'il a bu à la source de l'idéalisme allemand. Son scepticisme envers Nietzsche explose dans ces phrases : « La seule affirmation importante de Nietzsche est que la joie est plus profonde que la douleur, que la joie veut une profonde, profonde éternité. Comme toutes les pensées culminantes et fécondes des grands maîtres, cela ne signifie aucune chose. C'est pourquoi elle a eu une si grande influence sur les esprits : c'est seulement dans le vide total qu'on peut mettre absolument tout[19]. »

Fernando Pessoa reste froid, ou sceptique, ou taoïste devant les exaltations de Nietzsche. La philosophie laisse le monde tel quel : muet et impénétrable. Il y a beaucoup de scepticisme envers la philosophie chez Pessoa, d'où une certaine similitude avec la position de Cioran en ce qui concerne la possibilité d'une consolation par la philosophie.

Pour finir, je pense qu'une lecture attentive du grand livre de l'idéaliste anglais Francis Herbert Bradley, *Appearance and reality*, admiré par Borges, pourrait être utile pour éclairer certains passages des « idées philosophiques » de Pessoa. Bradley finit son livre avec ces mots : « *Reality is spiritual... Outside of spirit there is not, and there cannot be, any reality, and, the more that anything is spiritual, so much the more is it veritably real*[20]. »

Cioran dénonce l'incapacité de la philosophie à nous consoler, pour soulager la douleur humaine. Il est un spectateur désillusionné de la philosophie, tandis que Pessoa est un spectateur sceptique qui interroge, entre la philosophie et le monde, le langage.

José Thomaz BRUM
Université Pontificale Catholique de
Rio de Janeiro

---

19 *Ibid.*, p. 542 : « *A única afirmação grande de Nietzsche é que a alegria é mais profunda que a dor, que a alegria quer profunda, profunda eternidade. Como todos os pensamentos culminantes e fecundos dos grandes mestres, isto não significa coisa nenhuma. É por isso que teve tão grande ação nos espíritos : Só no vácuo total se pode por absolutamente tudo* ». La date (supposée) de ce texte est 1915. Fernando Pessoa se réfère ici au fragment de *Also sprach Zarathustra* de Nietzsche intitulé « *Das trunkne Lied* » (« La Chanson ivre »).

20 Francis Herbert Bradley, *Appearance and reality. A metaphysical essay* [1893], Oxford, Oxford University Press, 1962, p. 489.

CIORAN, DU LYRISME
AU LACONISME

LIMINAIRES

Cioran s'inscrit dans le sillage des écrivains déracinés – tels que
Tristan Tzara, Eugène Ionesco, Benjamin Fondane, Samuel Beckett,
Julia Kristeva, parmi d'autres – dont l'écriture s'avère étroitement liée
à l'exil et au bilinguisme. Avant de choisir la France comme pays d'exil
et le français comme langue de son écriture, Cioran était un écrivain
consacré dans son pays d'origine, la Roumanie, ayant écrit cinq livres
et maints articles publiés dans les revues littéraires de l'époque[1]. Son
œuvre roumaine témoigne d'une exubérance lyrique, d'un manque de
souci linguistique, qui ne se retrouverons pas dans son œuvre française. Ainsi, à la suite du passage au français, langue d'accueil, le style
cioranien change radicalement, bien que ses thèmes demeurent les
mêmes. Comment cette écriture évolue-t-elle du lyrisme enflammé de
la période roumaine à la lucidité négative de la période française ? En
quoi l'adoption de la langue d'emprunt a-t-elle influencé le style laconique de l'œuvre française et sa préférence du fragment ? Telles sont
les questions auxquelles nous tenterons de répondre dans ce qui suit.

---

1   Cioran a publié de nombreux articles dans d'importantes revues roumaines dont *Vremea*,
    Gândirea, *Pagini literare*, *România literară*.

LE CIORAN ROUMAIN :
LE LYRISME

Dans les années 1930, le jeune Cioran se situe parmi les esprits les plus brillants de la Jeune Génération roumaine, appelée « Criterion », à côté de Mircea Eliade, Eugène Ionesco, Constantin Noica et Mihail Sebastian : une génération d'avant-garde préoccupée par le quotidien, le refus de la médiocrité et la rébellion culturelle contre les anciens. Ils ont comme mentor le professeur de métaphysique de la Faculté de philosophie de Bucarest, Nae Ionescu, figure charismatique et controversée qui jouera un rôle crucial dans l'engagement politique de Cioran comme bien de ses camarades. Influencés par un courant existentialiste appelé *trăirism*[2], ils puisent leur pensée dans l'irrationnel, l'angoisse, le désespoir et la mort.

Sur les cimes du désespoir[3], premier ouvrage cioranien publié à l'âge de vingt-deux ans, représente, selon l'auteur lui-même, une œuvre extrême et d'une troublante authenticité, la plus emblématique de son lyrisme. Construit sur le renversement de toutes les valeurs, ce texte trahit l'anti-philosophie cioranienne, affirmation indirecte de sa descendance philosophique nietzschéenne : lyrique, fragmentaire et opposée au système. Le divorce d'avec la philosophie traditionnelle et sa remise en question des anciens termes de l'humanisme européen fait du jeune auteur de *Sur les cimes du désespoir* l'adepte d'une philosophie-confession exprimée exclusivement en fragments dont la brièveté reflète la durée des affects qui, ne pouvant longtemps se maintenir à leur paroxysme, s'épuisent vite : « Le souci du système et de l'unité n'a été ni ne sera jamais le lot de ceux qui écrivent aux moments d'inspirations, où la pensée est une expression organique obéissant aux caprices des nerfs. Une parfaite unité, la recherche d'un système cohérent indiquent une vie personnelle pauvre en ressources, une vie schématique et fade d'où sont

---

2   Terme roumain formé à partir du verbe « a trăi » (vivre).
3   Dans la préface à la traduction française, Cioran déclare avoir conçu cet ouvrage pour affronter ses nuits infernales d'insomnie. Ainsi, ce livre est-il devenu pour son auteur « une sorte de libération, d'explosion salutaire. S'[il] ne l'avai[t] pas écrit, [il] aurai[t] sûrement mis un terme à [s]es nuits ». Cioran, *Sur les cimes du désespoir*, trad. A. Vornic, rev. C. Frémont, dans *Œuvres*, Paris, Gallimard, 1995, p. 17.

absents la contradiction, la gratuité, le paradoxe[4] ». Quant au lyrisme, c'est ce que le jeune penseur y défend et dont il explique la nature dès l'essai liminaire du recueil, « Être lyrique » :

> Être plein de soi, non dans le sens de l'orgueil, mais de la richesse, être travaillé par une infinité intérieure et une tension extrême, cela signifie vivre intensément, jusqu'à se sentir mourir de vivre. Si rare est ce sentiment, et si étrange, que nous devrions le vivre avec des cris. [...]
> Le lyrisme représente un élan de dispersion de la subjectivité, car il indique, dans l'individu, une effervescence incoercible qui prétend sans cesse à l'expression. Ce besoin d'extériorisation est d'autant plus urgent que le lyrisme est intérieur, profond et concentré[5].

Puisque « [s]ur les cimes du désespoir, nul n'a plus droit au sommeil[6] », l'écrivain cherche à éveiller la sensibilité de ses lecteurs pour tout ce qui est « sang, sincérité et flammes[7] ». Il les invite à vivre leur paroxysme intérieur et leur rappelle que « [t]oute existence qui ne recèle pas une grande folie reste dépourvue de valeur[8] ». Une telle vision du lyrisme témoigne, certes, de l'influence des romantiques tardifs, voire de Baudelaire. Tel que le poète des *Fleurs du mal*, Cioran ne retrouve dans son élan spirituel ni Dieu ni la nature, mais le réel d'où il extrait l'idéal tout en se servant du langage comme d'« une espèce de sorcellerie évocatoire[9] ». Ainsi, « en ce monde d'obstacles, de misère et de torture », l'écriture doit-elle évoquer et l'extase — cette « porte [...] ouverte sur le noyau même de l'existence[10] » — et son échec.

Le langage cioranien de ce premier texte exprime l'aventure spirituelle d'un écrivain hypersensible qui arrive à la connaissance par l'exploration des profondeurs de son âme tourmentée, dont les émotions les plus aiguës nourrissent le travail de l'écriture jusqu'à ce qu'elle devienne une « décomposition grandiose et funèbre de la pensée[11] ». C'est une écriture organique qui se définit comme une guérison intérieure, un refuge des sensations trop intenses, car « [t]out ce qui est formulé devient

---

4   Cioran, *Sur les cimes du désespoir, op. cit.*, p. 45.
5   *Ibid.*, p. 19-20.
6   *Ibid.*, p. 44.
7   *Ibid.*, p. 21.
8   *Ibid.*, p. 24.
9   Charles Baudelaire, *Œuvres complètes*, Paris, Seuil, coll. « L'Intégrale », 1968, p. 627.
10 Cioran, *Sur les cimes du désespoir, op. cit.*, p. 42.
11 Cioran, *Le Crépuscule des pensées*, dans *Œuvres, op. cit.*, p. 440.

plus tolérable. L'expression! voilà le remède[12] ». Le discours cioranien est né « dans le cafard des nuits d'insomnie[13] » ayant le rôle de libérer l'écrivain du supplice de la souffrance : « Je ne peux écrire que sous la pression de mes humeurs noires », note Cioran plus tard dans ses *Cahiers*, « elles diminuent dès que j'en extrais quelque formule. Il ne s'agit dans mon cas ni de philosophie ni de littérature, mais tout simplement de thérapeutique[14] ».

L'essayiste transfère cette même conception au niveau des idées, valorisant celles qui gardent « une saveur de sang et de chair », car nées de la souffrance, elles sont nettement supérieures à « l'abstraction vide » : « un cri de désespoir est bien plus révélateur que la plus subtile des arguties[15] ». Ainsi, dans cette première période de création artistique, l'émotion à l'excès, autrement dit l'essentiel, vaut plus que l'intellect, considéré comme le superficiel. Cette démarcation, ainsi que le stipule Valérie Saint-Martin[16], deviendra problématique dans la période française à cause du changement de langue d'écriture et, par la suite, du rapport à l'écriture elle-même. L'écriture s'affirme donc à ses débuts comme une poétique de l'excès, reliée à une sorte d'éthique : « La morale dans l'écriture, ce n'est alors rien d'autre qu'une fidélité de la forme à la force de l'existence, et par conséquent une manière d'authenticité qui s'affirme dans l'excès[17] ».

Le thème de l'absurdité de la condition humaine, dont le but n'est nul autre que la mort, hante les pages de *Sur les cimes du désespoir* et devance de huit ans la formulation du concept camusien de l'absurde dans *Le Mythe de Sisyphe*. Bien que la mort soit une réalité immanente, fondamentale, l'homme ne peut échapper à la peur de la mort dont la diversité des formes ne représente que les « différents aspects devant une réalité fondamentale[18] ». Si, dans l'essai « Que philosopher, c'est

12 Gabriel Liiceanu, *Itinéraires d'une vie : E. M. Cioran*, suivi de *Les Continents de l'insomnie : entretien avec E. M. Cioran*, trad. M.-F. Ionesco, Paris, Michalon, coll. « Fonds perdus », 2007, p. 118.
13 Cioran, *Entretiens*, Paris, Gallimard, coll. « Arcades », 1995, p. 10.
14 Cioran, *Cahiers. 1957-1972*, Paris, Gallimard, 1997, p. 432.
15 Cioran, *Sur les cimes du désespoir, op. cit.*, p. 32.
16 Valérie Saint-Martin, *Poétique de Cioran : entre excès et élégance*, Thèse Université Laval, 1992, p. 39.
17 Michel Jarrety, *La Morale dans l'écriture : Camus, Char, Cioran*, Paris, PUF, coll. « Perspectives littéraires », 1999, p. 113.
18 Cioran, *Sur les cimes du désespoir, op. cit.*, p. 33.

apprendre à mourir[19] », Montaigne nous proposait de mépriser la mort
afin d'acquérir la liberté – « Qui a appris à mourir, il a désappris à
servir[20] » – tout en nous assurant qu'elle n'est que le résultat de notre
imagination, Cioran, quant à lui, avance l'idée de l'impossibilité de
la fuir : « L'art de mourir ne s'apprend pas, car il ne comporte aucune
règle, aucune technique, aucune norme. L'individu ressent dans son être
même le caractère irrémédiable de l'agonie, au milieu des souffrances
et des tensions sans limites[21] ». La tragédie capitale de l'homme réside
ainsi dans le non-sens de la vie : « Pour l'animal, la vie est tout ; pour
l'homme, elle est un point d'interrogation. Point d'interrogation définitif, car l'homme n'a jamais reçu et ne recevra jamais de réponse à ses
questions. Non seulement la vie n'a aucun sens, mais elle ne peut pas
en avoir un[22] ».

Cioran tentera toutefois de lui trouver un sens dans l'écriture, une
écriture organique, liée à la sensation, au vécu, au-delà de l'abstraction
représentée par la forme. Ainsi, c'est en extrayant de la vie et « de la
douleur tout ce qu'elle peut offrir[23] », qu'il aboutit à une liberté intérieure qui le fait se réjouir « même de l'absence de sens ». « Vivons donc,
puisque le monde est dépourvu de sens[24] ! » nous exhorte Cioran, se
déguisant avant la lettre en Sisyphe heureux.

Il y a même un jeu verbal avec la mort, ainsi que le souligne Marta
Petreu[25] : la violence du langage remplace l'acte et fonctionne comme
une thérapie. Tuer avec les mots, c'est une rechute répétée : le désir de
détruire tous les sages du monde dans *Sur les cimes du désespoir*, tous les
philosophes dans *Le Livre des leurres*, ou bien, tous les vieux dans un
article de la revue littéraire *Vremea*[26]. En fin de compte, « [f]ormuler,
c'est se sauver[27] ».

---

19 Michel de Montaigne, *Essais*, I, 19, Paris, Flammarion, coll. « GF », 1996, p. 123-125.
20 *Ibid.*, p. 132.
21 Cioran, *Sur les cimes du désespoir*, *op. cit.*, p. 36.
22 *Ibid.*, p. 91.
23 *Ibid.*, p. 87.
24 *Ibid.*, p. 85.
25 Marta Petreu, *Un trecut deocheat sau "Schimbarea la față a României"* [*Un passé dévergondé
    ou « La Transfiguration de la Roumanie »*], Cluj-Napoca, Biblioteca Apostrof, 1999, p. 235.
26 *Cf.* Cioran, « Crima bătrânilor » [« Le crime des vieux »], *Vremea*, X, n° 492, juin 1937 :
    Cioran y propose « une nuit de la Saint-Barthélemy parmi certains vieux », pour défendre
    son ami Mircea Eliade, qui venait d'être accusé de pornographie littéraire.
27 Cioran, *Entretiens*, *op. cit.*, p. 156.

Finalement, la figure du Cioran roumain se distingue par le lyrisme délirant du « penseur organique », le cynisme de l'écrivain hanté par « l'inconvénient d'être né » dans un espace culturel mineur, et le scepticisme des réflexions sur la vie vue des « cimes du désespoir ». Ses livres de jeunesse traduisent l'intensité des émotions vécues à l'extrême.

LE CIORAN FRANÇAIS

Avant de faire le choix de la langue française comme moyen d'expression littéraire, Cioran, déjà établi en France, continue pendant une dizaine d'années de se réfugier dans sa langue maternelle. *Le Crépuscule des pensées* (1940), *Bréviaire des vaincus* (1944) et *De la France* (1941) sont le fruit de ces années de tâtonnements qui ouvrent la voie à l'œuvre française.

Mais le « poète » exalté et loquace de l'œuvre roumaine concède à l'ironiste elliptique qui ne pourra jamais s'accommoder de l'élégance « exténuée » de sa langue d'emprunt, « avec tous ces mots pensés et repensés, affinés, subtils jusqu'à l'inexistence, courbés sous les exactions de la nuance, inexpressifs pour avoir tout exprimé, effrayants de précision, chargés de fatigue et de pudeur, discrets jusque dans la vulgarité[28] ». Ainsi, *Précis de décomposition* inaugure-t-il la période française dont l'attitude fondamentale sera celle de la négation, de la pensée contre soi et, par extension, de la rage contre toute la communauté humaine. Pour l'écrivain exilé, le choix linguistique représente le moment décisif qui déclenche le processus menant à une nouvelle identité. Ainsi que l'affirme Julia Kristeva dans *Étrangers à nous-mêmes*, la langue adoptée devient tel un « artifice qui [...] procure [...] un nouveau corps », un peu comme une « résurrection : nouvelle peau, nouveau sexe[29] ». Ou bien, elle acquiert une dimension sacrée, comme le déclare Simone Weil : « Changer de religion est une chose aussi grave que changer de langue pour un écrivain[30] ».

---

28 Cioran, *Histoire et utopie*, dans *Œuvres, op. cit.*, p. 979.
29 Julia Kristeva, *Étrangers à nous-mêmes*, Paris, Fayard, 1988, p. 26.
30 Cité dans Anne-Rossine Delbart, *Les Exilés du langage : un siècle d'écrivains français venus d'ailleurs (1919-2000)*, Limoges, Pulim, 2005, p. 17.

Par la suite, une rupture, un schisme s'installe entre les deux périodes de création cioranienne, roumaine et française. L'attitude d'« autodéfense[31] » de l'écrivain qui écrit dans sa langue maternelle est contrecarrée par l'attitude de penser contre soi : il y a, d'une part, le lyrisme débordant, l'exubérance, et le manque de souci stylistique des livres roumains ; d'autre part, l'ironie elliptique, l'exigence et la densité stylistique des textes français. Le Cioran français devient ainsi, dans les mots d'Aleksandra Gruzinska[32], un modèle de « [m]aître dans l'art de la pensée contre soi[33] », dans la lignée de Nietzsche, Baudelaire et Dostoïevski. De fait, cette fatalité de contraires est une leçon retenue de Pascal : « soucieux de nous river à nos supplices, et comme à nos plaies, il nous aura appris à haïr, à savourer les affres de la haine de soi[34] ».

Cette attitude cioranienne représentative de l'œuvre française est en effet une reconquête de la liberté à travers un détachement du monde et une rupture des liens sensoriels avec celui-ci : « Si nous voulons recouvrer notre liberté, il nous revient de déposer le fardeau de la sensation, de ne plus réagir au monde par les sens, de rompre nos liens. Or, toute sensation est lien, le plaisir comme la douleur, la joie comme la tristesse. Seul s'affranchit l'esprit qui, pur de toute accointance avec êtres ou objets, s'exerce à sa vacuité[35] ». Tel un mendiant qui incarne cet « héroïsme à rebours[36] », car « il ne désire rien posséder, [mais] cultive son dénuement, condition de sa liberté[37] », Cioran cherche à détruire en lui-même toute empreinte laissée par les valeurs, par la pensée commune afin de s'en libérer. Ce n'est qu'ainsi qu'il est en mesure de dénoncer la corruption de l'esprit moderne.

Toutefois, son exil linguistique – « On n'habite pas un pays, on habite une langue. Une patrie, c'est cela et rien d'autre[38] » – n'est pas tragique mais fructueux, puisqu'il est lié au travail de l'écriture. Dans son essai, « Avantages de l'exil », Cioran illustre et les entraves et les bienfaits de la condition d'exilé :

31 Cioran, *Le Mauvais Démiurge*, dans *Œuvres, op. cit.*, p. 1234.
32 Aleksandra Gruzinska, « (Anti-)Semitism 1890s/1990s: Octave Mirbeau and E. M. Cioran », *Rocky Mountain Review of Language and Literature*, vol. 55, n° 1, 2001, p. 13-28.
33 Cioran, *La Tentation d'exister*, dans *Œuvres, op. cit.*, p. 822.
34 *Ibid.*, p. 936.
35 *Ibid.*, p. 825.
36 Sylvain David, *Cioran. Un Héroïsme à rebours*, Montréal, Presses de l'Université de Montréal, 2006.
37 Cioran, *La Tentation d'exister, op. cit.*, p. 824.
38 Cioran, *Aveux et anathèmes*, dans *Œuvres, op. cit.*, p. 1651.

C'est à tort que l'on se fait de l'exilé l'image de quelqu'un qui abdique, se retire et s'efface, résigné à ses misères, à sa condition de déchet. À l'observer, on découvre en lui un ambitieux, un déçu agressif, un aigri doublé d'un conquérant. [...] Celui qui a tout perdu conserve comme dernier recours l'espoir de gloire, ou du scandale littéraire. Il consent à tout abandonner, sauf son nom. Mais son nom, comment l'imposera-t-il, alors qu'il écrit dans une langue que les civilisés ignorent ou méprisent ?

Vaut-il essayer à un autre idiome ? Il ne lui sera pas aisé de renoncer aux mots où traîne son passé. Qui renie sa langue, pour en adopter une autre, change d'identité, voire de déceptions. Héroïquement traître, il rompt avec ses souvenirs et, jusqu'à un certain point, avec lui-même[39].

Écrire en français représente ainsi, pour Cioran, châtiment et libération à la fois, car « [p]our un écrivain, changer de langue, c'est écrire une lettre d'amour avec un dictionnaire[40] ». Ainsi que l'avoue l'essayiste, c'est un effort torturant que demande l'écriture dans une langue si noble mais rigide, si distinguée mais trop rigoureuse, qui s'oppose foncièrement à sa langue maternelle – une langue très élastique et sans rigueur, « non-élégante mais très poétique[41] » : « [J]'aurais dû choisir n'importe quel idiome, sauf le français, car je m'accorde mal avec son air distingué, il est aux antipodes de ma nature, de mes débordements, de mon moi véritable et de mon genre de misères. Par sa rigidité, par la somme des contraintes élégantes qu'il représente, il m'apparaît comme un exercice d'ascèse ou plutôt comme un mélange de camisole de force et de salon[42] ». La langue française reste à jamais pour lui « cet idiome d'emprunt », « avec tous ces mots pensés et repensés, affinés, subtils jusqu'à l'inexistence, courbés sous les exactions de la nuance, inexpressifs pour avoir tout exprimé, effrayants de précision, chargés de fatigue et de pudeur, discrets jusque dans la vulgarité[43] ». Il admet n'avoir jamais réussi à s'adapter à « l'élégance exténuée » de cette langue qui lui donnait « le vertige[44] » et qui nourrissait son « complexe du métèque[45] ».

L'interrogation de Cioran sur les rapports conflictuels entre ces deux langues est la conséquence de ce que Lise Gauvin appelle « surconscience

---

39　Cioran, *La Tentation d'exister*, *op. cit.*, p. 854.
40　Cioran, *Le Livre des leurres*, trad. G. Klewek et T. Bazin, dans *Œuvres, op. cit.*, p. 166.
41　Cioran, *Entretiens, op. cit.*, p. 50.
42　Cioran, *Exercices d'admiration*, dans *Œuvres, op. cit.*, p. 1630.
43　Cioran, *Histoire et utopie, op. cit.*, p. 979.
44　*Ibid.*
45　Cioran, « Entretien avec Jean-François Duval », dans *Œuvres*, « Glossaire », « Écrire en français », *op. cit.*, p. 1746.

linguistique[46] ». Celle-ci installe l'écrivain dans « l'univers du relatif » où tout est à interroger et à reconquérir, et le condamne, non seulement à penser la langue, mais implicitement, à s'interroger sur les stratégies langagières à adopter afin de s'approprier la langue française et l'écrire autrement. L'abandon de la langue maternelle chez Cioran a des raisons littéraires, personnelles et poétiques. Hormis le cauchemar d'appartenir à un espace culturel mineur, renoncer au roumain lui permet, ainsi que le note Marie Dollé, « d'expier et d'extirper de lui-même les racines d'une langue qui avait permis en même temps que *l'enthousiasme* et *la fureur* ce qu'il appelle des *divagations*[47] » de sa jeunesse. Le changement de langue est donc vécu comme une seconde naissance, l'autorisant à briser certaines contraintes et à éprouver une altérité salvatrice. Dans *Cioran ou le dernier homme*, Sylvie Jaudeau souligne que :

> [l]e choix de notre langue [du français] [...] n'est nullement fortuit. Il trouve dans la rigueur et la sobriété de la langue française des qualités capables de corriger l'exubérance, l'abondance verbale et métaphorique qui caractérisent le roumain. L'apprentissage du français endigue les effusions de l'affectivité inhérente à l'idiome maternel en enseignant les vertus de l'abstraction. C'est une école de maîtrise de soi et de retenue dont Cioran, après les œuvres explosives et baroques de sa jeunesse, pressent tous les avantages qu'il pourra y gagner[48].

On pourrait affirmer qu'à la publication du *Précis de décomposition*, son premier recueil français, Cioran devient un écrivain français à part entière. Dès 1947, il n'écrit plus qu'en français, considérant de mauvais augure la pratique d'une autre langue : « je rêve en français, mais si je devais plus tard rêver en roumain, c'en serait fini de moi comme écrivain français[49] », avoue Cioran. En effet, la conversion est totale car le français se substitue entièrement à la langue maternelle.

Toutefois, ce triomphe final sur la langue d'accueil n'était pas gratuit, mais le résultat d'un combat épuisant et douloureux. Réécrire quatre fois son premier livre s'avère un supplice, mais c'est justement cet effort qui le rapproche une fois de plus de Pascal qui « a rédigé

---

46   Lise Gauvin, *L'Écrivain francophone à la croisée des langues*, Paris, Karthala, coll. « Lettres du Sud », 2009.
47   Marie Dollé, *L'Imaginaire des langues*, Paris, L'Harmattan, 2001, p. 135-136.
48   Sylvie Jaudeau, *Cioran ou le dernier homme*, Paris, José Corti, coll. « Les Essais », 2001, p. 67.
49   Cioran, *Entretiens, op. cit.*, p. 184.

dix-sept fois ses *Provinciales*[50] ». En outre, après s'être refusé au lyrisme,
« noircir une page devient une épreuve : à quoi bon écrire pour dire
exactement ce qu'on avait à dire[51] ? » se demande Cioran, nous donnant
à la fois la raison pour laquelle il exagère tout ce qu'il pense. Bien que
la tristesse et la souffrance restent ancrées dans son esprit, il ne veut
les livrer ni telles qu'il les ressent, ni de manière pathétique, mais, à
l'aide de l'histrionisme ou de la bouffonnerie, d'une façon si exagérée
qu'il en résulte une atténuation. C'est la frivolité de la culture française,
soutient-il, qui lui a permis de jouer avec la langue jusqu'à devenir l'un
de ses grands stylistes, car « [l]'inconvénient de pratiquer une langue
d'emprunt est de n'avoir pas le droit d'y faire trop de fautes[52] ».

La réflexion lucide de Cioran sur la langue, certes, est due à la distance
qu'il a pu prendre par rapport aux mots dans sa langue d'emprunt. Il
exprime ainsi, dans cette langue d'adoption qui se plie parfaitement à la
forme fragmentaire, sa continuelle recherche d'identité, voire son refus
d'être celui qu'il était : « En continuelle insurrection contre mon ascendance, toute ma vie j'ai souhaité être autre : Espagnol, Russe, cannibale,
– tout, excepté ce que j'étais[53] ». Il abdique finalement, car « [c]'est une
aberration de se vouloir différent de ce qu'on est, d'épouser en théorie
toutes les conditions, sauf la sienne[54] », et regarde en face la malchance
de son « destin valaque » qu'il avait décrite dans le *Bréviaire des vaincus* :

> Qui a tué l'avenir chez un peuple sans passé ?
> Où que tu ailles, sa malédiction te poursuivra, il empoisonnera tes veilles,
> tu te tourmenteras pour lui ; tu haïras en vain les mauvaises fées qui ont aboli
> son destin siècle après siècle – l'univers ne te consolera pas d'être né au pays
> des sans bonheur. La malchance valaque coulant dans les veines vaut autant
> que le gouffre de Pascal – elle te monte jusqu'au cou et tu es Job automati-
> quement. Nul besoin de la lèpre puisque le sort t'a façonné ainsi : conscient
> et valaque en même temps. [...] Tout Roumain est un bagnard du temps[55].

Néanmoins, malgré ses efforts pour arracher ses racines « résistantes
comme les mauvaises herbes », Cioran n'y aboutit pas pleinement,
puisque toute son œuvre, avoue-t-il, provient du fait qu'il est Roumain.

50   *Ibid.*, p. 44.
51   Cioran, *De l'inconvénient d'être né*, dans *Œuvres, op. cit.*, p. 1278.
52   *Ibid.*, p. 1293.
53   *Ibid.*, p. 1313.
54   *Ibid.*
55   Cioran, *Bréviaire des vaincus*, trad. A. Paruit, dans *Œuvres, op. cit.*, p. 545.

Dans cette lutte permanente de Cioran avec son idiome d'emprunt, l'écriture joue un rôle thérapeutique tout en lui procurant un masque quant au sujet d'énonciation. Ainsi, peut-on affirmer que ces écrits s'avèrent d'intrigantes variations sur le « je est un autre » rimbaldien. Le *Précis de décomposition* mobilise à la fois le *il* distant de la troisième personne et le *nou*s inclusif allant du *je* à l'humanité : « naguère amoureux des sommets, puis déçus par eux, nous finissons par chérir notre chute[56] ». Bien que le *je* soit repoussé, il n'est pas anéanti : mais lorsqu'il échappe, il est prononcé par un tiers, pour que le pacte autobiographique soit définitivement exclu :

> Il se rappelle être né quelque part, avoir cru aux erreurs natales, proposé des principes et prôné des bêtises enflammées. Il en rougit..., et s'acharne à abjurer son passé, ses patries réelles ou rêvés, les vérités surgies de sa moelle. [...] [i]l renie les origines fébriles, en commençant par la sienne, ne conservant du monde qu'une mémoire froide et un regret poli. [...] « Je ne me rencontrai plus jamais avec moi », se dit-il, heureux de tourner sa dernière haine contre soi, plus heureux d'anéantir – *dans son pardon* – les êtres et les choses[57].

Ce *je* éclaté que génère l'écriture cioranienne dans la langue d'emprunt, entrelacement de *je*, *tu* et *il*, réfute tout pacte autobiographique tout en requérant une lecture de soupçon.

CONCLUSION

Ce « Balkanique venu [...] [à Paris pour] se livrer à des exercices de style[58] » réussit à défendre avec maîtrise le trait le plus choquant, à son avis, de sa langue d'adoption : « l'obsession française[59] » du style. Par son travail sur cette langue amie/ennemie – un vrai « exercice d'ascèse[60] » car sa rigueur ne lui permet plus de débordements lyriques – Cioran a acquis le lectorat européen auquel il a toujours rêvé.

---

56   Cioran, *Précis de décomposition*, dans *Œuvres*, *op. cit.*, p. 627.
57   *Ibid.*, p. 635-636.
58   Gabriel Liiceanu, *Itinéraires d'une vie : E. M. Cioran*, *op. cit.*, p. 168.
59   Cioran, « Entretien avec Jean-François Duval », dans *Œuvres*, « Glossaire », « France », *op. cit.*, p. 1752.
60   Cioran, *Exercices d'admiration*, *op. cit.*, p. 1630.

À l'encontre de l'image unitaire de l'œuvre de Cioran, basée sur l'idée de l'immuabilité de sa pensée d'un bout à l'autre de son chemin d'écrivain – « Ce que je sais à soixante, je le savais aussi bien à vingt. Quarante ans d'un long, d'un superflu travail de vérification[61]... » –, il y a, comme nous avons tenté de le démontrer, des différences pertinentes entre les deux périodes d'écriture, roumaine et française. Cet aspect contradictoire est dû à la scission qui découle du choix linguistique de l'écrivain : au lyrisme exubérant de l'œuvre roumaine se substitue irréversiblement sa contrepartie : le laconisme, la précision et l'élégance, traits emblématiques de l'œuvre française. Néanmoins, le désir d'authenticité traverse toute l'œuvre de Cioran et l'écriture fragmentaire devient la plus apte à exprimer son univers brisé.

Monica GAROIU
Université
du Tennessee-Chattanooga

---

61 Cioran, *De l'inconvénient d'être né, op. cit.*, p. 1274.

TROISIÈME PARTIE

POINTS DE FUITE

LE CAS CIORAN OU COMMENT
LA BIOGRAPHIE ET L'ŒUVRE
SE (DÉ)FIGURENT L'UNE L'AUTRE

Rater sa biographie est-ce vraiment essentiel pour rater son œuvre ? Dernièrement, Cioran semble être victime des erreurs biographiques, des implications idéologiques et politiques plus ou moins démontrables et contestables, ses écrits étant souvent ombragés par les élans vitaux de sa vie. On dirait que le public contemporain est plus incité par le plaisir du *contexte* que par le plaisir du texte[1]. Il aime plutôt fouiller la vie d'un auteur au lieu de plonger dans les pages de ses livres. On constate souvent qu'on lit moins les œuvres d'un auteur que ses *paratextes*[2], surtout son journal, ses cahiers ou ses entretiens, ou bien des textes critiques qui idéologisent sa création. C'est une attraction qui décime le goût littéraire, en le remplaçant par le goût du spectacle, du scandale, du théâtre de la vie plutôt privée. Cette pratique critique essaie de faire descendre tout auteur de sa tour d'ivoire dans la foire des pécheurs, d'élucider donc une vie et de condamner un être. Non seulement Cioran mais toute une génération d'auteurs roumains, appelée la génération 1930, formée autour du professeur de philosophie de l'Université de Bucarest, Nae Ionescu, un personnage controversé mais adulé par ses étudiants, tombent victimes d'une telle approche contextuelle, *idéologisante*.

Eliade, Ionesco, Noica et Cioran font donc l'objet des livres idéologiques, où vie et écriture coïncident. Leurs attitudes politiques, leur mouvement spirituel, leurs idées socio-culturelles et philosophiques sont suivis avec obstination tout au long de leurs œuvres artistiques. La création littéraire devient ainsi le miroir de leurs mouvements existentiels. Il n'y a pas de démarcage entre la biographie et l'œuvre, entre le vécu

---

1 Nous faisons référence, évidemment, au livre de Roland Barthes, *Le Plaisir du texte*, Paris, Seuil, 1973.

2 Le mot est défini et analysé par Gérard Genette dans *Palimpsestes. La Littérature au second degré*, Paris, Seuil, 1982.

et le réfléchi/l'écrit. Ainsi leur procès *onto-biographique* ne connaît-il pas de fin. Peu à peu, leur œuvre tombe à l'ombre de leur vie.

Dans son livre-procès, Adrian Buzdugan part à la recherche d'une voie d'accès authentique à la réflexion cioranienne, en entamant, avec esprit de synthèse et dextérité analytique, « le procès de Cioran[3] ». La mise de son livre est, selon nous, la résurrection d'une pensée et d'une écriture uniques dans l'histoire des Lettres. Il faut croire à l'œuvre d'un auteur malgré son idéologie ou bien malgré l'idéologie que les autres se hâtent de découvrir dans sa création. Le critique voudrait répondre, en respectant la vérité historique et en se basant sur les documents existants, à la question : Cioran a-t-il été un idéologue légionnaire ? En ce sens, le critique se documente avec sérieux et discernement, lit et analyse tous les livres, témoignages, journaux où sont évoqués Cioran et ses attitudes (con)textuelles. Il donne la parole, par citation ou paraphrase, aux témoins à charge et aux témoins à décharge dans un procès où l'on n'oublie pas de mettre en relief le moment historique, le contexte socio-culturel national. On pourrait dire que ce qui manquait à ce type d'analyse critique c'était exactement l'absence d'observation lucide des faits historiques, leur évaluation plus large et plus poussée, suivant une attitude équilibrée et qui prend en considération toute la réalité de l'époque. Il faut aussi préciser que le chercheur roumain est mieux ancré dans l'histoire culturelle de son pays et peut davantage comprendre l'importance de cette pléiade d'intellectuels, contestataires et révoltés, cette génération roumaine d'or à laquelle appartient Cioran. Un argument important, et parfois négligé par les études idéologiques étrangères consacrées au légionnarisme roumain ou à Cioran, c'est la différence qu'il faut faire entre légionnarisme et fascisme, le premier étant un courant spirituel original autochtone, roumain, orthodoxe et national. Par conséquent, il a sa propre spécificité, sa propre expression de manifestation. Cioran, « l'inculpé » dont parle Buzdugan, écrit ses articles où il parle ouvertement de ses options politiques, et se prononce en faveur des régimes totalitaires. Pour une analyste honnête, il est obligatoire de ne pas oublier le contexte roumain, la spécificité nationale, l'apathie d'un peuple et l'orgueil d'un esprit appartenant à une minorité culturelle. Un autre démarcage essentiel s'impose (et Adrian Buzdugan le saisit avec pertinence) : on ne peut pas juger l'homme avec les mêmes arguments et attitudes que l'auteur. Les opinions politiques, la vie d'un auteur doivent

---

3   Adrian Buzdugan, *Procesul lui Cioran*, Pitești, Editura Paralela 45, 2020, 212 p. Nous traduisons toutes les citations.

être séparées de son œuvre, de sa création littéraire. La littérature n'est pas la vie et ne se réduit jamais aux faits de la vie. Si la littérature devait être politiquement correcte, elle ne serait plus littérature. Le mérite et la valeur de la création consistent, depuis toujours, dans la capacité de l'auteur à les transgresser, à les rendre « autres[4] ».

L'intention de faire un procès correct, honnête se détecte dans la façon dont Buzdugan a construit sa démarche : l'insertion de deux sections autonomes mais aussi antithétiques, où il présente les témoins à charge parmi lesquels Marta Petreu et Alexandra Laignel-Lavastine, les voix les plus accusatrices, prêtes à décimer Cioran, en faisant recours à des passages tronqués, à des coupages condamnables des œuvres cioraniennes pour « interpréter » (lire « accuser » selon Buzdugan) l'œuvre de Cioran. Dans le deuxième chapitre de son *procès*, intitulé « Détracteurs, amis et peu exégètes[5] » qui constitue la partie la plus fortement documentée, Buzdugan passe en revue et nous présente plusieurs personnalités qui ont pris la parole et le stylo pour parler de Cioran, pour en faire un cas. La contribution de l'enquête de Laignel-Lavastine est essentielle ; elle se propose de parler de culpabilité, non seulement à propos de Cioran, mais aussi de Eliade et de Ionesco, incapables, selon elle, de s'assumer « la culpabilité morale[6] ». Buzdugan insiste fermement sur la technique incorrecte de Laignel-Lavastine, celle de « la citation mutilatoire », et en parle avec fermeté car cette méthode usitée par l'auteure française suppose « une extrapolation interdite suivie d'un contrexemple qui se trouve en dehors de la problématique – artifice destiné à discréditer Cioran[7] ». La même attitude accusatrice serait aussi manifestée par Marta Petreu qui rédige tout son discours autour de l'idéologie légionnaire de Cioran et de son attitude envers le régime totalitaire. Ce discours cioranien serait politique, et elle lui refuse toute valeur littéraire ; or, c'est plutôt Arşavir Acterian qui définit mieux l'attitude de Cioran : « Tu veux être paradoxal à tout prix et tu réussis à l'être[8]. » Le texte analytique de Buzdugan balance avec lucidité entre les deux camps, en mettant en lumière les deux attitudes,

---

4   N'évoquons ici que le grand Rimbaud et la vérité de l'altérité.

5   A. Buzdugan, *Procesul lui Cioran, op. cit.*, p. 59-140 : « *Detractori, prieteni şi puţini exegeţi* »

6   Terme qu'elle reprend à Karl Jaspers dans A. Laignel-Lavastine, *Cioran, Eliade, Ionesco. L'Oubli du fascisme*, Paris, PUF, 2002.

7   *Ibid.*, p. 65 : « *O nepermisă extrapolare, urmată de un contraexemplu aflat în afara problematicii – artificiu menit să-l discrediteze pe Cioran* ».

8   *Ibid.*, p. 76 : « *Vrei să fii paradoxal cu orice preţ şi reuşeşti să fii.* »

accusatrice et justificatrice ; finalement, tout se pose dans le point de vue d'une œuvre : si elle est la copie d'une biographie/vie ; si elle est le produit d'un travail scriptural, littéraire, trans-biographique, impersonnel comme toute création. On ne peut pas juger un homme et une œuvre avec les mêmes instruments. Il est important qu'on ne réduise pas l'œuvre d'un auteur aux effusions de sa jeunesse ou aux turbulences de sa vie. Et il est vrai que « ceux qui ont eu des sympathies pour l'extrême droite semblent avoir éternellement attachées au pilier de l'infamie la mémoire et l'œuvre[9]. »

Buzdugan passe en revue les perspectives d'autres critiques qui ont mis en valeur la réalité de la transformation de Cioran, ses remords exprimés dans son écriture (c'est l'attitude analytique de Gheorghe Grigurcu, par exemple), mais aussi la tentation d'en faire un personnage, en tabloïsant son œuvre (la perspective adoptée par Stéphane Barsacq). Sont mises en discussion les attitudes des personnalités roumaines qui ont pris la parole sur les actions/créations cioraniennes : Sanda Stolojan ou Irina Mavrodin, considérés comme des « souteneurs affables, accidentels[10] », mais toutes les deux traductrices de Cioran et grandes admiratrices de sa personnalité et de son œuvre[11]. C'est d'ailleurs Irina Mavrodin qui insiste à plusieurs reprises sur « l'ambiguïté » de l'écriture de Cioran.

Ce qui nous semble important de souligner, c'est cette intention des livres *sur* Cioran, qui se trouve presque toujours à leur origine, de donner le verdict : « coupable ». On le lit pour l'accuser. Et souvent, on ne le lit pas, on l'accuse tout simplement car d'autres l'ont accusé avant. C'est le côté passionnel auquel les livres « critiques » sur Cioran succombent. On psychanalyse Cioran, comme le fait Valentin Protopopescu, évoqué par Buzdugan, pour transcrire avec certitude une conclusion person-nelle : « Je ne crois pas à la transfiguration de Cioran[12] ». La certitude de Protopopescu, mise en discussion par Buzdugan, est pourtant à la mode : « Pour Valentin Protopopescu, l'œuvre d'un écrivain, d'un philosophe

---

9   *Ibid.*, p. 79 : « [...] *cei care au avut simpatii pentru extrema dreaptă par a avea veşnic legate la stâlpul infamiei memoria şi opera.* »

10 *Ibid.*, p. 11.

11 Il faut aussi souligner le rôle essentiel qu'Irina Mavrodin a eu dans le changement de réception de l'œuvre de Cioran, en prônant, au détriment d'une lecture idéologique, politique, donc extérieure à l'œuvre, la lecture proprement dite de l'œuvre, en insistant sur la poésie et l'ambiguïté de son langage *littéraire* avant tout. Une bonne dizaine d'années, pendant les colloques Cioran de Sibiu, la poète soulignait l'importance d'une lecture poétique/poïétique de l'œuvre cioranienne.

12 A. Buzdugan, *Procesul lui Cioran, op. cit.*, p. 106.

ne peut pas être dissociée de sa vie, comptent "le linge sale", les options sexuelles, politiques, les fautes, les insatisfactions de l'enfance etc.[13]. » Dans une telle approche, l'obsession du détail biographique nuit à la lucidité créatrice et au ludique artistique. Il n'y a que la passion du repérage qui se maintient. D'un repérage symbolique, substantiel, devant lequel tout regret exprimé clairement par l'écrivain reste nul. Se détacher de son passé n'est pas possible, enfin Protopopescu n'y croit pas. Et l'évolution d'une pensée et d'un sentir non plus. Pour juger correctement Cioran, il faudrait, comme le soutient Buzdugan, lire toute son œuvre, y compris les cahiers, la correspondance. Ne pas se limiter à quelques textes qui justifieraient l'accusation. L'homme est un être mouvementé, l'œuvre aussi. Sont mises en discussion des notions comme le regret, la sincérité (et sont évoquées les accusations de Claudio Mutti ou Pierre-Yves Boissau ou la défense de Gabriel Liiceanu). Les excuses publiques de l'écrivain sont impérieusement nécessaires selon Boissau ; en leur absence, aucun regret paratextuel n'est admis, ne présente de crédibilité. Point-clé de la réception de Cioran. Tout doit être public pour être véritable. Sans cette forme de dépouillement, un auteur ne présente aucune crédibilité ; il n'y a pas de circonstances atténuantes. La conclusion finale du procès établi par Adrian Buzdugan est importante : « Tous les accusateurs, sans exception, [...] ont jugé l'erreur d'alors par des critères actuels[14]. »

Quant à l'évolution du parcours cioranien, l'exégète envisage trois étapes (et non seulement deux comme à l'accoutumée) ; en fait, il préfère isoler la période de passage du roumain au français et parle ainsi d'un Cioran – « essayiste roumain[15] », d'un Cioran – « apatride métaphysique[16] », étape intermédiaire donc, de rupture et de changement, de recherche d'une nouvelle forme d'expression, d'un Cioran – « moraliste français[17] ».

Au terme de son parcours-documentaire, Buzdugan lance une question frontale : « Pourquoi Cioran n'a-t-il pas été légionnaire avec des documents

---

13 *Ibid.*, p. 107 : « *Pentru Valentin Protopopescu, opera unui scriitor, a unui filosof nu poate fi disociată de viața acestuia, contează "rufele murdare", opțiunile sexuale, cele politice, greșelile, neîmplinirile din copilărie etc.* » Suivant une telle approche, il n'y aura presque aucun écrivain intègre, on se heurtera toujours à l'homme coupable, en mettant sa création au compte de ses vices.

14 *Ibid.*, p. 138 : « *Toți acuzatorii, fără excepție, [...] au cărat și judecat cu măsurile de-acum greșeala de-atunci.* »

15 *Ibid.*, p. 157.

16 *Ibid.*, p. 166.

17 *Ibid.*, p. 172.

valides[18] ? » Et pour formuler la réponse, il offre une citation de Cioran où il explique avec justesse sa préférence pour le spirituel au détriment du politique, déjà en 1933, dans un article publié dans *Calendarul* et intitulé « Entre le spirituel et le politique ». Nous en reproduisons ici un court fragment qui présente l'argument fondamental dont se sert Buzdugan aussi dans sa démarche : « Le politique appartient au domaine de l'extériorité. À cause de cela, les valeurs politiques sont à la périphérie des valeurs spirituelles, et parler de la primauté du politique équivaut à un éloge de la platitude, de la nullité et de l'extériorité. Ne pas confondre les valeurs politiques avec les valeurs vitales[19]. » En réalité, dirions-nous, il faudrait regarder intensément l'œuvre de Cioran pour saisir sans hésitation la primauté qu'il accorde à l'esthétique, à l'expression de ce qui est dit. En fait, le véritable moi vit dans l'écriture, en compagnie des mots et des sens qu'ils instaurent. Le politique ne l'intéresse que dans la mesure où il trouve une formule pour le décrire. Chez Cioran, tout devient formule. Lucidité et travail scriptural.

Le Mouvement Légionnaire représente sans doute un moment important de l'histoire roumaine, d'autant plus que les grands intellectuels de l'époque l'ont considéré comme bénéfique à l'essor du pays. Cette période historique est souvent réanalysée à partir des personnalités de la culture roumaine qui l'ont vécue. Mircea Eliade, Emil Cioran, Constantin Noica, Radu Gyr, Aron Cotruş, Horia Stamatu, Sextil Puşcariu, Ion Barbu, etc. ont cru dans les bonnes intentions de ce mouvement, y ont vu le salut de la Roumanie. Il faudrait, pour toute justesse, essayer de le voir avec leurs yeux (en tenant compte du contexte, du décalage temporel), et non de le juger avec les yeux du présent.

Adrian Buzdugan essaie de présenter les échos (viscéraux et scripturaux) du Temps vécu chez Cioran, l'un des grands intellectuels roumains que le destin de son pays a enivré durant une très brève période de sa jeunesse et qu'il a (dé)figuré *artistiquement* par la suite.

Mihaela-Genţiana STĂNIŞOR
Université « Lucian Blaga » de Sibiu

---

18 *Ibid.*, p. 198 : « *De ce nu a fost Emil Cioran legionar cu acte în regulă ?* »
19 *Ibid.*, p. 197 : « *Politicul apartine domeniului exterioritatii. Din acest motiv, valorile politice sunt la periferia valorilor spirituale, iar a vorbi de primatul politicului echivalează cu un elogiu al platitudinii, nulităţii şi exteriorităţii [...]. Să nu se confunde valorile politice cu valorile vitale.* »

À LA RECHERCHE
DE L'IDIOLECTE CIORANIEN

L'œuvre de Cioran, autant française que roumaine, a été l'objet de longues et intenses recherches philosophiques, littéraires et stylistiques. Peut-être que l'approche la moins pratiquée reste celle linguistique ou lexicographique dont les bénéfices semblent être moins évidents, moins éclairants. Pourtant, *Dicţionar de termeni cioranieni* [*Dictionnaire de termes cioraniens*] est prêt à nous montrer les avantages d'un travail rigoureux sur le lexique roumain de Cioran[1].

Simona Constantinovici, professeur de linguistique à l'Université d'Ouest de Timişoara, se consacre à un travail lexicographique de sélection des mots essentiels et percutants de l'œuvre de langue roumaine de Cioran. Dans ce but, elle a formé une équipe de douze linguistes et spécialistes de l'écrivain franco-roumain, qui ont collaboré à cette démarche linguistique, en vue de la constitution d'un dictionnaire dense de la terminologie cioranienne, ayant comme corpus d'analyse les deux tomes de l'œuvre écrite en roumain, parus aux éditions de l'Académie Roumaine[2]. Chaque membre de cette équipe avait pour mission de repérer les termes cioraniens les plus fréquents (des leitmotivs lexicaux en fait) et les contextes linguistiques où ils apparaissent, tout en mettant en lumière l'enrichissement de sens propre à l'auteur. La coordinatrice a fait appel à huit chercheurs qui ont inventorié, explicité et expliqué les mots-clés de l'œuvre cioranienne : Alexandru Foitoş, Monica Garoiu, Daniela Gheltofan, Ilinca Ilian, Simona Modreanu, Nadia Obrocea, Călin Popeţ, Gina Puică, Mihaela-Genţiana Stănişor, Ciprian Şonea, Mugur Volos. Ce travail méticuleux implique de repérer finement les mots pertinents de la pensée et de la pratique scripturale du Cioran

---

1   Simona Constantinovici (dir.), *Dicţionar de termeni cioranieni*, Timişoara, Editura Universităţii de Vest, Milano, Criterion Editrice, 2020, vol. I A – M, 348 p. ; vol. II, N – Z, 325 p.

2   Cioran, *Opere*, éd. M. Diaconu, Bucureşti, F. N. Ş. A., 2012, t. 1 et 2.

en langue roumaine. Synthétiser et analyser l'idiolecte d'un écrivain, l'art raffiné des mots de Cioran, suppose de fouiller les pages de ses œuvres avec crayon en main et dictionnaires. La mission de Simona Constantinovici n'a pas été facile, celle-ci visant surtout le processus de relecture et d'uniformisation de tous les « matériaux[3] » issus de plusieurs chercheurs et de leurs diverses lectures. Il faut dire que l'universitaire roumaine avait de l'expérience dans le domaine de la fabrication des dictionnaires, car elle s'était déjà longuement consacrée au lexique poétique arghézien[4], un travail digne de Sisyphe, tant le mot se diversifie et s'approfondit dans la poésie de Tudor Arghezi.

Comme le souligne Simona Constantinovici elle-même dans son introduction, le dictionnaire est un ouvrage de « lexicographie philosophique », une démarche assez rare dans l'espace culturel roumain, un « dictionnaire de concordance » qui permet de mieux rapporter Cioran à d'autres philosophes, à d'autres types de discours et d'écriture. Elle a dû reprendre 398 unités lexicales et les contextes où elles apparaissent. Elle constate que « l'essayiste a la tendance de reprendre un mot, un syntagme ou même tout un contexte, de créer une zone d'amplification sémantique, semblable à une caisse de résonance. C'est une constante du style de ce philosophe[5] ». Elle parle de « véhicules conceptuels », de ces termes que Cioran reprend constamment et qui deviennent ainsi « des éléments de la fluidité stylistique, des tissus par où circule le sang de sa profonde pensée. Il s'agit, pour reprendre un syntagme de Cioran, de "l'essence d'un vague non-sens[6]." »

L'analyse synthétique réalisée par l'universitaire roumaine lui permet de mettre en évidence non seulement le culte cioranien de la répétition mais aussi la passion de la contradiction, son discours se plaçant dans une « conceptualisation antinomique ». Cioran aime nier ce qu'il avait affirmé, offrant au texte une sorte d'« étonnement générique » et de « naïveté ». Ainsi le texte « dévore ses significations en même temps qu'il les tisse, tout comme un animal préhistorique[7] ».

La question qu'on se pose, et que Simona Constantinovici s'est posée elle aussi, est « À quoi bon un tel dictionnaire ? » Pour qui ? Pour quoi ?

---

3   Nous faisons référence aussi à l'acception poïétique du terme.
4   Simona Constantinovici, *Dicționar de termeni arghezieni*, Timișoara, Editura Universității de Vest, 2014, 3 vol.
5   Simona Constantinovici, *Dicționar de termeni cioranieni*, *op. cit.*, vol. I, p. 6 (nous traduisons).
6   *Ibid.* (nous traduisons).
7   *Ibid.* (nous traduisons).

Elle cite plusieurs emplois possibles d'un tel type de dictionnaire, notamment pour toute étude comparative des lexiques roumain et français de Cioran. Il serait utile, nous suggère la linguiste, de réaliser un historique de chaque notion véhiculée par Cioran dans le but de constater s'il l'a repris d'autres philosophes ou s'il l'a créé lui-même, en l'imprégnant de sa personnalité et de son style. Elle nous donne comme exemple le mot « souffrance », enrichi indubitablement par Cioran. Constantinovici conclut qu'un tel travail lexicographique a démontré la présence des lexèmes archaïques ou régionaux, qui ne sont plus utilisés dans le langage littéraire contemporain. D'ailleurs, nous avons pu constater, à une autre occasion, que Cioran doit beaucoup au langage des chroniqueurs, aussi bien au niveau des mots sélectés que des tournures des phrases[8].

Simona Constantinovici insiste sur la fluidité sémantique, sur le rôle primordial des noms dans le vocabulaire cioranien : on pourrait ainsi penser à la valeur descriptive et lyrique de sa prose, à la métaphorisation de son discours ou, selon Constantinovici, à sa « poéticité ». C'est d'ailleurs la raison pour laquelle elle a rédigé un « Index syntagmatique » à la fin du dictionnaire. Elle répertorie les notions-clés du discours cioranien en fonction de leur fréquence, et découvre sept notions qui forment « la constellation conceptuelle de la pensée cioranienne » : *Dieu, le monde, la mort, le rien, l'homme, le temps* et *la vie*[9]. Le mot « vie » (*viață*) domine l'œuvre roumaine et a le plus grand nombre d'occurrences : 2816. Il est suivi par le mot « homme » (*om*), 2617 occurrences, « monde » (*lume*), 1775 et « rien » (*nimic*), 1174. Il est intéressant pourtant de signaler l'oscillation du jeune Cioran entre deux abîmes, « le rien » et « la mort » d'une part, et « Dieu » (*Dumnezeu*) et « esprit » (*spirit*) d'autre part. C'est dans ce permanent va-et-vient entre le bas et le haut, entre le rien et le tout, entre la vie et la mort que l'esprit cioranien se promène, avec agilité et verve, avec lyrisme et « *terribilisme* ». Et ce qui en résulte, ce sont leurs fortes marques ou traces qui forment l'idiolecte cioranien. C'est probablement pourquoi on reconnaît facilement une phrase cioranienne jetée sur un réseau social. Il y a un « terrible » dans ses mots, dans ses associations lexicales ineffables, une atmosphère angoissante,

---

8 Nous faisons surtout référence à *Des larmes et des saints*, entre autres, à la préférence de Cioran pour les inversions à sonorité archaïque du type : « *Încercat-am* [...] » qui ouvre ce livre.

9 Simona Constantinovici, *Dicționar de termeni cioranieni, op. cit.*, vol. I, p. 10 : « *Dumnezeu, lume, moarte, nimic, om, timp, vie.* » (nous traduisons).

une sensibilité abyssale. Tout déclenche un impact émotionnel, une participation affective aux trouvailles linguistiques. Les mots sont vécus. Ils sont des réflexes charnels. Plutôt des reflets intimes que des réflexions linguistiques. Ce sera l'idiome français qui lui imposera ce type de réflexion, de recherche idiomatique.

Le *Dictionnaire des termes cioraniens* consigne aussi des mots difficilement traduisibles en français, comme « *dor* », tellement connoté, ou les noms formés à partir des verbes à l'aide du suffixe « *re* », par exemple « *exasperare* » (du latin « *exasperare* »), « *murire* », (le fait de mourir), « *fiinţare* » (du latin « *fientia* », le fait d'exister), « *frământare* » (du latin « *fragmentare* »), « *încântare* » (l'action d'être enchanté), « *negare* » (l'action de nier), « *pornire* » (l'action de se mettre en marche mais aussi « impulsion », « prédisposition »), « *prăbuşire* » (l'action de s'effondrer mais aussi « fin », « disparition », « échec »), « *revelare* » (l'action de révéler ou de se révéler et son résultat), différent de « *revelaţie* », du français « révélation »), « *trăire* » (le fait d'être en vie), « *vieţuire* » (le fait de vivre), plus polysémique que « *trăire* » et plus conceptuel aussi, puisque Cioran préfère parler de « *vieţuirea în istorie, vieţuirea cosmică, vieţuirea absolută*[10] » [« vie dans l'histoire, vie cosmique, vie absolue »] ; des noms négatifs, provenant de leur forme positive par préfixation : « *neom* » – personne dépourvue des traits humains habituels (« non-homme »), « *nesomn* » (« non-sommeil » qui est différent d'« insomnie »), « *rost* » (du latin *rostrum*, qui signifie « sens, but, mission, justification »), mot dominant de la philosophie cioranienne, gardant intimement le parfum archaïque, rural, dans des syntagmes comme « *rosturile intime ale vieţii şi morţii* » (« les sens intimes de la vie et de la mort »), synonyme de « sens » que Cioran utilise plus fréquemment, du latin *sensus* ou du français « sens », plus conceptuel et plus linguistique, plus concret et plus fixe du point de vue de sa signification, apparaissant dans des unités phraséologiques (*în sensul* – « dans le sens », *în vreun sens* – « en un sens », *a da sens* – « donner sens », *fără sens* – « sans sens », etc.) ou dans des syntagmes nominaux[11] (*sensul adevărat al agoniei* – « le vrai sens de l'agonie », *sensul morţii* – « le sens de la mort », *sensul stilului* – « le sens du style », etc.).

La notion d'« échec » n'est pas consignée par le *Dictionnaire*. Il semble que le Roumain Cioran n'use pas de ce mot, il n'en fait pas un terme-clé de sa pensée et de son écriture. En revanche, nous avons pu détecter

---

10　*Ibid.*, p. 245-247.
11　Simona Constantinovici, *Dicţionar de termeni cioranieni, op. cit.*, vol. II, p. 132-134.

plusieurs unités lexicales qui couvrent les acceptions du mot *eşec* : *inutilitate* (*inutilité*), *nulitate* (« nullité »), *prăbuşire* (« chute »), *zadarnic* (« vain »), *zădărnicie* (« vanité »). Cette préférence de Cioran pour le mot *prăbuşire* est intéressante, ce terme est certainement plus expressif et polyvalent qu'échec. Il a 109 occurrences[12]. Selon le *Dictionnaire*, sa troisième acception est celle de « résultat sans succès d'une action ; insuccès, échec ; désespoir, dépression ; chute ». Cioran parle de « *prăbuşire proprie* », « *prăbuşire colectivă* », « *prăbuşirea istorică a unei întregi generaţii*[13] ». Pour lui, *prăbuşirea* est un processus personnel ou générationnel, dont le *Dictionnaire* donne une illustration chez Cioran : « Lutter contre la conscience de la fatalité parce que ce n'est qu'alors que tout ce que vous vivez peut être un échec ou une transfiguration[14]. »

Il est certainement vrai que la vision sur l'échec des livres roumains est plutôt historique, et se réfère à un échec collectif, national. Cioran la couvre encore de verve, il a le pathos de l'échec qui disparaît dans la recherche de la rigueur linguistique française. Maintenant, même l'écriture a une signification particulière : « Écrire n'a de valeur et de justification qu'en tant que libération d'obsessions, que moyen d'ajourner une destruction ou un *échec*[15]. » Remarquons de nouveau l'emploi des italiques pour ouvrir et réorienter le mot ; celui-ci se voit parachuter dans l'espace de l'intimité de la création salvatrice.

Le dictionnaire coordonné par Simona Constantinovici est une forme de *chute* passionnante et enrichissante dans l'univers lexical nuancé et obsessionnel de Cioran, fin et sensible connaisseur des couches des mots, des bribes de sens qui sont à leur origine et qui décident de leur fonctionnement contextuel.

Mihaela-Genţiana STĂNIŞOR
Université « Lucian Blaga » de Sibiu

---

12 *Ibid.*, p. 90-91.
13 *Ibid.* : « échec propre », « échec collectif », « l'échec historique de toute une génération » (nous traduisons).
14 *Ibid.*, p. 91 : « *Să luptaţi cu conştiinţa fatalităţii căci numai atunci orice trăiţi poate fi o prăbuşire sau o transfigurare.* » (nous traduisons).
15 *Ibid.* : « *Scrisul are valoare şi justificare numai ca eliberare de obsesiuni, ca mijloc de a amâna o distrugere şi o prăbuşire.* » (nous traduisons).

LA PROMENADE SOLITAIRE
COMME MODE DE VIE ET DE REGARD[1]

Dans le peu d'entretiens qu'il a donnés, Cioran a eu tendance à faire de lui un personnage. Il racontait sa vie avec enthousiasme et humour, tout en insistant sur quelques aspects aventuriers (au sens donquichottesque), sur des épisodes héroïques qu'il avait réussi à surmonter (et dont il pouvait finalement rire) : l'insomnie (et ses promenades nocturnes), le suicide (et les effets thérapeutiques de l'écriture), l'amour (et ses déceptions), la mort (et la passion pour les cimetières ainsi que sa pratique du football avec des crânes dans son village natal). Dans toutes ces expériences, Cioran est seul, face à face avec celui qu'il aurait voulu être.

Le dialogisme, toujours plus poussé sous la forme d'un monologue intérieur, cette caractéristique essentielle du style de Cioran, n'a pas échappé à l'œil fin de Philippe Reytier, l'auteur d'un livre de bandes dessinées ayant comme protagoniste Cioran. Celui-ci est croqué par le dessinateur dans un Paris désert, silencieux et atemporel, mais d'autant plus ouvert et favorable à la recherche de soi. Cioran, devenu héros de papier, déroule son aventure ontologique dans le seul topos qui accepte de l'accueillir pleinement (ou de le laisser se perdre totalement) : Paris. « On ne peut vivre qu'à Paris », cette affirmation que Cioran aimait prononcer, dépasse, dans l'album de Reytier, toute touche ironique, pour aboutir à une tonalité tragique en sourdine. Notre œil est fasciné par les nuances pâles, ternes, bien choisies pour refléter le gris perpétuel d'une existence sous le signe de ce « rien de funèbre[2] ». Un promeneur solitaire, pour lequel le peu de rouge est toujours ailleurs, dans les objets qu'il regarde (livres, bicyclette, ombre de femme, oiseau, fleur, feuille morte,

---

1 Cioran, *On ne peut vivre qu'à Paris*, dessins P. Reytier, couleurs C. Piot, préf. S. Jaudeau, Paris, Payot & Rivages, 2021, 95 p.

2 *Ibid.*, p. 20. L'aphorisme est scindé en trois vignettes : « Est nécessairement vulgaire // tout ce qui est exempt // d'un rien de funèbre. »

bateau au loin…), a pu « abolir » « l'horreur[3] » de la vie pour ne plus
se courber sur ses malheurs : un Cioran tout droit, marchant les mains
dans les poches, ou assis sur un banc, le regard lointain, réfléchissant
en toute sérénité ou en expert[4] à propos du destin de l'être.

Au moyen de cette surprenante forme d'expression qu'est la bande
dessinée, Patrice Reytier a choisi d'illustrer sa propre vision de Cioran[5],
à partir de plusieurs aphorismes[6], certains inédits. Cette représentation
artistique nous rend le philosophe plus familier, plus proche de nous,
plus accessible en quelque sorte puisqu'on peut associer texte et image.
Le dessinateur reprend graphiquement les grands thèmes de Cioran
(« l'histoire », « la sainteté », « le suicide », « le temps », « la fin », « la
musique », « le rien », « le désespoir », « le néant », « la solitude », « l'être »,
etc.) et les troublantes répliques du penseur, tout en organisant ses
dessins en triptyques[7] qui portent un titre révélateur, sous forme d'un
substantif, le plus souvent sans article, plutôt au singulier, plus rarement
au pluriel (d'habitude sans article), par exemple « Lubies », « Ancêtres »,
« Terreurs », « Gifles », « Philosophes », « Fleurs »). Quelques noms sont
accompagnés de l'article défini : « Les Résolutions », « Les Nuages »,
« Les Odieux », « Les Sentiments », « Les Illusions ». L'article joue ici le
rôle de Charon, en assurant le passage du concept à l'affect, du connu
à l'inconnu, de la notion singulière aux significations plurielles (de la
trajectoire existentielle dessinée). Pour que l'effet descriptif des noms
avance et s'approfondisse, Reytier introduit des aphorismes dont le
titre se présente sous la forme d'un verbe à l'infinitif. Il y en a quatre :
« Renoncer », « Rire », « Redouter », « Abolir ». L'effet définitionnel est
projeté dans les quatre attitudes à prendre devant la vie, l'autre et la
mort : le renoncement et l'abolition comme pratiques quotidiennes ;
rire de tout et tout redouter comme attitudes scripturales.

---

3   Ce verbe et ce nom figurent comme titres de deux séries de bandes.
4   *Ibid.*, p. 76 : « Expert // en horreur de la vie. »
5   *Ibid.*, p. 13 : « Cet autre regard sur l'œuvre de Cioran », comme il l'avoue dans la « Note du dessinateur ».
6   Il nous précise que les quinze premiers aphorismes lui « ont été confiés par Pierre Alechinsky » et qu'il a eu accès aux archives de Cioran et à « un recueil sans titre et sans date, contenant 61 aphorismes manuscrits considérés comme inédits ». « Note du dessinateur », p. 12-13.
7   Au sens que donne le Dictionnaire Larousse : « Œuvre littéraire ou artistique composée de trois parties offrant une certaine symétrie. » https://www.larousse.fr/dictionnaires/francais/triptyque/79793 (consulté le 15 novembre 2021).

Ce qui trouble dans ces dessins et prouve un crayonnage raffiné et réaliste, c'est un imaginaire riche, c'est l'ouverture topique et la neutralité finale de l'espace ; l'image s'intériorise dans les dessins tout comme il arrive dans l'aphorisme cioranien : « Sentiment de solitude poussé jusqu'au ridicule. // Se sentir *extérieur* au monde, // à tous les coins du monde[8]. » L'aphorisme cioranien, selon la juste remarque de Reytier, jongle avec la ponctuation, avec les signes graphiques pour démarquer souvent son contenu : « Sa ponctuation martelait ses phrases comme s'il les découpait en moments successifs, en cases juxtaposées[9]. » C'est ce « successif » qui est mis en valeur par les bandes, sous l'effet des réflexions de longue durée du héros promeneur. Et cette durée est assurée par le passage visuel d'un triptyque à un autre.

Quant à l'appartenance de la bande dessinée au genre littéraire, les avis divergent. « Neuvième art » ou non, il est certain que, « dans un monde de plus en plus tourné vers le visuel, l'imaginaire de jeunes et moins jeunes est autant nourri de Superman que de Don Quichotte, de Tintin que de David Copperfield, de Betty Boop que de Mme Bovary[10]. » La bande dessinée est capable de traiter tous les sujets et même d'adapter une pensée aphoristique à une image visuelle en évolution. « Elle excelle, dans un rapport familier avec son lecteur, à susciter le rire, l'émerveillement, le rêve[11]. »

Il est vrai que cette intimité auteur-dessinateur, auteur-dessinateur-lecteur les transfigure tous les trois. Car il s'agit, non d'un texte émietté, mais d'une réunion de perspectives sous la dominance visuelle du décor. On y est projeté en tant que spectateur. Style littéraire, style graphique et style perceptif, voici les facettes de ces dessins ; finalement, mots et dessins ne font que porter le lecteur dans un espace atemporel et aspatial, devant « La Fin[12] », devant ces chaises vides ionesciennes.

Dans les dessins de Patrice Reytier, la promenade cioranienne devient la forme tutélaire d'une initiation au regret[13]. C'est le regret qui devient

---

8   Cioran, *On ne peut vivre qu'à Paris*, « Solitude », *op. cit.*, p. 61.

9   *Ibid.*, « Note du dessinateur », p. 12.

10   *Cf. Encyclopédie Larousse* : https://www.larousse.fr/encyclopedie/divers/bande_dessin%C3%A9e/185578 (consulté le 15 novembre 2021).

11   *Ibid.*

12   Cioran, *On ne peut vivre qu'à Paris*, « La Fin », *op. cit.*, p. 31 : « Quand tout le monde me donnera raison, // La Fin sera en vue. »

13   *Ibid.*, p. 84 : « Regret » : « Vivre non pas // dans tel ou tel regret // mais dans le regret en soi. »

le filon narratif, l'axe central qui unifie les images, les cadres, les endroits, le moi et ses doubles. Ce livre représente le regret en soi dans lequel Cioran réussissait à vivre.

Mihaela-Genţiana STĂNIȘOR
Université « Lucian Blaga » de Sibiu

INDEX NOMINUM

INDEX RERUM

paresse : 186, 202, 213-214
passion : 8-9, 15, 32, 65, 67, 76, 147, 168,
179-180, 187, 192, 194, 249, 252, 257
pathos : 162, 184, 192, 255
péché originel : 55, 73, 124, 134, 156-
157, 187, 225
pensée contre soi : 236-237
perdant : 23, 28, 30, 32-34, 36, 38-39,
97, 106, 115-116, 179, 203
perfection : 8, 13-14, 26-28, 31-32, 36,
43, 135, 192, 207, 214, 225
perte : 23-24, 28-29, 34, 57, 64, 74, 85,
101, 183-184, 192-193, 196, 212
pessimisme : 7, 62, 65, 124, 127, 130,
137, 163, 169, 174, 177-178, 180, 207
pharmakographie : 76, 78-79, 81
plaisir : 19, 21, 24, 59, 65, 89, 93, 126,
158, 167, 177, 180, 212, 214, 217,
237, 245
poète maudit : 97
poéticité : 253
portrait, autoportrait : 9-10, 15, 65, 76,
82, 91-93, 106, 131, 192, 206
pourriture : 188, 194
praxis : 171, 180
prière : 41, 50, 66, 136, 171, 178, 191, 228
progrès : 103, 131, 133-134, 136, 165,
171, 211
projet : 13, 69, 96, 206, 218

ratage : 7, 16, 19-20, 22-23, 25, 28, 41-43,
45, 48, 50, 64, 69-70, 99-100, 103,
108, 112-113, 115-117, 162, 181, 192-
194, 198, 202, 204, 206, 211
raté : 7-13, 15, 19, 22, 25, 43, 64-65,
69-70, 74, 81, 84, 91-94, 96, 99, 102,
104-107, 109-110, 115, 117-118, 200,
204, 206, 211
rédemption : 56-57, 126, 130, 225
regret : 241, 249, 259-260
religion, religiosité : 21, 71, 135, 148,
153, 156, 165, 200, 236
remords : 35, 169, 186, 204, 248
répétition : 27, 45, 96, 252

résignation : 13, 88-89
ressentiment : 177
réussite : 7, 10, 12-16, 19, 22-29, 32-37,
39, 42-44, 46-48, 59-61, 83-90, 92,
94, 97-98, 102-103, 111-113, 117, 134,
161, 163, 172, 178, 193, 205, 207, voir
demi-réussite
romantisme : 63-66, 72, 74, 76, 79, 176
roumanité : 65-66, 104
ruine : 15-16, 53-54, 56-61, 65, 67, 88,
126, 138, 178, 208
rupture : 42, 53, 60-61, 65, 79, 115, 129,
142, 199, 207, 227, 237, 249

sagesse : 48, 50, 60, 67, 170, 174, 214-
215, 227
salut : 14, 73, 75, 102-103, 130, 136, 165,
168, 171-172, 180, 183, 186, 192,
198, 250
scepticisme : 22, 68, 148, 169, 229-230, 236
sensation : 45, 86, 101, 125, 188, 190,
197, 229, 233, 235, 237
sentiment : 21, 32, 43, 46-49, 65, 93, 97-98,
100, 114, 122-124, 130, 164, 167, 176,
181-184, 186-187, 189-190, 192, 197-
198, 200-201, 205, 223, 233, 258-259
silence : 41, 50, 80, 81, 88, 94, 112, 125-
126, 137, 180, 228-229
solitude : 10, 12, 75, 80, 101-102, 105,
125-126, 129-130, 148-149, 174, 189,
210, 227, 258-259
souffrance : 9, 60, 126, 146, 156, 162, 165,
180, 183, 185, 187, 189, 191
stérilité : voir *impuissance, stérilité*
stoïcisme : 11, 136
style : 14, 26-27, 30, 35, 49-50, 67, 76, 79,
108, 113, 137, 139, 177, 183, 191, 199,
231, 241, 252-254, 257, 259
sublime : 16, 32, 165-166, 175, 208
succès : 8, 10, 14, 19, 23, 26, 29, 33, 45,
47, 64, 74-75, 82, 84, 86, 88, 98-99,
102-103, 107-108, 110, 112, 114, 116-
117, 255, 259
suicide : 15, 22, 38, 50, 78, 212, 257-258

RÉSUMÉS

Aurélien DEMARS, « Introduction. Le raté exemplaire et l'apothéose de l'échec selon Cioran »

Aucune question ne semble plus grave que celle de l'échec existentiel, parce qu'il remet en cause toute une vie, en détruit le sens, en démolit les valeurs fondamentales, parce que l'échec ronge, brûle et tue. Or, Cioran cultive une véritable passion de l'échec. Comment comprendre l'étrange exaltation qu'il en éprouve et sa déconcertante admiration pour les ratés ? Il s'agira d'élucider *de qui* et *de quoi* procède cette énigmatique conception cioranienne de l'échec.

Patrice BOLLON, « Variations sur l'échec et ses doubles »

L'échec est un des thèmes centraux de Cioran, mais qui reste en partie latent. En croisant ses réflexions sur le non-sens de la naissance, de la mort et de la vie, on peut néanmoins extraire de son œuvre une ontologie de l'échec. Cioran a émis également certaines remarques éparses qui ouvrent sur une philosophie de l'existence. Cet article rapproche celle-ci de cette morale elle aussi demeurée en partie informulée qu'est le dandysme, en décrit le mouvement et en pointe les limites.

Pierre GARRIGUES, « *De l'urgence de ne pas réussir* »

« Ne pas réussir » (Fondane) semble un bon synonyme d'échouer sans en avoir la nature assertive : il est aussi aporétique de réussir à échouer que d'échouer à échouer. Il faut distinguer l'usage transitif ou non de ces verbes et les contextualiser. Ainsi nous pourrions distinguer le(s) ratage(s) *dans* la vie du ratage *de* sa vie. Si ne pas réussir est une forme de structuration du désir, de paradoxes en truismes, l'injonction de Beckett, « échouer mieux », pourrait convenir au ratage cioranien.

Alfredo ABAD, « La séduction de l'échec. Cioran et l'exégèse de la ruine »

Dans l'œuvre de Cioran, il y a un intérêt pour l'échec et ce qu'il représente comme mode d'interprétation anthropologique. Les particularités de l'échec constituent une exégèse de l'homme lui-même, à partir de laquelle il est possible d'identifier les expériences fondamentales de *vide* et *d'ennui*. Le déséquilibre humain représente cependant une référence équivoque, parce que « le pessimisme » cioranien peut être vu paradoxalement comme une force vitale.

Rodrigo INÁCIO R. SÁ MENEZES, « Hantise de l'échec essentiel. L'*autopoïétique* d'un "Virtuose du Fiasco" »

Une exégèse de « hantise de l'essentiel » (*Précis de décomposition*) est réinterprétée comme la « hantise d'un *échec* essentiel ». En vertu de cette hantise-limite, Cioran s'avère, paradoxalement, un auteur *moderne* et *antimoderne* à la fois. L'échec est la version moderne du néant ; son expérience nous révèle l'essentiel à l'égard de l'existence. Bien plus qu'une contingence redoutable, l'échec est un impératif, la seule forme de perfection à la portée de l'esprit trop exigeant, *difficile* dans ce qu'il fait.

Joseph ACQUISTO, « De l'impossibilité de l'échec chez Emil Cioran »

L'échec, bien qu'il soit inévitable et même désirable dans la pensée cioranienne, s'avère en fin de compte impossible, au moins dans les termes selon lesquels l'on comprend habituellement cette idée. Les œuvres de Cioran rejettent, malgré les apparences, une simple opposition entre l'échec et la réussite en faveur d'une approche dialectique qui mène à une réévaluation de l'interdépendance et de l'inséparabilité des deux notions.

François DEMONT, « Écrire l'échec ou comment exister pour Cioran dans le champ littéraire ? »

Dans cet article, nous montrons que si le thème de l'échec participe du discours philosophique de Cioran dès le début de sa carrière en Roumanie, celui-ci met tout particulièrement l'accent sur l'aspect positif de l'échec une fois exilé en France. En insistant sur la dimension personnelle de son échec, il met alors en scène son statut d'auteur « raté » dans un but à la fois stratégique (gagner la sympathie de ses lecteurs) et thérapeutique (se consoler lors des moments les plus difficiles de sa carrière).

Vincent BERTHELIER, « Cioran, philosophe raté ? »

Cet article met en avant les affinités entre Cioran et la phénoménologie, à partir de sa description de l'insomnie, qui peut être abordée à la lumière de la pensée lévinassienne, et de sa réflexion sur la technique, qui puise dans l'appareil conceptuel heideggérien. On voit ainsi l'œuvre cioranienne hésiter entre une analyse plus nettement philosophique des rapports de la conscience au monde et le déploiement d'une prose littéraire, lyrique ou pamphlétaire.

Pierre-Emmanuel DAUZAT, « Cioran et le corpus juif. Une lecture en échec »

L'intérêt de Cioran pour l'histoire des religions est évident aux yeux de tout lecteur. Nombre de travaux le présentent cependant comme un connaisseur du corpus juif : Talmud ou Zohar. Qu'en est-il de ses références ? Que nous révèlent de son approche les rares citations qu'il fait des textes rabbiniques, hors Ancien Testament ? La « seconde main » et la fascination de l'aphorisme expliquent l'échec d'une lecture ne cessant de christianiser un corpus demeuré incompris et multipliant les contresens.

Jean-Pierre CHOPIN, « Cioran, éthique et esthétique de l'échec »

La lecture de Cioran peut nous inviter à une éthique et une esthétique existentielles par le réveil d'une conscience tragique qui nous interdit aussi bien la paix des bêtes que le confort des certitudes. Paradoxalement sa lucidité à la fois assassine et jubilatoire peut devenir une propédeutique de l'Espérance contre les faux espoirs et les illusions optimistes qui conduisent au véritable désespoir.

Mihaela-Gențiana STĂNIȘOR, « L'échec de l'amour et l'amour de l'échec chez Cioran »

Nous nous proposons d'analyser la relation qu'entretient l'échec avec l'amour dans le livre *Fenêtre sur le Rien*. Nous insistons sur la mise en forme d'une onto-poétique du ratage où l'amour, la femme et la mort jouent un rôle essentiel. La maladie spirituelle dont souffre Cioran est la *catholite*, qui se caractérise par une lucidité particulière qui renvoie l'esprit au sentiment du néant, de la perte de soi tragique. C'est pourquoi ce qui définit l'esprit créateur cioranien est la passion de l'échec.

Simona MODREANU, « La dignité de l'exclu »

L'ennui cioranien est une absence d'intensité, un vide essentiel, définissant la condition humaine, reposant sur un équilibre instable entre le vide du cœur et le vide du monde. Inutilité, vide, ennui, oisiveté, marginalité, entre-deux : dans le monde de Cioran, il n'y a pas de place pour les projets ou les accomplissements, il y a juste la possibilité d'une lucidité tranchante, mais digne.

Stéphane BARSACQ, « Lettre à Mihaela-Genţiana Stănişor »

En réponse à une invitation de M.-G. Stănişor à méditer sur le rapport de Cioran à l'échec, l'article revient sur les florissants paradoxes d'une œuvre qui a triomphé au Panthéon des lettres et qui s'est pourtant adonnée au « courage de l'échec », comme l'évoque Cioran dans une lettre à Arşavir Acterian du 23 juin 1975.

José Thomaz BRUM, « Cioran, Pessoa et les limites de la philosophie »

Cet article présente les limites de la philosophie selon le penseur franco-roumain Cioran et selon le poète portugais Fernando Pessoa. Pour Cioran, la philosophie serait incapable d'apporter une consolation pour l'homme. Pour Pessoa, la philosophie serait comme un « théâtre de mots ».

Monica GAROIU, « Cioran, du lyrisme au laconisme »

Dans cette analyse de l'écriture cioranienne du lyrisme enflammé de la période roumaine à la lucidité négative de la période française, l'on s'intéressera au changement d'identité de l'écrivain à la suite du passage à sa langue d'adoption. On tentera de montrer que la réflexion lucide de Cioran sur les mots est devenue possible grâce à la distance qu'il a pu prendre dans sa langue d'emprunt.

Mihaela-Genţiana STĂNIŞOR, « Le cas Cioran ou comment la biographie et l'œuvre se (dé)figurent l'une l'autre »

Selon A. Buzdugan, il faut croire à l'œuvre d'un auteur malgré son idéologie ou bien malgré l'idéologie que les autres se hâtent de découvrir dans sa création. En se basant sur les documents historiques existants, l'exégète roumain propose d'analyser si Cioran a été un idéologue légionnaire.

Mihaela-Genţiana STĂNIŞOR, « À la recherche de l'idiolecte cioranien »

Dicţionar de termeni cioranieni [*Dictionnaire de termes cioraniens*], coordonné par Simona Constantinovici, représente une première approche linguistique et lexicographique de l'œuvre roumaine de Cioran, un travail sur le lexique roumain du penseur né à Răşinari.

Mihaela-Genţiana STĂNIŞOR, « La promenade solitaire comme mode de vie et de regard »

Le dialogisme, toujours plus poussé sous la forme d'un monologue intérieur, cette caractéristique essentielle du style de Cioran, n'a pas échappé à l'œil fin de Philippe Reytier, l'auteur du livre de bandes dessinées *On ne peut vivre qu'à Paris* (Paris, 2021), ayant comme protagoniste Cioran. Celui-ci est croqué par le dessinateur dans un Paris désert, silencieux et atemporel, mais d'autant plus ouvert et favorable à la recherche de soi.

TABLE DES MATIÈRES

DEUXIÈME PARTIE

VARIA

TROISIÈME PARTIE

POINTS DE FUITE

IMPRIM'VERT®

Achevé d'imprimer par Corlet,
Condé-en-Normandie (Calvados),
en Juillet 2022
N° d'impression : 176889 - dépôt légal : Juillet 2022
Imprimé en France